Nelles Verlag

Kanada
Der Westen
Pazifikküste, Rockies, Prärieprovinzen

Autoren:
Nicola Förg, Katrain Habermann, Arno Bindl,
Astrid Filzek-Schwab, Jürgen Scheunemann,
Michael Werner, Dionys Zink

KANADA

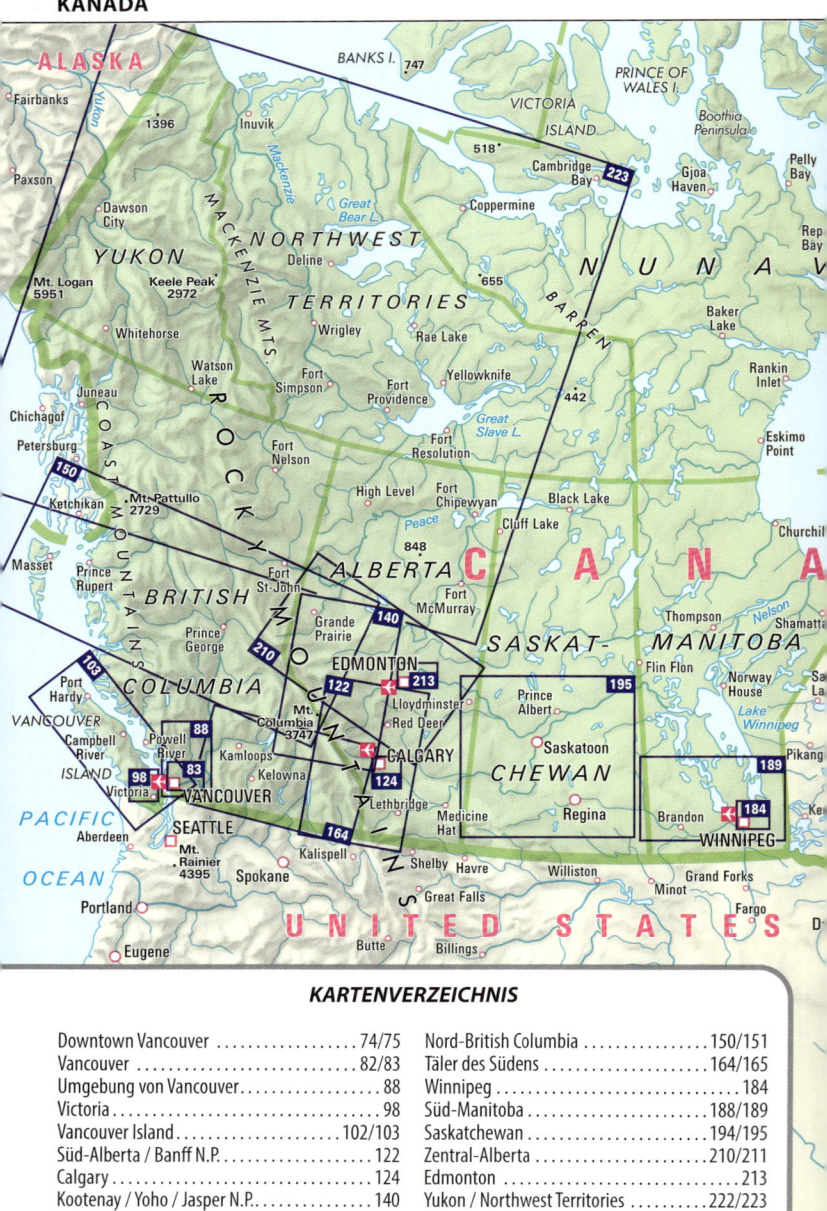

KARTENVERZEICHNIS

Downtown Vancouver 74/75	Nord-British Columbia 150/151
Vancouver 82/83	Täler des Südens 164/165
Umgebung von Vancouver............... 88	Winnipeg 184
Victoria 98	Süd-Manitoba 188/189
Vancouver Island.................. 102/103	Saskatchewan 194/195
Süd-Alberta / Banff N.P. 122	Zentral-Alberta 210/211
Calgary 124	Edmonton 213
Kootenay / Yoho / Jasper N.P............ 140	Yukon / Northwest Territories 222/223

IMPRESSUM / KARTENLEGENDE

Liebe Leserin, lieber Leser,

AKTUALITÄT wird in der Nelles-Reihe groß geschrieben. Unsere Korrespondenten dokumentieren laufend die Veränderungen der weltweiten Reiseszene, und unsere Kartografen berichten ständig die auf den Text abgestimmten Karten.
Wir freuen uns über jeden Korrekturhinweis! Unsere Adresse: Nelles Verlag, Machtlfinger Str. 26 Rgb., D-81379 München, Tel. +49 (0)89 3571940, Fax +49 (0)89 35719430, E-Mail: Info@Nelles.com, Internet: www.Nelles.com
Haftungsbeschränkung: Trotz sorgfältiger Bearbeitung können fehlerhafte Angaben nicht ausgeschlossen werden, der Verlag lehnt jegliche Produkthaftung ab. Alle Angaben ohne Gewähr. Firmen, Produkte und Objekte sind subjektiv ausgewählt und bewertet.

LEGENDE

★★	Top-Attraktion
★	sehr sehenswert
▪ ▪	Öffentliches bzw. bedeutendes Gebäude
♦	Hotel
▪ ○	Einkaufszentrum / Markt
🛈	Touristeninformation
✝	Kirche
⌇	Leuchtturm
🚌	Bus Station
⊕	Hospital
✉	Post
Whistler (Ort) / Lake Louise (Sehenswürdigkeit)	in Karte gelb Unterlegtes wird im Text erwähnt
✈ ✈	internationaler / nationaler Flughafen
⊛ ⊛	UNESCO Welterbe
🌳	Nationalpark, Provincial Park
Mt. Joffre 3423	Berggipfel (Höhe in Meter)
❘ 18 ❘	Entfernung in Kilometer
7	Trans-Kanada Highway
⑳	U.S. Highway
9	Straßennummer
—	Staatsgrenze
—	Provinzgrenze
90	Interstate
—	gebührenpflichtige Autobahn
≡	Autobahn / Schnellstr.
—	Fernverkehrsstraße
—	Hauptstraße
—	Nebenstraße
—•—	Eisenbahn
⛴	Fähre
Burrard	U-Bahn mit Haltestelle

IMPRESSUM

KANADA – Der Westen
Pazifikküste, Rockies,
Prärieprovinzen
© Nelles® Verlag GmbH
81379 München
All rights reserved

Druck: Bayerlein, Germany
Einband durch DBGM geschützt

Reproduktionen, auch auszugsweise, sowie die Verbreitung durch Internet, fotomechanische Wiedergabe, Datenverarbeitungssysteme und Tonträger nur mit schriftlicher Genehmigung des Nelles Verlags

- F1720 -

INHALTSVERZEICHNIS

Kartenverzeichnis 2
Impressum / Kartenlegende / Haftungsbeschränkung 4

1 FEATURES

Höhepunkte / Einstimmung. 12

Ski the Powder! 14

Ein Paradies für Angler 18

Golfen zwischen Bären, Hirschen und Snackbars 22

Weine aus dem Okanagan Valley. 24

Die Inuit – Überleben am Rand des Eismeers 26

Historische Eisenbahnhotels 32

2 LAND UND LEUTE

Geografie. 35
Geschichte. 38
Die Provinzen 41
Entdecker und Helden 48
Die Bevölkerung 59

3 VANCOUVER

Vancouver 73
Citybereich 76
Nord- und West-Vancouver 86
Whistler - Fraser Valley - Rundfahrt 89
INFO: Restaurants, Sehenswürdigkeiten 91-93

4 VANCOUVER ISLAND

Victoria 97
Von Victoria zum Pacific Rim National Park 101
Entlang der Ostküste nach Port Hardy 107
INFO: Restaurants, Sehenswürdigkeiten 113-115

INHALTSVERZEICHNIS

5 DIE KANADISCHEN ROCKIES

Süd-Alberta 119
Calgary 125
Banff National Park 129
Kootenay und Yoho-Nationalpark 134
Jasper National Park. 139
INFO: Restaurants, Sehenswürdigkeiten 145-147

Nord-British Columbia 148
Queen Charlotte Islands 156
INFO: Restaurants, Sehenswürdigkeiten 158-159

6 SÜD-BRITISH COLUMBIA

Columbia Valley 163
Okanagan Valley 169
Similkameen und Tullameen Valley 175
Nicola Valley. 176
INFO: Restaurants, Sehenswürdigkeiten 177-179

7 DIE PRÄRIEPROVINZEN

Süd-Manitoba. 183
INFO: Restaurants, Sehenswürdigkeiten 193

Saskatchewan. 194
INFO: Restaurants, Sehenswürdigkeiten 206-207

Zentral-Alberta 208
INFO: Restaurants, Sehenswürdigkeiten 217

8 YUKON UND DIE NORTHWEST TERRITORIES

Mackenzie Highway. 221
Alaska Highway. 227
Stewart-Cassiar Highway. 230
Chilkoot Trail und Klondike Highway 231
Dempster Highway 235
INFO: Restaurants, Sehenswürdigkeiten 237-239

INHALTSVERZEICHNIS

9 REISE-INFORMATIONEN

Reisevorbereitungen 240
   Klima / Beste Reisezeit. 240
   Kleidung 240
   Krankenversicherung 240
   Geld 240
   Anreise 241
   Einreise 241

Reisen in Kanada 241
   Mit dem Flugzeug 241
   Mit dem Zug. 241
   Mit dem Bus 241
   Mit dem Auto 242

Praktische Tipps. 243
   Ärztliche Versorgung. 243
   Banken 243
   Behinderte 243
   Discount 244
   Elektrizität 244
   Essen und Trinken 244
   Feiertage 244
   Nationalparks 245
   Notruf 245
   Sport. 245
   Stadtpläne, Straßenverzeichnisse. 246
   Steuern 246
   Telefon 246
   Travel Alert 247
   Touristeninformation 247
   Touristische Begriffe / Kanadische Tiernamen 248
   Trinkgelder 248
   Waldbrände 248
   Zeit 248
   Zoll 248

Adressen 248
   Information in Deutschland 248
   Kanadische Botschaften im Ausland. 248
   Botschaften und Konsulate in Kanada. 248

Autoren 249

Register 250

Maligne Lake – ein Juwel im Land der tausend Seen

Inuit – Ureinwohner im kulturellen Wandel

HÖHEPUNKTE

★★**Vancouver** (S. 75): Entspannte Multikulti-Metropole; attraktive Mischung aus Urbanität, Kultur und Natur; Strände (auch FKK), Regenwälder und Berge mit Skipisten sind in Reichweite.

★★**Vancouver Island** (S. 97): 450 km lang und kontrastreich: Die regenreiche Westküste ist kaum zugänglich; die milde Ostküste mit ihren Badestränden gut erschlossen und dicht besiedelt. Outdoor-Fans lockt der 77 km lange West Coast Trail im Pacific Rim National Park.

★★**Victoria** (S. 97): Die Stadt mutet im Zentrum wie eine Kleinstadt an. Auf drei Seiten vom Meer umschlossen, zeichnet sie sich durch ein mildes Klima aus – und ihren *British Style*.

★★**Head-Smashed-In-Buffalo Jump** (S. 121): Über diese Klippe trieben die Indianer Bisons, damit sie zu Tode stürzten. Ein Museum erläutert dies.

★★**Calgary Stampede** (S.126): In der zweiten Juliwoche ist Calgary für 10 Tage Gastgeber der größten Rodeo-Show Amerikas: ein Western-Volksfest.

Der ★★**Banff National Park** (S. 129) bedeckt 6641 km^2 und ist mit dem Jasper National Park durch die berühmte Panoramastraße ★★**Icefields Parkway** (s. S. 138) verbunden. Viel besucht wird der Urlaubsort Banff.

★★**Lake Louise** (S. 132) ist einer der schönsten Seen der Rockies. Dieser herrlich gelegene Endmoränensee wird überragt vom Mount Victoria (3459 m), dessen Gletscher fast das Ufer erreicht.

★★**Maligne Lake** (S. 143): 22 km lang und unwirklich blau, liegt er in 1673 m Höhe; Bootsausflug empfohlen!

★★**Ksan Historical Village** (S. 153): Kunst der *Gitksan*-Indianer, der ersten *natives* an der Westküste, in einem Museumsdorf mit Holzschnitzerschule, Museum und Park mit Totempfählen.

★★**Inside Passage** (S. 156): Dieser Wasserweg führt durch die Fjordlandschaft der Westküste, von Prince Rupert nach Bear Cove bei Port Hardy.

★★**Haida Gwaii** (Queen Charlotte Islands; S. 156): Das Haida Heritage Centre, ein Indianerdorf mit Restaurant und Haida-Gwaii-Museum, erläutert die lange Geschichte der Ureinwohner. Der South Moresby/Gwaii Haanas National Park besitzt mit dem indianischen Siedlungsplatz Ninstints auf Anthony Island eine UNESCO-Welterbe-Attraktion.

★★**Riding Mountain National Park** (S. 191): Tiefblaue, kalte Seen, Espenwälder – und Stille. Mit Glück sind Elche, Schwarzbären und Bisons zu sehen.

★★**Prince Albert National Park** (S. 197): Eine der schönsten Wanderungen führt zum Blockhaus Beaver Lodge, am Lake Ajawaan (20 km).

★★**Royal Tyrell Museum of Paleontology** (S. 208): Eine Fossilienschau von Weltrang, nahe Drumheller, mit lebensgroßen Skeletten und Rekonstruktionen von Sauriern. Der Dinosaur Provincial Park ist eine der bedeutendsten Fossilienfundstätten der Welt.

★★**Nahanni National Park** (S. 227): Fort Simpson ist Ausgangspunkt für *Flightseeing*-Flüge zum nicht durch Straßen erschlossenen Nahanni National Park, dessen Höhepunkt die 90 m hohen Virginia Falls darstellen. Den South Nahanni River können Wildwasserkanuten auf 200 km Länge erkunden.

★★**Kluane National Park** (S. 230): Ein Naturerlebnis aus Felsmassiven, langen Gletschern und Bergseen.

Rechts: Vancouver.

EINSTIMMUNG

EINSTIMMUNG

Das westliche Kanada nur als ein weites Land zu bezeichnen, ist eine ziemliche Untertreibung. Von der Pazifikküste bis in die Provinz Manitoba an der riesigen Hudson Bay und vom Yukon (Territory) an der Grenze zu Alaska bis an die amerikanische Grenze auf dem 49. Breitengrad erstreckt sich eine Region, die sich in weiten Teilen auch noch im 21. Jahrhundert der modernen Zivilisation entzieht und nach wie vor ein grandioses Natur- und Outdoorparadies darstellt.

Die Küste des Stillen Ozeans mit tief eingeschnittenen Fjorden, in denen sich Orkas tummeln. Goldgräberspuren und Jack-London-Feeling im hohen Norden. Saphirblaue Seen in unberührten Bergszenerien, unendliche Wälder, Wasserfälle, Gletscher und traumhafte, abgeschiedene Täler. Endlose Prärielandschaften von einem Horizont zum anderen in den zentralkanadischen Provinzen Saskatchewan und Manitoba. Aber kaum irgendwo schlägt die majestätische Schönheit Besucher so sehr in Bann wie in den Rocky Mountains bzw. in den berühmten Nationalparks Waterton, Banff, Yoho und Jasper. Verschneite Bergriesen spiegeln sich in Bilderbuchseen, und mit etwas Glück kann man Grizzlies beim „Lachsangeln" an wildromantischen Flüssen oder Adler bei Flugübungen über der namenlosen Wildnis beobachten.

Aber nicht nur einzigartige Naturparadiese prägen den kanadischen Westen. Das facettenreiche Landleben demonstrieren Kleinstädte von der alten Goldgräberhochburg Dawson City im Norden bis zu den verschlafenen Farmergemeinden im Süden.

Zur Vielfalt gehören aber auch veritable Stadtabenteuer in Metropolen wie dem quirligen, zudem mit Badestränden und Skipisten aufwartenden Vancouver und der Cowboyhochburg Calgary oder in den Provinzzentren der Prärie wie Edmonton und Winnipeg, wo sich hippes Citylife mit der sympathisch-rustikalen kanadischen Lebensart mischt.

SKI THE POWDER!

SKI THE POWDER!

Leute wie Sandy Best, der Geschäftsführer des Skiresorts Lake Louise, sind der Schrecken ihrer Orthopäden. Trotz Kunstknie und Sportverletzungen (nicht vom Skifahren, sondern von anderen Sportarten!) gibt es kein bedächtiges Skifahren – für Sandy gibt's nur S-T-M! Frei nach „Mr. Lake Louise" heißt das *steep* (steil), *trees* (Bäume) and *moguls* (Buckel, Mugel): abwitzig steile Hänge von mannshohen Buckeln übersät, Schleichwege durch engstehende Bäumchen, hinein in Wolken von Neuschnee.

Den viel gerühmten *Champagne Powder*, es gibt ihn wirklich, für die Kanadier selbstverständlich: „Eis ist etwas Kristallklares und gehört in den Drink, aber nicht auf die Pisten." Auch wenn die Europäer klimatisch nicht so begünstigt sind, sie könnten viel von den Kanadiern lernen, vor allem was die liebenswerten Serviceleistungen betrifft. Drängeln gibt es nicht, denn freundliches Personal dirigiert die Skiwütigen sanft, aber bestimmt in die richtige Position, immer einen fröhlichen Spruch auf den Lippen. An der Talstation einiger Lifte versorgt ein Kleenexspender Rotznasen, sodass man weder die Handschuhe ausziehen noch in den Taschen wühlen muss. Überhaupt Handschuhe: In den Restaurants gibt es Netze an den Stühlen oder Gitter unter der Sitzfläche als Ablage für Skibrillen und Co., und so ist auf dem Tisch mehr Platz für das Essen – und für die Karaffen mit Eiswasser.

Auch ein kanadisches Erlebnis: Wer abends in den Spiegel blickt und sein Konterfei um 15 Jahre gealtert sieht, braucht nicht gleich an eine Mutation zum Werwolf zu denken – die kalte, extrem trockene Luft malt pergamentene Fältchen, da hilft nur Fettcreme und viel Flüssigkeit; das Eiswasser als Standardgetränk, das einem bei minus 30 °C Außentemperatur etwas komisch vorkommt, hat also seinen Sinn! Es ist nicht alles Gesundheitsfanatismus, denn da unterscheiden sich die Kanadier von ihren US-Nachbarn: Es darf ruhig ein blutiges Steak in Holzfällergröße sein; auch ein kühles Bierchen wird nicht verschmäht.

Es scheint noch immer diese abgehärtete Pionier- und Holzfällermentalität in so manchem Kanadier zu stecken. Sie sind gnadenlos in ihrer Skiwut. Da ist mit Langschläfermentalität kein Applaus zu ernten, obwohl man im Vergleich zu den US-Skiresorts wegen der geringeren Höhe über dem Meersspiegel besser schläft. Wer zu nachtschlafender Urlaubszeit gegen 8 Uhr das Licht der Welt und im Frühstücksraum niemanden erblickt, bewertet die gähnende Leere falsch: Er ist nicht zu früh dran, die anderen sind längst unterwegs! Vor allem die vielen Japaner, für die eine *all inclusive*-Woche Ski-Kanada weit weniger kostet als der Massenauftrieb in Nippon.

Oben: Skigebiet Whistler. Rechts: Lake Louise – wo bitte geht's zum Pulverschnee?

SKI THE POWDER!

Die Kanadier sind Weltmeister im geschickten und verträglichen Erschließen von Skigebieten. Kein Lift wurde direkt auf den Gipfel gebaut, und die Liftstützen sind in unterschiedlichen Grüntönen getarnt, sodass man sich im Sommer fast in jungfräulichen Bergen wähnt. In ★★**Lake Louise** (1731-2637 m ü. M.) reichen beispielsweise elf Lifte aus, um 50 Pisten zu erschließen, in den Alpen tendiert das Verhältnis eher in umgekehrte Richtung. Wenn es überhaupt negative Seiten am Wintervergnügen gibt, dann ist das die Tatsache, dass es fast nur Sessellifte, zum Teil ohne Fußstützen oder überhaupt ohne Sicherheitsbügel gibt. Gemütliche Skihütten wie in den Alpen existieren kaum. Jeder Lift erschließt Pisten in allen Schwierigkeitsgraden, und jeder wählt seiner Neigung nach die richtige Neigung. An der Talstation trifft man sich wieder – wo man sich allerdings nicht lange aufhalten muss. Lake Louise hat eine *money back guarantee* eingeführt. Wer länger als zehn Minuten warten muss, bekommt sein Geld zurück, und wer nach zwei Stunden einfach nicht zu seinem Schwung findet, gibt seine Karte ab und bekommt eine kostenlose für den nächsten Tag. Oft passiert das aber nicht, denn trotz extremer Minustemperaturen macht Skifahren in Kanadas Rockies süchtig – deren große Kälte erscheint, weil trocken, subjektiv nicht kälter als 10 feuchte Minusgrade.

Diese gibt es eher in ★**Whistler** (115 km nördlich von Vancouver, 675 m ü. M.), was Lake-Louise-Fans trocken kommentieren mit: *Here it's better, there it's wetter* (hier ist es besser, dort ist es feuchter). Whistler liegt nämlich in den Coast Mountains, nicht weit vom Pazifik, und der Schnee wird dort in tieferen Lagen deshalb gelegentlich schwer und pappig. Dennoch ist Whistler ein Traumziel für Skifans, wenn auch von ganz anderem Charakter als Lake Louise. Whistler ist ein Retortenort – gottlob nicht wie die französischen Betonsilo-Ansammlungen – mit Nightlife, Après-Ski und sehr viel *action*. Kein Skiresort in Nordamerika bietet mehr Abwechslung auf und abseits der Pisten.

SKI THE POWDER!

★**Whistler Mountain** (2182 m ü. M.) und ★**Blackcomb Mountain** (2284 m ü. M.) sind zum Skigebiet **„Whistler Blackcomb"** zusammengefasst und mit einem Skipass befahrbar; die 4400 m lange **Peak 2 Peak Gondola** verbindet die beiden Berge horizonzal. Der US-Konzern Vail Resorts hat das Gebiet 2016 für 1,4 Milliarden Dollar gekauft. 33 Lifte bedienen 200 Abfahrten, bei einer Förderkapazität von 59 000 Wintersportlern pro Stunde; längste Abfahrt: 11 km. In Blackcomb surrt „Excalibur" in beängstigender Geschwindigkeit bergan, ein Hochgeschwindigkeits-Sessellift schaufelt die Skifreaks weiter, und der **Glacier Express** schließlich ermöglicht den Rekord: von 700 auf fast 2000 m in weniger als 23 Minuten bis zu einer Gletscherszenerie von so gewaltigen Ausmaßen, dass die Alpen wie ein Mittelgebirge wirken. Der Horstmann Glacier ins Abendlicht getaucht, die scharfen Konturen der Coast Mountains im Hintergrund gegen den kanadablauen Himmel, und Kanada-Süchtige schwören, dass es keine schöneren Berge auf Erden geben kann. Wer früh aufsteht, kann als einer der ersten Skifahrer im frischen Schnee den „Highway No. 86" hinabsausen: Die gefrorenen Bäumchen reflektieren wie riesige Blumenkohlröschen das Morgenlicht, und rundum nichts als unverspurte Schneemassen.

Whistler bietet einmal die Woche einen Sonderservice an: Bevor die Lifte regulär öffnen, schafft die Gondelbahn die ganz Fanatischen zum Gipfelfrühstück ins Panoramarestaurant mit *ham 'n' eggs* und *pancake* mit Ahornsirup. *The early bird catches the worm!*

Lake Louise und Whistler können Komplettpaket gebucht werden können, inklusive Transatlantikflug, Skipass und Unterkunft in Top-Hotels. Luxushotels wie die Hotels der CP-Kette gibt es zu reellen Winter-Preisen, im Sommer kosten sie oft mehr als das Doppelte.

Relativ bekannt sind in Europa noch weitere Resorts: **Mystic Ridge & Mount Norquay**, von Banff in 15 Minuten zu erreichen, ist ein kleines Gebiet, das für einen Tag geeignet ist. Die Waldschneisen von Norquay sind meist extrem kalt, der Schnee ist dementsprechend fantastisch trocken. ★**Sunshine**, von Banff 25 Minuten entfernt, ist ein mittelgroßes und eher leichtes bis mittelschweres Gebiet, das landschaftlich reizvoll ist. **Marmot Basin**, das Gebiet von Jasper, ist für Könner ein besonderer Spaß. Wie in einer großen Schüssel schmiegen sich die einfachen und mittelschweren Pisten im Zentrum in den Schüsselboden. Am Rand des Gebiets gibt es jede Menge *challenge*: kräftezehrende Buckelhänge unter dem „Marmot Peak" und der „Caribou Ridge" und tolle Skirouten – allerdings nur, wenn keine Lawinengefahr besteht.

Daneben hat Westkanada aber noch jede Menge Resorts zu bieten, die in Europa kaum vermarktet werden: **Smithers** bezeichnet sich selber als *B.C.'s best kept secret*. Die 18 Pisten unter dem Hudson Bay Mountain sind wirklich bloß den Einheimischen ein Begriff, also all jenen, die zwischen Prince George und Prince Rupert wohnen. Smithers Pisten sind schwerpunktmäßig im mittleren Schwierigkeitsgrad angesiedelt. Sehr gut ist hier das Programm für Kinder und Jugendliche: es gibt Kids-Camps und verschiedene Skischulprogramme. Außerdem fahren Kinder unter acht und Senioren über 65 Jahren gratis!

Reist man vom Norden in den Süden von British Columbia, können die folgenden drei Resorts im **Columbia Valley** Abwechslung in ein Winterwochenende bringen: Das **Panorama Mountain Village** bei Invermere ist dasjenige mit dem zweitgrößten vertikalen Höhenunterschied in Nordamerika, circa 1400 Meter. Panorama ist auch ein Zentrum für Heli-Skiing. Das bizarre *bavarian village* **Kimberley** hat ein Skiresort, dessen Superlativ die längste Flutlichtpiste Nordamerikas darstellt, und das **Fernie**

Rechts: Heli-Skiing in B.C. – man gönnt sich ja sonst nichts …

SKI THE POWDER!

Foto: Udo Bernhart (Schapowalow)

Alpine Resort ist ein Skigebiet, das auch viel Wert auf Apres-Ski und gute Hotels bzw. Restaurants legt.

Auch im **Okanagan Valley**, dem Tal des Weinbaus, gibt es oft wunderbare Schneeverhältnisse. Meist fällt im Dezember viel Pulverschnee, und es folgen Perioden klarer, trockener Wintertage. Im Winter ist das Tal eines der begnadetsten Fleckchen in Kanada. Die folgenden drei Gebiete erstrecken sich alle in etwa über 600 m Höhenunterschied und haben zwischen 30 und 40 Pisten, alle nicht übermäßig lang, aber reizvoll zum *tree-skiing* zwischen überzuckerten Tannen und Fichten. **Apex Alpine Village** ist von Penticton zu erreichen, **Big White** von Kelowna aus und das reizende Resort im Westernstil **Silver Star Mountain Resort** von Vernon.

Weniger wegen der skifahrerischen Herausforderung, aber wegen der ungewöhnlichen Kombinationsmöglichkeiten ist **Vancouver** ein Wintervergnügen der besonderen Art: Vormittags segeln oder durch ein Museum schlendern, nachmittags im Stadtgebiet am ★**Grouse Mountain** skifahren, der bis 23 Uhr flutlichtbeleuchtet ist. Ebenso seltsam mutet eine winterliche Fährüberfahrt nach Nanaimo an, von dort nach Campbell River und weiter zum **Mount Washington**: Auch auf der Pazifikinsel **Vancouver Island** gibt es knackige Pisten und zum Après-Ski dann eine Bar mit Meerblick!

Skireisen-Spezialist Peter Stumböck hat den Ausbau des 53 km nordöstlich von Kamloops gelegenen, exzellenten Skigebiets **Sun Peaks** (1250-2150 m) mit vorangetrieben. In diesem Winterparadies, das mit anspruchsvollen „doppelt-schwarzen" Pisten wie *Freddy's Nightmare* auch Profis anlockt, trainierten die österreichischen Skistars für die Olympischen Winterspiele 2010 in Vancouver. Etliche kanadische Gebiete kranken noch daran, dass man das Auto bewegen muss, weil keine Pisten direkt bis „vor die Haustür" führen – die *Sun Peaks Lodge* im Tiroler Alpenstil jedoch ist nur 50 m vom Lift entfernt, als eines der wenigen On-Mountain-Resorts in Kanada mit „Ski in – Ski out".

EIN PARADIES FÜR ANGLER

EIN PARADIES FÜR ANGLER

Jedes Jahr, im späten Frühjahr, wirken die Ortschaften der kanadischen Provinzen British Columbia und Yukon wie ausgestorben – das Lachsfieber ist ausgebrochen! Jeder, der eine Rute halten kann, steht am Fluss. Denn jetzt, Anfang Mai, kehren die ersten Lachse zum Laichen in die Flüsse zurück.

King Salmon (Königslachs) wird die größte aller Lachsarten von den Kanadiern respektvoll genannt. Kein Wunder, denn dieser gewaltige Fisch ist einen Meter lang und über 30 Pfund schwer. Das ist jedoch nur der Durchschnitt. Der größte je in Kanada gefangene *King Salmon* brachte fast 100 Pfund auf die Waage! Einmal einen solchen Fang zu machen, das ist der Traum jedes Anglers.

Fast an der gesamten Westküste Nordamerikas, vom nördlichen Kalifornien bis hoch nach Alaska, steigen die Königslachse auf. Doch auch in British Columbia findet man ideale Bedingungen zum Lachsfischen vor, und die Chancen stehen gut, einen dieser edlen Fische an die Angel zu bekommen. Hier steigt etwa die Hälfte des gesamten Lachsbestandes in nur 15 Flusssysteme auf, und entsprechend hoch ist der Fischbestand.

Der wohl beste Fluss ist der Skeena River, der bei Prince Rupert in den Pazifik mündet. Angler aus der ganzen Welt, vor allem aber Deutsche und US-Amerikaner, strömen zwischen Mai und August an den Skeena, um den König der Lachse zu fangen.

Etwas später im Jahr, ab Juli, steigt die zweitgrößte Lachsart auf: der Silberlachs. Dieser ist zwar deutlich kleiner als der Königslachs, erreicht im Schnitt aber stolze 10 Pfund. Fische von 20 Pfund sind durchaus keine Seltenheit. Etwa zur gleichen Zeit wandern noch drei weitere kleinere Lachsarten die Flüsse hinauf. Der *Pink Salmon* (Buckellachs), der *Sockeye-* oder *Red Salmon* (Rotlachs) und der *Chum Salmon* (Hundslachs).

Im Juli und August erreicht die Angelsaison ihren Höhepunkt, denn dann tummeln sich fünf Lachsarten in den Flüssen British Columbias.

Zu dieser Zeit sind im ganzen Land die *Fishing Lodges*, die Wohnanlagen für Angler, restlos ausgebucht. Meist bestehen diese Lodges aus einem großen Haupthaus mit Restaurant, Bar und Angelladen, die Gäste wohnen in schlichten bis edlen Hütten – je nach Preiskategorie. Das Wort „Hütte" sollte man hier nicht wörtlich nehmen, denn die Ausstattung dieser Unterkünfte lässt nichts zu wünschen übrig.

Jede Fishing Lodge bietet außerdem einen *Guiding-Service* an. Jeweils zwei bis vier Gäste bekommen einen Angelführer zugeteilt, der ihnen die besten Fischgründe zeigt und dafür sorgt, dass die Lachsfischer nicht ohne einen stolzen Fang zurückkehren.

Na, einen Lachs zu fangen, das dürfte

Oben: Eisangler. Rechts: Lachse fünf verschiedener Arten tummeln sich in den Flüssen von B.C. – man muss sie nur fangen ...

EIN PARADIES FÜR ANGLER

Foto: Martin Rudlof Photography (Shutterstock.com)

bei so vielen Fischen ja wohl kein Problem sein, werden Sie jetzt vielleicht denken. Doch die Natur macht es den Anglern nicht gerade leicht. Denn die Lachse, im Meer wilde Räuber, fressen auf ihrer Wanderung durch die Flüsse plötzlich nichts mehr. Warum sie trotzdem hier und da den Köder nehmen, ist rätselhaft. Vielleicht bricht für einige Sekunden der Raubtierinstinkt durch; vielleicht stört sie der Köder auch nur und sie wollen ihn wegbeißen. Ein Angler, den das Lachsfieber gepackt hat, wird es sein Leben lang nicht wieder los.

Neugierig geworden? Dann begleiten Sie mich doch einmal in Gedanken an einen kanadischen Lachsfluss. Sie sind der Angler, ich bin der Guide.

Tipps für Spinner

Spinnfischen, also das Angeln mit Kunstködern, ist die Methode, mit der die meisten Lachse gefangen werden. Die wichtigste Grund-Regel beim Lachsangeln, und die im wahrsten Sinne des Wortes: Der Köder muss so dicht wie nur irgend möglich am Boden geführt werden.

Klar, dass sich bei dieser Fischerei der Köder schon mal zwischen Steinen oder versunkenem Holz festkeilt. Dann hilft nur eins: abreißen und neu montieren. Drei, vier Blinker müssen Sie schon pro Tag einplanen. Zum Glück sind diese löffelförmigen Köder aus Blech in Kanada nicht sehr teuer. Trotzdem schlägt das Spinnfischen täglich ein Loch von 8 bis 12 Euro in die Reisekasse. Doch wenn Sie Ihren ersten Lachs am Haken haben, sind die paar Euro schnell vergessen.

Noch einige kleine Tipps zur Köderfarbe. Früh in der Saison, also im Mai und Juni, sind silberne, silbergrüne und silberblaue Blinker am besten. Wahrscheinlich hält der Lachs dieses durchs Wasser wackelnde glitzernde Blechding für einen der Heringe, von denen er sich im Meer ernährt hat.

Später in der Saison sind sogenannte Reizfarben besser. Und das sind – genau wie bei uns Menschen – Rot, Orange und Gelb.

EIN PARADIES FÜR ANGLER

Am Grund geht's rund

Eine weitere und ebenfalls sehr erfolgreiche Methode ist das Spinnfischen mit einem sogenannten Tiroler Hölzl, ein unten beschwerter Plastikschlauch mit einer Öse zum Befestigen der Hauptschnur. Der Vorteil des Tiroler Hölzls: Das längliche Gewicht setzt sich nicht zwischen den Steinen fest, sondern hoppelt munter über den Grund. Und da steht der Lachs.

Die Montage ist denkbar einfach. Die Hauptschnur wird durch die Öse des Hölzls gezogen, und dann knotet man einen Wirbel an. Dieser verhindert ein Verdrehen des Vorfachs und erleichtert außerdem einen Köderwechsel. In den Wirbel wird das etwa 150 cm lange Vorfach eingehängt, fertig. Halt, eins fehlt noch: der Köder.

Versuchen Sie es einmal mit einem Streamer, das ist eine kleine Fischimitation aus Federn und Tierhaar. Diese kann man in Kanada in jedem Angelladen kaufen. Ein echter Klassiker ist das orangegelbe Muster *Mickey Finn*. Fragen Sie den Händler ruhig, welche Streamer die Lachse gerade zum Fressen gern haben. Man wird Sie gut beraten.

Sicherlich wird der Angelgerätehändler auch irgendwo eine Kiste mit künstlichen Lachseiern hervorzaubern. Kaufen Sie nicht nur ein paar dieser Köder, sondern probieren Sie diese auch aus. Es lohnt sich. Übrigens: Echte Lachseier im Gazebeutel sind ein so guter Köder, dass sie an vielen Flüssen verboten sind. Daran sollten Sie denken, falls dieser Köder irgendwo erlaubt ist …

Schritt für Schritt

Die Technik ist bei beiden Montagen fast die gleiche. Werfen Sie Ihren Köder stromauf, und warten Sie ein wenig, damit er zum Grund sinken kann. Beim Spinnfischen mit dem Blinker kurbeln Sie ganz langsam die Schnur ein. Beim Hölzl halten Sie nur die Rute hoch und lassen den Köder im Bogen auf Ihr Ufer

---

Oben: Ein Rotlachs auf der Rückwanderung vom Meer zu seinem Geburtsgewässer zum Laichen.

EIN PARADIES FÜR ANGLER

zutreiben. Kurz bevor Ihre Montage das Ufer erreicht, holen Sie diese mit zupfenden Bewegungen heran. Besonders in harter Strömung stehen die Lachse dicht unter Land ...

Bevor Sie jetzt wieder auswerfen, muss ich Ihnen noch eine sehr wichtige Lachsregel verraten. Sie lautet: Zwei Schritte, ein Wurf. Okay, okay, Sie sind im Urlaub und wollen sich nicht sklavisch an irgendwelche Regeln halten. Aber ein Schritt zwischen den Würfen muss sein.

Ich erkläre Ihnen auch gerne, warum: Die Lachse müssen nämlich auf ihrer Wanderung in die Laichgründe Stromschnellen überwinden oder Wasserfälle hinaufspringen. Und so gönnen sie sich oft eine verdiente Pause und stehen dann ruhig am Grund. Wenn sich der Fisch nicht bewegt und Sie ebenfalls wie festgenagelt an einer Stelle stehen bleiben, dann wird es nichts mit dem leckeren Lachssteak zum Abendessen. Also immer daran denken: Werfen, zwei Schritte, werfen. Das ist der Weg zum Lachs!

Lachse auf dem Rastplatz

Wie Sie einen schönen Lachs fangen können, das wissen Sie bereits. Doch wie finden Sie die guten Angelstellen? Nun, gute Plätze sind immer dort, wo sich Lachse sammeln, um etwas zu rasten. Sehen Sie sich Ihren Fluss genau an. Entdecken Sie eine Stelle, an der sich der Fluss verengt und die Strömung stärker ist? Gut. Unterhalb dieser Stelle ist das Wasser ruhiger und tiefer. Hier stehen fast immer einige Fische. Auch oberhalb dieser schnellen Flussabschnitte sollten Sie Ihre Angel auswerfen. Denn hier sammeln die aufgestiegenen Lachse wieder neue Kraft für ihre Wanderung zu den Laichgründen, in denen sie ihr Leben nach der letzten, anstrengenden Rückkehr beenden.

Das gleiche gilt für Wasserfälle. Leider sind diese Stellen meist von Einheimischen überlaufen, und die Fische kennen mit Sicherheit alle Köder mit Artikelnummer und Preis.

Forelle auf die Schnelle

Auch wenn Sie das Lachsfieber packt – der Westen Kanadas hat noch weit mehr zu bieten. Ob in British Columbia, im Yukon (Territory) oder in Alberta, man wird kaum ein Gewässer finden, in denen sich nicht Forellen und Saiblinge tummeln. Und gerade die Lachssaison ist eine gute Zeit, um dort völlig ungestört diese kämpferischen und leckeren Fische zu angeln. Es gibt Regenbogenforellen, Kehlschnittforellen (*Cutthroats*) und aus Deutschland importierte Bachforellen, außerdem noch *Dolly Varden* und *Brook Trouts*, zwei Saiblingsarten. Für Abwechslung ist also reichlich gesorgt.

Forellen und Saibling sind Feinschmecker. Sie sind hinter den Lachseiern her, die von der Strömung erfasst werden und die Fluss hinuntertreiben. Selbst in Bächen, in denen keine Lachse aufsteigen, sind diese Eier ein Spitzenköder. Man kann die gleiche Montage wie beim Lachsfischen verwenden, man nimmt nur eine etwas dünnere Schnur und etwas kleinere Lachseier.

Ebenfalls gute Köder sind Blinker und Spinner. Besonders mit den Spinnern, bei denen sich ein kleines Metallblatt um eine Achse dreht und eine Druckwelle erzeugt, kann man sich leicht ein schönes Abendessen fangen.

Übrigens: Forellen und Saiblinge leben nicht nur in Bächen und Flüssen, auch in den zahllosen Seen sind diese Fischarten zu finden, neben Hechten, Barschen, Renken, dorschähnlichen Rutten und riesigen Seesaiblingen.

Wenn Sie also einmal in den Westen Kanadas reisen, dann sollten Sie eins nicht vergessen: Ihre Angel.

Denn mit selbst gefangenem und über dem Lagerfeuer gegrilltem Fisch können Sie Ihren Speiseplan bereichern und nebenbei noch richtig Eindruck machen!

GOLF

GOLFEN ZWISCHEN BÄREN, HIRSCHEN UND SNACKBARS

Man ist beim Schläger auspacken auf dem **Clear Lake Golf Course** im Riding Mountain National Park in Manitoba: Die Frühsommer-Sonne tanzt auf letzten Eisschollen. Am Ufer – unwirklich und fast schon kitschig – steht eine Elchkuh mit Baby. Im Vordergrund auf dem 9. *Tee* windet sich einer vor Lachen. Das ist Ian, der Clubmanager, der unter Japsen hervorbringt, dass ihm gerade ein Rabe den Ball von Fairway geklaut hat. Was ihn erst recht erheitert, ist die Tatsache, dass er das Club-T-Shirt trägt: *You are entering the Raven Zone.*

Europäer staunen nicht schlecht, starr vor lauter Etikette: Wieherndes Lachen auf einem Golfplatz? Kanadischer Golf fragt auch nicht nach Herkunft oder Outfit – am Ende ist es egal, ob die Dollars fürs Green Fee aus einem Designer-Bag oder einer zerbeulten Turnhose kommen. Die Scheinchen sehen akkurat gleich aus!

Der **Waskesiu Golf Course** im Prince Albert National Park im Norden Saskatchewans ist in mancherlei Hinsicht mit Riding Mountain zu vergleichen: Beide Parks waren Arbeitsbeschaffungsprogramme, für die während der Depression Männer in Camps zusammengefasst wurden, um Straßen und Gebäude zu bauen. Der wunderschöne Golfplatz ist ein Werk des genialen Platzdesigners Stanley Thompson (1893-1953), der hier als Erkennungszeichen am ersten *Tee* nach etwa 110 m den *Lobstick Tree* stehengelassen hat. Nach einer Indianer-Legende war der Baum immer schon ein Orientierungspunkt, und so viel spiritueller Unterbau muss dazu führen, dass der Baum Bälle geradezu magisch anzieht und in seinem satten „Pling" in die unmöglichsten Richtungen ablenkt.

Sind es auf dem Golfplatz in Riding Mountain bloß die Raben, tauchen in Prince Albert noch andere Gäste auf. Sollte ein Ball im Wald landen, sind solche Szenen nicht selten: Wer gerade noch plaudernd seinen Ball aus dem Wald bergen will, verstummt plötzlich und starrt in den Wald – aus dem Wald starrt es zurück! Denn Schwarzbären lieben das naturnahe Terrain.

In **Banff** lümmeln dafür Wapitis auf dem Platz herum. Ganze Herden äsen auf den Fairways, denn schließlich schmeckt das gepflegte Gras weit besser als die schwer zugänglichen Halme im Wald. Stanley Thompson folgte in seiner Platzgestaltung immer der Natur, er spiegelte die gigantischen Rocky Mountain-Gipfel quasi in seinen Fairways und schuf Ausblicke, wie sie kaum ein Künstler jemals hätte erträumen können.

Der Platz war 1927 mit über einer Million C$ Kosten der teuerste seiner Zeit. Das Geld war gut angelegt, denn was für ein Platz und welch gute Ausreden: Von *elks* und einer der grandiosesten Landschaften der Erde abgelenkt, sind Querschläger verzeihlich!

Der Golfplatz der **Jasper Park Lodge**, von Fachpublikationen mehrmals auf Nummer eins der Golf-Hitlisten gesetzt, liegt ebenso spektakulär; außerdem erhebt sich nach dem 8. Loch eine Fata Morgana. Golf Carts stauen sich, Golfer lehnen an einer Holzhütte und triefen beim Essen Ketchup auf ihre Golfhemden. Kanadas Nobel-Club ziert eine Würstchenbude – mit profanen Hot Dogs und Hamburgern und noch viel profanerem Bier!

Im Columbia Valley liegen einige der schönsten Plätze von British Columbia, die sehr gute Golfakademien und Trainingsmöglichkeiten für Anfänger bieten. Die Driving Range und Übungsanlagen des Platzes **The Springs at Radium Resort** wurden von Fachmagazinen zu einer der besten in ganz Nordamerika gekürt. Könner dürfen sich auf den 18 Loch-Meisterschafts-Plätzen austoben, jeder von ganz eigenem Charakter und atemberaubendem Land-

---

Rechts: Golfen in Banff, ganz relaxed – zugleich ein Landschaftserlebnis in großartigem Rahmen.

GOLF

schaftseindruck: **The Springs**, von Les Furber gestaltet, schmiegt sich an den Flusslauf des Columbia Valley. Die Wasserhindernisse am 8., 9. und 10. Loch sind *tricky*, und die Par3-Löcher sind eine echte Herausforderung – besonders das 14., das nach dem Par5 am 13. psychische Blockaden auslöst.

Der **Fernie Golf and Country Club** besticht durch seine Lage am Fuß der Three Sisters Peaks und treibt so manchen mit seinen Sandbunkern zur Verzweiflung.

Trickle Creek, ebenfalls von dem Kanadier Les Furber ersonnen, ist ein ganz vertrackter Platz: Die ersten Löcher wiegen den Golfer in Sicherheit, bis dann die wahren kniffligen Aufgaben in den *back nine* kommen. Das Par5 17. Loch wird gerne mit dem legendären und notorischen 17. in St. Andrew's verglichen!

Kanada ist ein gelobtes Golferland, und gerade Anfänger profitieren von der lockeren Haltung dem Spiel gegenüber und können sowohl auf den Par3-Plätzen – fast jedes Dorf hat einen – als auch auf schönen 9-Loch-Plätzen üben: stressfrei, ohne andere Golfer im Nacken, die sich über eine fehlende Platzreife oder ein fehlendes Handicap mokieren könnten. In Kanada darf man auch 20 Schläge brauchen: *have fun* heißt die Devise!

Von den vielen unbekannten Plätzen seien zwei vorgestellt: In **Athabasca** hat der **Athabasca Golf & Country Club** erst 1995 auf 18 Loch erweitert: wunderschön gelegene, knifflige Greens entlang dem Uferabhang des Athabasca River.

In den goldenen Hügeln des Nicola Valley liegt in Quilchena der **Quilchena on the Lake Golf Course**: weite Fairways, relativ einfach zu spielen, wenn das Wasser des *Creek* nicht mehrmals den Platz kreuzen würde. Beide Plätze eint ein weiteres kanadisches Golfphänomen: Oftmals gibt es gleich nebenan sehr gepflegte Campingplätze (Blueberry Hills RV Park, Quilchena RV Park), wo die Bags an den Campern lehnen und die eingefleischten Golfer fachsimpeln können.

WEINE AUS DEM OKANAGAN VALLEY

WEINE AUS DEM OKANAGAN VALLEY

Früher war es üblich, in Chile oder Kalifornien Weintrauben oder lediglich Rebsaft einzukaufen und in B.C. abzufüllen – und dies rechtfertigte das Schummel-Etikett „Made in British Columbia". Kanadas Weinbauern ignorierten lange Zeit das Thema „Erzeugerweine". Als die ersten „alternativen" jungen Leute aus Kalifornien, Australien und Deutschland ankamen, kleine eigene Weinberge bearbeiteten und den Saft aus nur einer Rebsorte in ihre Flaschen füllten, war das eine Revolution, die die kanadischen Winzer aus ihrer selbstgefälligen Ruhe aufschreckte.

Die Neuankömmlinge initiierten das Gütesiegel VQA, um sich deutlich von den Panschern abzusetzen. Deren Unkenrufe waren überall im Tal zu hören, denn sie prophezeiten den „jungen Wilden", dass die Kanadier nie zu Weinkennern mutieren und schon gar nicht 10 C$ für eine Flasche Wein bezahlen würden – heute kann eine guter Roter bis zu 80 C$ erlösen:

Es ist eine Ironie des Schicksals, dass ausgerechnet eine kleine private Bierbrauerei letztendlich den Weg zum liebevoll produzierten Wein ebnete: Die *Okanagan Springs Brewery* hatte ungeheuren Erfolg mit Bieren, die nach dem Bayerischen Reinheitsgebot gebraut wurden, und der kanadische Gaumen wusste das sehr wohl zu schätzen. Es war der Besitzer der Brauerei, der seinem Sohn Mut machte, auch auf dem Weinsektor Qualität zu produzieren. Der Sohn glaubte seinem *dad*, ging 1983 nach Deutschland und studierte und arbeitete dort lange Zeit. Eric von Krosigk ist heute einer der interessantesten Weinerzeuger im Tal.

Von Krosigk machte *LeComte Estate* (heute See Ya Later Ranch) und *Summerhill Pyramid* zu den führenden Kellereien im Tal: „Man glaubt gar nicht, was hier alles vergoren wurde: Löwenzahn, Rhabarber, alles, was irgendwie Geschmack abgab und dazu verdammt viel Zucker ... Cognac war eine Mischung aus Rosinen und Chemiebaukasten ..."

Eric hatte viel Aufklärungsarbeit zu leisten, auf der anderen Seite aber kam ihm das kanadische *let's just try* zugute: Sein früherer Chef Albert, ein Tüftler wie er im Buche steht, schweißte selber Edelstahltanks und versuchte sich an neuen Bewässerungssystemen, die heute perfekt ausgeklügelt sind. Bewässerung ist ein Knackpunkt im Tal: Bei nur 260 mm Niederschlag im Jahr und drei trockenen Sommermonaten sind Beregnungsanlagen unverzichtbar.

Die positive Kehrseite der Medaille ist das verlässliche Mikroklima des Tales: knackige Winter, ein kurzes Frühjahr, der Löwenanteil des Regens im Juni und dann nichts als Sonne bis zu den ersten Nachtfrösten Mitte/Ende Oktober: „Für die Lesezeit ist das natürlich sensationell, wir können uns den Rei-

Oben und rechts: Weinproduktion im Okanagan Valley.

WEINE AUS DEM OKANAGAN VALLEY

fegrad praktisch aussuchen," sagt Eric. Was dann vor Frosteinbruch noch nicht gelesen ist, wird zum Eiswein – eine Spezialität des Tales; eine gute Flasche, aus Rieslingtrauben gekeltert, kann bis zu 50 C$ kosten.

Hier gedeihen auch ausgewogene *Gewürztraminer*, die hervorragend zur frischen Westcoast-Küche passen. Inzwischen haben sie die „Okanagan-Export-Schwelle" überschritten: Noch vor wenigen Jahrzehnten bedeutete „Export", dass ein Winzer in die Nachbarprovinz Alberta verkaufte, heute sieht man Okanagan-Weine in London und auf internationalen Weinmessen. Rotweine sind definitiv im Kommen, und man pflanzt auch *Cabernet Sauvignon* und *Merlot* in Südlagen.

Der deutschstämige Adolf Kruger gründete 1990 die *Wild Goose Vineyards*, die edle Weine hervorbringen. Ihre komplexe Note bekommen die Spitzenweine in amerikanischen 200-Liter-Eichenfässern, die ursprünglich zur Whiskyreifung hergestellt wurden. Anfangs hatte Kruger 2000 Rebstöcke bei einem Kälteeinbruch verloren. Mittlerweile hat man mit der kälteresistenten Hybridrebe *Marechal Foch* viel Erfahrung; gesprittet wird aus deren vergorenem Traubensaft der Portwein *Black Brant*.

Organischer „Biowein"-Bau ist im Tal längst ein Thema: Hochinteressant sind zum Beispiel die *Vineyards* von *Hainle*, dem „Papst" großer trockener Weißweine. Schon seit 1993 darf sich Hainle *100 % organic* (Prüfkommission der Similkameen Okanagan Organic Producers Association, S.O.O.P.A) nennen. Der *Riesling* der Hainle-Familie ist frisch mit einer fruchtigen Note, der *Chardonnay* erreicht beachtlichen Charakter.

Auch der Riesling und er Chardonnay von *Quails' Gate Estate* zeichnet sich durch internationales Niveau aus. Der *Chasselas* etwa, in der Schweiz als Fendant, in Deutschland als Gutedel bekannt, ist fruchtbetont und anregend. Quails verwendet organischen Dünger, und dies ursprünglich aus wirtschaftlicher Notwendigkeit – industriell hergestellter Dünger war anfangs zu teuer.

Für Weinfreunde gibt es mehrere Routen durch das Okanagan Valley, von Weingut zu Weingut; Informationen und eine App dazu bietet das *BC Wine Institute* (s. Info S. 177).

Die hier aufgeführten Kellereien beschreiben nur einen Bruchteil der Produzenten, auch die mehrfach ausgezeichneten *Gehringer Brothers* (die in Europa gelernt haben) und viele andere sind einen Abstecher wert: Man wird mit hervorragenden Weinen belohnt, aber auch mit atemberaubend schöner Landschaft – und natürlich mit ganz speziellem Kanadaflair: Wo sonst sind bei der Weinlese Bären die größte Naturkatastrophe? Meister Petz ist ein schlauer Kerl, der nicht die Beeren von der Rebe wegfrisst, sondern lieber gleich die Bottiche mit den bereits gelesenen Trauben öffnet!

DIE INUIT

DIE INUIT – ÜBERLEBEN AM RAND DES EISMEERS

1994 erlegten Inuit-Jäger aus Igloolik den ersten Grönlandwal seit Jahren und verteilten das Fleisch in Gemeinden der kanadischen Arktis. Wenig später wurden sie vor Gericht gestellt. Obwohl die Inuit im Prinzip mit den strengen Schutzmaßnahmen für Wale einverstanden sind und mit Umweltbehörden kooperieren, wollen sie doch Ausnahmen für ihre Jäger gelten lassen. Paul Quass, der frühere Präsident der Tungavik Inc., die für die Landrechte der Inuit zuständig ist, verteidigte die Walfänger: „Mir wurde berichtet, dass sich der Wal den Jägern als Geschenk darbot, weil er um das Verlangen der Ältesten nach Walfleisch wusste. Die Igloolik-Jäger hielten sich an das, was sie von Kind auf gelernt hatten, sie gehorchten ihren Ältesten." Die Inuit sind der Meinung, dass bei diesem Verfahren ihre Kultur an sich vor Gericht stand, und ein Urteil ausgerechnet auf der Grundlage der Wertordnung erging, die für die weitgehende Ausrottung der Wale verantwortlich ist. Ist das Wohl der Tiere wichtiger als das der Menschen?

Im Vergleich zu den Indianern sind die Inuit prähistorische „Neuankömmlinge", die, vor 6000 Jahren aus Asien kommend, den Nordrand des Kontinents und den arktischen Archipel besetzten. Die Dorset-Eskimos (ca. 1000 v. Chr.), die vorwiegend von der Karibujagd lebten, wurden von den Thule-Eskimos verdrängt, die sich von Alaska bis nach Grönland verbreiteten. Die Thule besaßen einen enormen „technologischen Vorsprung": Boote und Harpunen, mit denen sie Robben und Wale fangen konnten. Die heutigen Inuit sind die Nachfahren der Thule-Eskimos, und es ist die Thule-Kultur, die den Europäern vertraute Elemente der Inuitkultur entwickelte, z. B. den Parka, den Anorak und den Kajak.

Das wichtigste Werkzeug der Thule-Inuit war die Harpune, die aus einem Schaft, dem Harpunenkopf und einer langen Leine mit einer Schwimmblase bestand, die das Beutetier ermüden sollte. Die Jagd war ein Gruppenunternehmen, bei dem alle Löcher im Eis, durch die die Robben Atem holen, von Männern besetzt werden mussten. Robben und andere Meeressäuger bildeten die Hauptnahrung der Thule-Inuit. Die Frauen verwendeten das *Ulo*, eine Art Wiegemesser, zur Verrichtung ihrer täglichen Arbeiten.

Während die Indianer eine Vielzahl unterschiedlicher Kulturen hervorbrachten, ist die Inuitkultur mit ihren spirituellen Vorstellungen relativ einheitlich, weil die karge Umwelt eine Beschränkung auf das Allernotwendigste erzwang. So kannte man bis in unsere Zeit keine Kunst im eigentlichen Sinn. Auch die Perfektion in der Kleiderherstellung, etwa der *Mukluks* (Stiefel) aus Robbenfell, wurde aus der Not geboren,

Oben: Wenn beide groß sind, werden sie miteinander Hundeschlitten fahren. Rechts: Inuit-Kunst aus Holz und Walrosselfenbein.

DIE INUIT

mit einem Minimum an Materialien die Natur zu imitieren. Die Einheitlichkeit wird auch in der Sprache, dem *Inuktitut*, deutlich, das von Sibirien bis Grönland verstanden wird und sowohl in einer Schrift mit lateinischen Buchstaben als auch in einer Abwandlung der Cree-Silbenschrift aufgezeichnet wird.

Die Inuit konvertierten zumeist im 19. Jh. zum Christentum. Doch ist bei ihnen in den letzten Jahren eine verstärkte Hinwendung zu traditionellen Vorstellungen zu beobachten, die im Untergrund überlebten. Zentrales Motiv der Glaubensvorstellungen ist der Mythos von Sedna, der Gebieterin der Jagdtiere. Bleibt der Jagderfolg aus, liegt dies daran, dass Sednas Haare verwirrt oder beschmutzt worden sind. Der *Angakok* (Schamane) muss sich dann in Trance versetzen und zu Sedna auf den Meeresgrund reisen, um die Haare wieder zu ordnen. Für diesen Dienst entlässt Sedna die Tiere wieder aus ihrer Obhut. Der *Angakok* in Ausübung seiner spirituellen Aufgaben, u. a. auch der Krankenheilung, ist ein häufiges Motiv zeitgenössischer Darstellungen der Inuit.

Die Inuit verfügen über ein komplexes Konzept von der Seele, die allem innewohnt, etwa auch einer Stromschnelle, einem Stein oder einer Jagdbeute. Diese *Inua* zu besänftigen und die mit ihr verbundenen Tabus und Regeln zu beachten, war ein wichtiges spirituelles Vorgehen, das dem Überleben dienen sollte, wenn anderes Handeln nicht möglich war. Auf dieser Vorstellung beruht auch die Tradition der Miniaturschnitzereien aus Walrosselfenbein, die ursprünglich Amulette waren, welche die *Inua* repräsentierten.

Seit der Ankunft der Europäer im 19. Jh. bis zum Beginn des 20. Jh. bot der Walfang den Inuit die Gelegenheit zum Tauschhandel und brachte neue Materialien (Metalle) und Werkzeuge (z. B. Töpfe) in die Arktis. Mit dem Niedergang des Walfangs versuchten europäische Waljäger ihre Einnahmen durch den Handel mit Pelzen aufzubessern und hielten die Inuit zur Fallenjagd an. Von 1910-45 war die Pelztierjagd der

DIE INUIT

wichtigste Erwerbszweig. Seit Mitte des Jahrhunderts hat sie jedoch nur noch ergänzenden Charakter, während die Existenz der Inuit durch staatliche Maßnahmen gesichert wird.

Der rasche kulturelle Wandel gründete sich auf zwei Faktoren – die Einführung des Gewehrs und die Anbindung an den Weltmarkt, sowohl was den Export der Erträge als auch den Import der Tauschwaren anbelangte. Das Gewehr ermöglichte die effizientere Jagd auf Seesäugetiere vom Land statt vom Eis aus; weniger Jäger konnten größere Gebiete als zuvor bejagen. Die traditionellen Jagd- und Lagergemeinschaften lösten sich auf, viele Inuit zogen in die Handelsposten, in denen die Jagderträge gegen Lebensmittel und Ausrüstung eingetauscht werden konnten. Dies schuf jedoch neue Abhängigkeiten: Mit der Pelztierjagd waren die Inuit nicht nur von der zyklischen Weltwirtschaftsentwicklung, sondern auch von den natürlichen Räuber-Beute-Zyklen abhängig, die etwa bei der Polarfuchsjagd einen vierjährigen Turnus erzwingen. In der Schere von Angebot und Nachfrage wirtschaftlich zu überleben stellte sich als unmöglich heraus, denn nach dem 2. Weltkrieg verfielen die Preise zusehends, bis sie wegen der Tierschutzkampagnen seit den 1970er-Jahren auf einen Tiefpunkt sanken.

Die neue Lebensweise brachte auch gesundheitliche Probleme mit sich. Die unhygienischen Wohnverhältnisse in den Handelsposten führten zu einer hohen Infektionsrate; dazu kam noch, dass die Inuit durch die neuen, weniger fettreichen und daher ungeeigneten Nahrungsmittel häufig fehl- oder unterernährt waren. Deshalb kam es bis in die jüngste Vergangenheit zur Ausbreitung von TB, Grippe und Kinderkrankheiten, die vielen Inuit das Leben kosteten, weil erst ab der Jahrhundertmitte eine wirksame medizinische Versorgung einsetzte.

Oben: Die Kunst des Iglubaus im Schneesturm kann eine Überlebensfrage sein. Rechts: Robben und Wale stellen nicht mehr die wichtigste Nahrungsgrundlage dar ...

DIE INUIT

Auch wenn die Inuit ihre Iglus und Sommerzelte gegen Holzhäuser eingetauscht haben und statt des Komatik-Schlittens nun Flugzeuge und Skidoos der Fortbewegung dienen, ist die Jagd noch für ca. 60 % der Inuit ein wichtiger Bestandteil des Familieneinkommens und Maßstab zur Festlegung der sozialen Rangordnung. Vor dem Kontakt mit den Weißen kannten die Inuit außer der Familie keine gesellschaftliche Organisation; nur der Jagderfolg bestimmte das Ansehen, das ein *Inuk* (Einzahl von Inuit) besaß. Im Gegensatz zu europäischen Jägern verwerten die Inuit ihre Jagdbeute nahezu vollständig. Ein europäisches Importverbot für Robbenfelle hat zur Folge, dass die Felle kaum noch verkäuflich sind. Besucher der NWT können damit rechnen, auf die Aktivitäten von Greenpeace, Prince Charles oder Brigitte Bardot angesprochen zu werden.

In Kanada leben ca. 32 000 Inuit in über 60 Siedlungen, die sich überwiegend an der Küste befinden, da nur dort genug natürliches Nahrungsangebot vorhanden ist. Die Inuit sind ein extrem junges Volk, mehr als die Hälfte der Bevölkerung ist unter 15 Jahre alt.

Durch staatliche Förderung entwickelte sich in den vergangenen Jahrzehnten eine rege Kunsthandwerksszene. Dabei greifen die Inuit zur Entwicklung eines modernen Stils auf die archäologischen Funde der Dorset-Kultur zurück. An Materialien werden neben Speckstein und Walrosselfenbein auch Walknochen und Treibholz verwendet. Die Plastiken, die in ihrer Form häufig an kubistische Werke erinnern, stehen farblich in deutlichem Kontrast zur modernen, bunten Inuit-Grafik und Textilarbeiten, die neue Techniken und Stilprinzipien mit sich brachten. Skulpturen aus Speckstein und andere kunsthandwerkliche Erzeugnisse sind als begehrte Sammlerobjekte wichtigste Inuit-Exportartikel der Arktis.

Weil alles, was in der Arktis hergestellt werden kann, anderswo billiger produziert wird, stellt die Arbeitslosigkeit das drängendste Problem dar. Fast alle Inuit erhalten staatliche Unterstüt-

DIE INUIT

zung. Erst als Folge der Unterbeschäftigung treten alltägliche Gewalt, Alkohol- und Drogenmissbrauch auf. Die Mehrzahl der fest angestellten Inuit arbeitet in der Verwaltung und in staatlichen Dienstleistungsbetrieben. Aufgrund der isolierten Lebensweise haben die Inuit bis vor wenigen Jahrzehnten kaum ein ethnisches Bewusstsein entwickelt. Politische Organisationen entstanden erst nach dem 2. Weltkrieg. Als wichtigste Interessenvertretung gilt die 1971 gegründete *Inuit Tapirisat of Canada* (Kanadische Inuit-Brüderschaft). Im Gegensatz zu einem Teil der Indianer schlossen die Inuit bis in die jüngste Zeit keine Landabtretungsverträge mit der britischen Krone ab, da der extreme Norden nicht gerade als Land mit Zukunft angesehen wurde. Erst 1984 kam es mit dem *Inuvialuit Agreement* zu einem Vertrag für das Gebiet um Inuvik im Mackenzie District der NWT, weil mit der Erdölerschließung vor der Küste klare Verhältnisse nötig wurden. In zähen Verhandlungen mit Ottawa erzielten 1992 auch die Bewohner der zentralen und östlichen Arktis ein Abkommen.

1999 wurde ein Teil der NWT abgetrennt. Unter dem Namen *Nunavut* („Unser Land") wird es von den Inuit selbst verwaltet. Das neue Territorium, das mit einer Fläche von 1,9 Mio. km² etwa ein Fünftel des von Kanada beanspruchten Gebiets umfasst, wird von rund 37 000 Einwohnern, darunter 25 000 Inuit, bewohnt. Iqualuit (Frobisher Bay) im Süden von Baffin Island ist Verwaltungssitz mit rd. 6700 Einwohnern. Problematisch ist, dass nur wenige Inuit komplexe Verwaltungsabläufe organisieren können.

Mit der Einrichtung von Nunavut waren Zahlungen von 1,1 Milliarden C$ verbunden, welche die Ureinwohner für die Abtretung des größten Teils ihrer Landrechte an die kanadische Regierung erhielten. Diese erwartet, dass in Nunavut Arbeitsplätze geschaffen werden und sich Investoren finden, die

---

Oben: Neuzeitliche Iglus am Bathurst Inlet / NWT.
Rechts: Der Trommeltanz der Inuit erinnert an Schamanenrituale.

DIE INUIT

die Bodenschätze heben wollen. Doch neben den technischen Schwierigkeiten des Bergbaus im Dauerfrostboden könnten auch die Inuit selbst zum Hindernis für die Rohstoffausbeutung werden. Als Bevölkerungsmehrheit sind sie, anders als die Indianer im Süden, Herren im eigenen Haus und können über die Geschicke ihres Landes selbst bestimmen. So lehnten z.B. die Baker Lake Inuit trotz 80 % Arbeitslosigkeit den Plan einer deutschen Urangesellschaft ab, in ihrem Gebiet eine Uranmine auf Permafrostboden einzurichten. Besonders empörte die Inuit, dass ein Karibu-Kalbungsgebiet als Minenstadt ausersehen wurde. Schwer traf die Inuit, als die EU 1983 die Einfuhr von Seehundfellen verbot. Konsequenz: Sie konnten ihren Lebensunterhalt nicht mehr aus der Robbenjagd bestreiten.

Die heranwachsenden Inuit bleiben gegenüber den Hoffnungen der Älteren im Hinblick auf Nunavut skeptisch. Nicht wenige sind der Meinung, dass die Lösung der sozialen Probleme Vorrang vor der Selbstverwaltung haben sollte. Sie machen die Generation der erfolgreichen Inuitpolitiker für das Ausbleiben dieser Lösung verantwortlich. Immer mehr Jugendliche wachsen ohne Bindung an die Kultur ihrer Vorfahren auf. Statt dessen fühlen sie sich durch die Glitzerwelt Hollywoods angezogen, die durch Fernsehen und Video in den langen Polarnächten eine fernsehsüchtige Generation mit unerfüllbaren Wünschen geschaffen hat. „Selbst bei minus 30 °C gibt es junge Leute, die sich wie ein Popstar in Kalifornien anziehen", sagt Jose Kusugak von der Tungavik Inc. „Das macht uns Sorgen, wir haben seit einiger Zeit jede Menge Gesichtserfrierungen zu verzeichnen." Nicht wenige Jugendliche wollen ihre Heimat verlassen, um im Süden zu studieren oder Arbeit zu finden. Durch das Fernsehen und gelegentliche Reisen glauben sie, mit dem Leben außerhalb der Arktis vertraut zu sein. Wie gering jedoch ihre Aussichten sind, sich in den Großstädten zu etablieren, zeigt das oft traurige Schicksal der indianischen Cousins aus den Reservaten im Süden.

HISTORISCHE EISENBAHNHOTELS

Die *Canadian Pacific Railway* hatte hochfliegende Pläne: William Cornelius Van Horne, der Vizepräsident, erkannte bereits im 19. Jh. das Potenzial des Tourismus: „Wenn wir die Landschaft schon nicht exportieren können, importieren wir eben die Touristen." 1886 entstand in Field das erste Hotel der Gesellschaft, **Mount Stephen House**. Das war gerade ein Jahr, nachdem der Geldgeber und Unternehmer Donald A. Smith (später zum Lord Strathcona geadelt), Stanford Fleming und Cornelius Van Horne sich am Eagle Pass in Cut und Zylinder postiert und mit dem Ruf *All aboard for the pacific!* das Werk für vollendet erklärt hatten. 1888 eröffnete das Banff Springs Hotel, 1890 das Château Lake Louise.

Es gibt weltweit keine Hotelkette, deren Hotels so zur Sehenswürdigkeit geworden sind wie die Häuser der Canadian Pacific, die mittlerweile fast alle zum kanadisch-amerikanischen Hotelkonzern Fairmont gehören.

Im **Fairmont Banff Springs Hotel** lässt die in manchen Zimmer klappernde und tickende Heizung ahnen, dass es Riesenaufwand bedeutet, solch alte Bausubstanz auf den neusten Stand der Technik zu bringen, ohne den historischen Charme einzubüßen. Dieses Märchenschloss in den Rockies bestand zu Beginn nur aus zwei Flügeln und fünf Stockwerken und war die Adaption eines Loire-Schlosses aus dem 16. Jh. 1903 kamen ein neuer Flügel und zwei Türme hinzu. Im Jahr 1911 wohnten 22 000 Menschen in dem Palast – für 3,50 C$ die Nacht. Das waren damals astronomisch viele Gäste zu einem durchaus stolzen Preis. Der Architekt William Painter begann 1911 das Loire-Schloss in einen schottischen Adelssitz – oder seine Vorstellung eines solchen – umzuwandeln. Kaum war sein Werk vollendet, brannte es 1926 ab. 1928 wurde das Hotel wiedereröffnet und ist bis heute eine Sehenswürdigkeit geblieben, ein Pilgerort für japanische Gruppen und Hochzeitsreisende. Schon zur Jahrhundertwende träumte Van Horne davon, hier einmal „eine Oase des Luxus in der Wildnis, eine Badelandschaft der Superlative" zu schaffen. Letztere entstand auch, allerdings in bescheidenem Maße, aber mit der wirtschaftlichen Depression musste man sie als unnötigen Kostenfaktor schließen. 1992 erhielt das Hotel den offiziellen Status einer *historical site*; 1995 wurde ein Spa-Komplex eröffnet (und 2003 schon wieder restauriert), der selbst Van Horne ins Schwärmen gebracht hätte. Er stellt die Renaissance großer Bäder dar: Pools und Dampfbäder mit Marmorverkleidung, Wasserfälle, ein Kamin, Lounges und Emporen.

Sollte ein Koffer auf den endlosen Gängen wie von Zauberhand bewegt dahingleiten, dann verursacht das Sam McCauley, das „Schlossgespenst" – der frühere *bellman* hat einst geschworen, diesen Ort nie mehr zu verlassen.

Das **Fairmont Château Lake Louise**, am Fuß des Victoria Glacier, hat einen anderen Charakter als das Banff Springs Hotel. Von außen eine gewaltige Trutzburg, ist es ruhiger und weniger umtriebig, sobald die staunenden Tagesgäste wieder abgefahren sind. Jeder, der einmal in diesem Hotel genächtigt und vom Zimmer aus den Sonnenaufgang über dem Gletscher beobachtet hat, wird sich in das Château verlieben – trotz seiner Bombast-Allüren.

Dabei begann es als ein kleines Holz-Chalet für zwölf Gäste, das bald aus allen Nähten platzte: Zwei Flügel im Tudor-Stil wurden angebaut, 1912/13 entstand ein erster Steinanbau. 1924 fielen die Holzstrukturen einem Feuer zum Opfer, und nun beschloss man, einen achtstöckigen Ziegelbau zu erstellen. Die Gästeliste des Château liest sich wie ein *Who's Who* des Hochadels, der Politik und der Filmbranche: 1919 über-

---

Rechts: Das Banff Springs Hotel ist als „Historical Site" eine Sehenswürdigkeit für sich.

HISTORISCHE EISENBAHNHOTELS

nachtete hier der Prince of Wales, 1928 John Barrymore und Camilla Horn, 1943 Admiral Lord Louis Mountbatten, 1989 König Hussein von Jordanien, 1991 das dänische Königspaar. Ob Rainier von Monaco, Alfred Hitchcock, Elisabeth II., Cary Grant, Clint Eastwood oder Bing Crosby – sie alle tranken dort ihren *High Tea*, was in der **Lakeview Lounge** noch heute möglich ist.

High Tea ist auch das Stichwort für das **Fairmont Empress Hotel** in Victoria: Inmitten viktorianischer Pracht werden englische Sitten und Gebräuche gepflegt. Ebenso ein Wahrzeichen ist das **Fairmont Hotel Vancouver** in Vancouver. Es war bis zu seiner Fertigstellung 1939 das höchste Gebäude der Stadt. Das **Fairmont Hotel MacDonald** in Edmonton wurde 1915 von der Grand Trunk Railway Company gebaut, 1988 durch die CP-Gruppe übernommen und sorgfältig renoviert – schönster Platz: die Suiten in den Türmchen! **The Fairmont Palliser**, 1814 erbaut, ist eine Institution in Calgary: Hier finden während der Stampede ausgesuchte Feierlichkeiten statt – eine große Ehre in der pferde- und cowboybegeisterten Stadt. Zu den altehrwürdigen Bauten kommen neue Hotels: **Fairmont Waterfront Centre** in Vancouver, **Fairmont Château Whistler** und die **Delta Lodge at Kananaskis**.

Zur Gruppe Canadian Pacific Hotels & Resorts gehört auch das schönste Hotel-Resort im Westen, die **Fairmont Jasper Park Lodge**. Am Lac Beauvert schmiegen sich Luxus-Bungalows an das Seeufer, an einer Stelle, an der 1915 Jack und Fred Brewster Zelte für Gäste aufgestellt hatten. Eigenhändig fällten sie Bäume und bauten Holzhäuser. Die Canadian National Railway Company kaufte sich ein und erkannte die Magie, die über diesem Ort lag: Sie behielt die Bungalow-Bauweise bei. Die Jasper Park Lodge ist so fotogen, dass hier unter anderem 1949 *Ich küsse Ihre Hand, Madame* mit Bing Crosby und Joan Fontaine gedreht wurde, 1953 *Fluss ohne Wiederkehr* mit Marilyn Monroe und 1953 *Über den Todespass* mit James Stewart.

LAND UND LEUTE

LAND UND LEUTE

Wer hat nicht schon einmal vom großen Outdoor-Abenteuer geträumt, von Einsamkeit pur in einer grandiosen Landschaft, in der man die Enge Europas vergisst? In Kanada kann man wieder das Staunen lernen. In den Prärieprovinzen Manitoba, Saskatchewan und Alberta erstrecken sich Weizenfelder und Prärien, so weit das Auge reicht; in British Columbia liegen kristallklare Seen, an denen Angler Sternstunden erleben, und in der kanadischen Arktis leuchtet die Mitternachtssonne über treibende Eisschollen. Autofahrer geraten ins Schwärmen, wenn sie kilometerweit fahren und nur selten einem anderen Fahrzeug begegnen. In den riesigen National und Provincial Parks sieht man Büffelherden grasen, und komfortgewöhnte Camper können ihr Durchhaltevermögen testen, wenn sie in ursprünglicher Wildnis fernab der Zivilisation ihr Zelt aufschlagen, den Reiseführer nach Verhaltensregeln beim Antreffen von Bären oder Elchen durchblättern, sich durch überwucherte Trails kämpfen oder mit dem Rucksack durch reißende Wildbäche waten. Wem die Berge der Rocky Mountains zu eintönig werden, kann sich zur Pazifikküste aufmachen, in Vancouver Kultur und britische Lebensart genießen, sich in alten Goldgräberstädten in nostalgische Stimmung versetzen lassen oder einfach die Gastfreundschaft und den zwanglosen Lebensstil der Kanadier genießen.

Einen berauschenden visuellen Eindruck bieten die Ahornwälder im Herbst, wenn sich die Blätter goldgelb und flammend rot färben – und man kann verstehen, warum die Kanadier ihre Nationalflagge mit einem roten Ahornblatt (*maple leaf*) schmückten.

Kanada wurde im 17. Jh. von Frankreich kolonialisiert, fiel 1763 im Siebenjährigen Krieg an England und ist heute selbstständiger Mitgliedsstaat des britischen Commonwealth. Trotz enger Verbundenheit zum britischen „Mutterland" lodern immer wieder Zwistigkeiten und Rivalitäten zwischen Anglo- und Frankokanadiern auf. Auch der Streit der Ureinwohner um ihr Land ist ein Thema. Nach langen Bemühungen bekamen 29 000 Inuit im April 1999 per Regierungsvertrag ein eigenes Territorium namens Nunavut zugesprochen. Anfang 2006 ging auf dem Gebiet die erste Diamantenmine in Betrieb.

GEOGRAFIE

Zur westlichen Hälfte Kanadas gehören die Territorien Northwest Territories, Yukon, British Columbia und Alberta. Saskatchewan und Manitoba, die in diesem Band ebenfalls beschrieben werden, liegen in der Landesmitte. Ganz Kanada ist 9 997 000 km² groß und damit – nach Russland – das zweitgrößte Land der Erde. Vom Atlantik bis zum Pazifik sind es rund 5500 km, von Norden nach Süden 4600 km. Mit rund 755 000 km² Binnengewässern besitzt Kanada ein Drittel aller Süßwasservorräte der Welt, und Wasser bildet auch seine natürlichen Grenzen: das Polarmeer im Norden, der Atlantik im Osten und der Pazifik im Westen.

Die US-Amerikaner teilen sich mit den Kanadiern den Lake Superior, den Lake Huron, den Lake Erie und den Lake Ontario; von der Provinz Manitoba bis zu British Columbia bildet der 49. Breitengrad die kanadisch-amerikanische Grenze. An der Pazifikküste ziehen sich die bis zu 3000 m hohen Coast Mountains von Norden nach Süden entlang, parallel zu den Rocky Mountains.

Der Kanadische Schild hält die Hudson Bay wie ein Hufeisen umschlossen. Dieses geologische Kernstück im Nordosten besteht aus präkambrischem Eruptivgestein, das schätzungsweise 3,5 Milliarden Jahre alt ist und heute

Links: Ausblick vom Icefields Parkway, der großartigen Panoramastraße in den Rockies.

LAND UND LEUTE

eine felsige, mit Seen durchsetzte Hügellandschaft bildet.

Die US-amerikanischen Prärien setzen sich in einer großen Ebene in Kanada fort: Ihre fruchtbaren Sedimentböden verdanken sie riesigen Seen aus der Eiszeit, die im Lauf der Jahrtausende verschwanden; Lake Manitoba und Lake Winnipeg sind Überbleibsel des gigantischen eiszeitlichen Lake Agassiz.

In sog. *prairie steps* steigen die Ebenen in drei Stufen von Ost nach West von 300 bis 1500 m an. Die Kordilleren oder Coast Mountains an der Pazifikküste mit ihren schroffen Verwerfungen bildeten sich bei der Kontinentalverschiebung, als sich tektonische Platten an der nordamerikanischen Festlandplatte entlangschoben. Der Mount Logan im Yukon (Territory) ist mit 5950 m der höchste Berg Kanadas. Den Northwest Territories vorgelagert ist der 1,3 Mio. km² große Arktische Archipel.

Oben: Kanadische Winter sind „damned cold"!
Rechts: Krummholz und Flechten prägen die arktische Zone.

Klima

„Zehn Monate gutes, zwei Monate schlechtes Schlittenfahren!" So definierte ein Manager der Hudson's Bay Northern Stores das kanadische Klima. Und Voltaire, der scharfzüngige französische Philosoph und Schriftsteller, hatte nur einen abfälligen Kommentar für die damalige Kolonie La Nouvelle France übrig: „Nicht mehr als ein paar Äcker voll Schnee".

In Kanada sind die Sommer trocken und eher warm als heiß (durchschnittlich liegen die Temperaturen im Juli und August um 25 °C). Sehr kalt – bis zu minus 40 °C – sind die Winter im Norden: 1989/90 wurden sogar minus 50 °C gemessen; sie dauern um so länger, je näher man dem Polarkreis kommt, und permanent gefroren ist der Boden der nordkanadischen Tundren. Bedingt durch die Lage der Gebirge in Nord-Süd-Richtung gibt es Ausnahmen: Arktische Kaltluft strömt bis in die USA hinein, tropisch heiße Luft aus dem Golf von Mexiko sorgt in Zentralkanada

LAND UND LEUTE

schon einmal für Hitzetage. Laut Statistik überwiegen die Regentage die mit Sonnenschein im Verhältnis 200 : 160.

Mehrmals im Jahr toben Hurrikane durch die Mitte Kanadas und bringen tagelangen Regen mit sich. Überschwemmungen sind häufig, Wirbelstürme (*Tornados*) seltener; sie fordern manchmal Todesopfer und verursachen gewaltige Schäden. Eine Besonderheit ist der *Chinook* in Alberta; dieser Wind lässt die Temperaturen innerhalb von einer Stunde bis zu 20 Grad ansteigen.

Pflanzen und Tiere

Das nur dünn besiedelte Land besteht aus Eisflächen, baumloser Tundra, Waldtundra, Fichtenwäldern (Taiga) und fruchtbaren Ebenen, die intensiv für den Getreideanbau genutzt werden. In Westkanada liegen drei Dutzend National und Provincial Parks, darunter der Wood Buffalo National Park, der größer ist als die Schweiz.

Durch den Permafrost (Dauerfrost) in der arktischen Zone gedeihen auf dem kärglichen Boden nur Moose, Flechten und niedrige Sträucher mit Beeren, die Karibus und Moschusochsen als Nahrung dienen. Nach Süden folgt die 500 bis 800 km breite, von Seen gesprenkelte Waldtundra mit Nadelhölzern wie Balsamtannen und Schwarzfichten; sie bietet Schwarzbären und Bibern, Hirschen und Elchen einen idealen Lebensraum. Weiter südlich folgt der Taiga-Wald, der dann in den Parkgürtel übergeht: Zitterpappeln, Zuckerahorn und Haselnusssträucher bieten hier im Herbst – dem *Indian Summer* – ein prächtiges Bild.

Charakteristisch für den Küstenregenwald sind hochgewachsene Hemlocktannen und Douglasien. Im Süden von Alberta, Saskatchewan und Manitoba erstrecken sich Grassteppen und Farmland: Hier lagen die Weidegründe der ehemals riesigen Bison- und Büffelherden, deren Bestand von 40 Millionen im Jahr 1830 auf 1000 Tiere zu Beginn des 20. Jh. geschmolzen war. Inzwischen weiden wieder große Herden dieser Tiere in Schutzgebieten.

LAND UND LEUTE

GESCHICHTE

Die Ureinwohner Kanadas waren Indianer und Inuit, die aus Nordasien über die Beringstraße einwanderten. Isländische Sagen berichten von Wikingern, die bereits Ende des 10. Jh. bis zur Küste des nordamerikanischen Kontinents segelten; Archäologen entdeckten tatsächlich Überreste einer Wikingersiedlung in Neufundland.

Der Genuese Giovanni Caboto, der als John Cabot im Dienst des englischen Königs Henry VII. stand, versuchte im Jahr 1497, China auf dem nördlichen Seeweg zu erreichen – und landete an der Ostküste Neufundlands. Der Franzose Jacques Cartier entdeckte 1534 den Sankt-Lorenz-Strom und beanspruchte das umliegende Land für die französische Krone.

Die reichen Fischgründe lockten englische und französische Fischer an,

Oben: Leif Eriksson entdeckt Amerika. Rechts: Fragwürdiger Handel – Feuerwasser gegen Pelze (19. Jh.).

Trapper und Pelzhändler nahmen Kontakt mit den Huronen und Algonquin-Indianern auf und tauschten wertvolle Felle gegen Messer, Beile und europäische Waren.

Der Pelzhandel boomte, und die französische Regierung bot den Händlern Pelzmonopole an, wenn sie sich bereit erklärten, in der „Neuen Welt" Siedlungen zu gründen. 1604 brachte der französische Seefahrer Samuel de Champlain, der eines dieser Monopole erhalten hatte, eine Gruppe von Siedlern nach Kanada und gründete die Kolonie Arcadia. Es folgten Hungersnöte, Krankheiten, Auseinandersetzungen mit Indianern. Port Royal in Nova Scotia, das heutige Annapolis, wurde das erste Zentrum der Akadier, im Umkreis entstanden neue Handelsposten, und die französischen Waldläufer, *coureurs de bois*, erforschten weite Gebiete Nordamerikas. 1608 gründete de Champlain 1400 km vom Atlantik entfernt die Siedlung Quebec, die spätere Hauptstadt Neu-Frankreichs.

Die Engländer versuchten, ihre ter-

LAND UND LEUTE

ritorialen Ansprüche durchzusetzen und bekriegten die französischen Siedlungen. Dabei kamen ihnen zwei entscheidende Ereignisse zugute: De Champlain wurde bald in kriegerische Auseinandersetzungen zwischen den Algonquin-Indianern und den Irokesen verwickelt. Er half den Algonquin und hatte von Stund an erbitterte Feinde in den Irokesen. Sie rächten sich, indem sie sich bei den beginnenden englisch-französischen Machtkämpfen auf die Seite der Engländer schlugen. Als zwei französische Pelzhändler wegen der extrem hohen Handels- und Wegezölle mit ihrem Gouverneur aneinander gerieten und verärgert mit der englischen Konkurrenz 1670 die *Hudson's Bay Company* (*HBC*) gründeten, verloren die Franzosen immer mehr an Boden. Die *HBC* beherrschte bald weite Teile des französischen Territoriums und dehnte ihren Einfluss immer weiter aus.

Als die Engländer 1713 Neufundland einnahmen, das von beiden Nationen besiedelt war, verloren die Franzosen weiterhin an Boden Auch in den nächsten Jahrzehnten gab es immer wieder bewaffnete Übergriffe, bis der Siebenjährige Krieg (1756-63) schließlich die Entscheidung zugunsten Englands brachte.

Zu Beginn der englischen Kolonialzeit (1763-1867) lebten 60 000 französische, aber nur 3000 englische Siedler in Kanada. England meisterte die schwierige Situation mit dem *Quebec Act of 1774*, in dem den katholischen Frankokanadiern ihr Recht auf Sprache, Sicherheit des Privateigentums, französisches Zivilrecht und Religionsfreiheit zugestanden wurde. Ein Jahr später brach im Süden der Unabhängigkeitskrieg (1775-83) zwischen den 13 englischen Kolonien und ihrem Mutterland aus, der zur Gründung der Vereinigten Staaten von Amerika führte.

In Britisch-Nordamerika blieb es ruhig, aber rund 50 000 königstreue Amerikaner zogen nach Nova Scotia, New Brunswick und Ontario; so wurde aus einer französischsprachigen Kolonie Englands ein mehrheitlich englischsprachiges Land, in das bis 1850 Hun-

LAND UND LEUTE

derttausende von Iren, Schotten und Deutschen einwanderten. Nach vielem Hin und Her zwischen den Staaten wurde 1846 endgültig der 49. Breitengrad als Grenze zwischen Britisch-Nordamerika und den USA anerkannt.

Eine neue Ära begann, als sich 1867 die heutigen Provinzen Quebec (Unterkanada), Ontario (Oberkanada) mit New Brunswick und Nova Scotia zu einem Bundesstaat, dem *Dominion of Canada*, zusammenschlossen und eine eigene Verfassung nach englisch-amerikanischem Muster annahmen. Das riesige Territorium der Hudson's Bay Company wurde zwei Jahre später eingegliedert; 1870 entstand die Provinz Manitoba, 1871 schloss sich British Columbia an, 1904/5 kamen Alberta, Saskatchewan und die Northwest Territories dazu.

Im 20. Jh. nahmen Kanadier an beiden Weltkriegen teil. In der Folge strömten viele Immigranten ins Land. 1945 trat Kanada der UNO bei, 1949 der NATO. Im gleichen Jahr schloss sich Neufundland dem konföderierten Staat an. Unter Premierminister Pierre Trudeau trat 1969 der *Official Languages Act* in Kraft: Der Staat verpflichtete sich zur Förderung der französischen Sprache und Kultur, in Verwaltung und Staatsdienst sollten von nun an Englisch und Französisch als gleichrangige Sprachen benutzt werden können. 1988 verankerte Kanada als erstes Land der Welt den Multikulturalismus in einem Gesetz.

Am 17. April 1982 proklamierte Königin Elisabeth II. die formelle Unabhängigkeit Kanadas mit dem *Canada Act*, gleichzeitig blieb der Staat Mitglied des Commonwealth. Die Queen blieb als Königin von Kanada Staatsoberhaupt; sie wird in Kanada von einem Generalgouverneur vertreten. Das Kabinett in Ottawa schlägt ihn vor, die Königin ernennt ihn. Der Generalgouverneur repräsentiert, unterzeichnet Gesetze, ernennt und entlässt Minister. Die bundesstaatlich gegliederte parlamentarische Demokratie und konstitutionelle Monarchie besteht aus zehn Provinzen

Oben: Die einst für Trapper feindliche kanadische Wildnis von B.C. zieht heute Touristen an.

LAND UND LEUTE

mit eigenen Verfassungen und zwei Territorien. Die Provinzen werden von relativ unabhängig agierenden Provinzregierungen regiert.

In Kanada leben ca. 150 verschiedene ethnische Gruppen. 67 % sprechen englisch und 26 % französisch. Unter den verbleibenden 7 % finden sich Abkömmlinge fast aller Nationen der Welt, unter anderem auch viele Nachkommen deutscher Einwanderer, die noch heute ihre Muttersprache pflegen.

Viele Frankokanadier wünschen sich einen souveränen Staat innerhalb der Konföderation. Als es 1980 zum Volksentscheid kam, stimmten jedoch 60 % der in der Provinz Quebec lebenden Frankokanadier dagegen. Beim Unabhängigkeitsreferendum im Oktober 1995 scheiterten die Separatisten an nur 33 000 fehlenden Stimmen. Auch British Columbia, Alberta und Neufundland würden gern eigene Wege gehen.

Die in Kanada ab 1993 regierenden Liberalen, die 13 Jahre lang mit Jean Chrétien und zuletzt mit Paul Martin den Regierungschef gestellt hatten, wurden dann bei den Wahlen im Januar 2006 von den Konservativen abgelöst. Ab diesem Zeitpunkt wurde Kanada von Premierminister Stephen Harper von der Konservativen Partei Kanadas regiert, die auch die Neuwahlen 2011 überlegen gewann.

2015 wurde dann der Liberale Justin Trudeau, Sohn des früheren Präsidenten Pierre Trudeau, neuer Staatschef.

DIE PROVINZEN

British Columbia

Als die ersten europäischen Seefahrer die Küste des heutigen British Columbia zu erforschen begannen, lebten in dem Gebiet noch etwa 80 000 Indianer. Sie waren ausgezeichnete Fischer und unterhielten ein ausgedehntes Handelsnetz, in dem sie mit Kupfer, Decken aus Wildziegenwolle, Fellen, Muscheln und Fischöl handelten.

1778 landete James Cook auf der Insel, die später Vancouver Island genannt wurde – nach Captain George Vancouver, der 1791 im Auftrag der englischen Krone die Küstenlinie und die Insel vermaß. James Cooks Berichte von großem Pelzreichtum lockten viele Händler an, die den Indianern die begehrten Otterpelze abkauften.

1793 bereiste Alexander MacKenzie von der North West Company of Montreal als erster den nordamerikanischen Kontinent auf dem Landweg und gelangte bis zum Pazifik. 1805 richtete Simon Fraser den ersten Handelsposten am Lake McLeod ein. Auf der Jagd nach kostbaren Fellen drangen Pelzhändler immer tiefer in die Wildnis vor und gründeten eine ganze Kette von Niederlassungen. Ab 1843 war Fort Victoria auf Vancouver Island der bedeutendste Handelsposten der Region und das westliche Hauptquartier der Hudson's Bay Company.

1849 wurde Vancouver Island zur englischen Kronkolonie erklärt; 1858 proklamierte die Regierung das Festland als Kolonie British Columbia (B.C.), 1871 wurden beide Kolonien als Provinz British Columbia zusammengefasst, mit Victoria als Hauptstadt.

British Columbia ist reich an Mineralien und Rohstoffen, das Pro-Kopf-Einkommen gehört zu den höchsten Kanadas. Dank der ausgedehnten Wälder auf Vancouver Island und der Küste mit Douglasien und Hemlocktannen, Sitkafichten und Thujen wurden Port Alberni, Nanaimo, Prince George, Powell River und Quesnel Hauptzentren für die Verarbeitung von Holz für die Papier- und Zelluloseherstellung.

Der Tourismus hat sich bis heute zur zweitgrößten Industrie entwickelt; ein weiterer großer Wirtschaftszweig ist die Fischindustrie (Lachs und Heilbutt). In den überwiegend bergigen Gebieten von B.C. konnten sich dennoch verschiedene Landwirtschaftszweige etablieren: gemischter Ackerbau im Fraser Valley, Obst-, Gemüse- und sogar Wein-

LAND UND LEUTE

Alberta

Der Frankokanadier Pierre Gaultier de La Vérendrye streifte 1740 als erster Europäer durch das Land der nomadisierenden Prärie-Indianer. Einzelne weiße Siedler und Händler folgten. Die beiden Rivalen Hudson's Bay Company und North West Company gründeten Ende des 18. Jh. in den Flussgebieten Handelsposten. Nach 1870 begannen Siedler mit der Farmwirtschaft. Die Zahl der Indianer war stark dezimiert: Die Weißen hatten deren Hauptnahrungsquelle, die Bisons, abgeschlachtet, und viele Indianer starben an von den Siedlern eingeschleppten Krankheiten wie Grippe und Tuberkulose. Überdies stifteten die über die Gebietsgrenzen pendelnden Händler aus Montana Unfrieden, weil sie den Indianern billigen Whisky für ihre Felle boten. Schließlich griff die North West Mounted Police ein, die 1874 in Fort MacLeod einen Polizeiposten errichtete. Im Lauf der Jahre wurden die Indianer immer weiter nach Westen abgedrängt.

anbau im Okanagan Valley. Im Nordosten, an der Grenze zu Alberta, werden Weizen und Hafer angebaut. Die Regionen um Williams Lake und Kamloops haben sich zu Viehzuchtgebieten entwickelt.

Zur ältesten Industrie gehört der Bergbau. Kupfer, Blei, Zink, Silber und Gold werden in der Nähe von Prince George, Kamloops und Trail gewonnen; in Trail arbeitet eine der gewaltigsten Metallschmelzen Kanadas. Die Sullivan-Mine bei Kimberley gehört zu den weltweit ertragreichsten Blei- und Zink-Minen. Die Kitimat's Aluminium Fabrik sichert Kanadas Position als drittgrößter Aluminiumproduzent der Welt. Luftfahrtindustrie und Schiffswerften, die Verarbeitung von Nahrungsmitteln sowie chemische und elektronische Industrie tragen erheblich zur Prosperität der Provinz bei.

Die Canadian Pacific Railway erreichte Calgary 1883, und immer mehr Siedler strömten nach Alberta, das 1905 zur kanadischen Provinz erklärt wurde und 1911 schon 374 000 Einwohner zählte.

Alberta gehört wegen seiner Erdöl- und Gasvorkommen sowie der fruchtbaren Böden zu den reichen Provinzen Kanadas. Auf mehr als 20 Millionen Hektar werden hauptsächlich Weizen, Gerste, Hafer und Futterpflanzen angebaut. Viehzucht spielt ebenfalls eine bedeutende Rolle. Die Überschüsse werden in mehr als 40 Länder exportiert. 1914 erschlossen Prospektoren die erste Ölquelle bei Calgary. Inzwischen werden in Zentral- und Nordalberta rd. 10 000 Öl- und Gasquellen ausgebeutet. Zudem sorgen reiche Kohlevorkommen dafür, dass die Arbeitslosenquote in Alberta die niedrigste in Kanada ist. Die Hauptstadt Edmonton ist nach Toronto und Montreal zum drittgrößten Finanzzentrum der Provinzen aufgestiegen.

Oben: Eine Ölpumpe in Alberta. Rechts: Samuel Hearne gründete 1774 die erste Siedlung Saskatchewans.

LAND UND LEUTE

Saskatchewan

Bevor die ersten Farmer sich hier ansiedelten, stampften große Bisonherden über die weiten Grasebenen. Nach 1750, nachdem frankokanadische Waldläufer durch das Land gezogen waren, richteten die Hudson's Bay Company und die North West Company entlang dem Saskatchewan River Handelsposten ein.

Die erste feste Siedlung, Cumberland House, gründete der englische Forscher Samuel Hearne 1774. Im Jahr 1873 wurde die North West Mounted Police gegründet. Als die Eisenbahn Saskatchewan erreichte, kam es wegen der veränderten Lebensverhältnisse und Landspekulationen zur offenen Rebellion der Métis (Nachkommen aus Verbindungen von europäischen Siedlern mit Indianerfrauen). Sie verbündeten sich mit den Blackfoot- und Cree-Indianern und forderten 1885 ein Recht auf Land. Ihre Rebellion wurde mithilfe der North West Mounted Police blutig niedergeschlagen. 1882 richtete die Regierung der Territories ihren Sitz in Regina ein. 1897 wurde erstmals gewählt, und seit Saskatchewan 1905 Provinz wurde, ist Regina die Hauptstadt.

Haupteinnahmequelle ist die Landwirtschaft: Ein Drittel der Fläche wird mit Getreide bebaut. Saskatchewan produziert 60 % des kanadischen Weizens; daneben ist Viehzucht (Hühner, Puten, Schweine, Schafe) besonders im Süden der Provinz bedeutend. Auch natürliche Energiequellen – Saskatchewan ist der zweitgrößte Rohölproduzent in Kanada – werden zunehmend entwickelt: Im südwestlichen Landesteil ist man auf Gas gestoßen. 40 % der Pottaschevorkommen der Erde liegen in dieser Provinz. An Bodenschätzen werden Kalisalze, Uran, Kupfer, Zink, Silber, Gold, Kohle und Selen abgebaut. Es gibt Erdöl- und Erdgasquellen. Tourismuswerber locken mit Outdooraktivitäten – nicht nur Jäger und Angler reisen gern nach Saskatchewan.

Foto: Archiv für Kunst und Geschichte, Berlin

Manitoba

1610 erreichten die ersten Seefahrer die Hudson Bay, und 1670 bekam die Hudson's Bay Company vom englischen König Charles II. Nutzungsrechte an der Bay übertragen. Die von den französischen Trappern Radisson und Des Grosseillier mitgegründete HBC konkurrierte in den folgenden 80 Jahren mit Neu-Frankreich um den besten Platz im Pelzhandel. Der Montrealer Pierre Gaultier de La Vérendrye errichtete mit seinen Söhnen in den frühen 1730ern Handelsposten im Gebiet des Red River und gründete 1737 das heutige Winnipeg. Jahre später kamen mit Lord Selkirk schottische Siedler und errichteten mitten in der Prärie eine schottische Kolonie. Nachdem die Hudson's Bay Company 1869 ihre Gebiete an den jungen Staat Kanada verkauft hatte, wurde Manitoba 1870 zur fünften kanadischen Provinz erklärt. Ende des 19. Jh., als die Eisenbahn Manitoba erreichte, kamen osteuropäische Einwanderer ins Land.

In der östlichsten der drei Prärie-

LAND UND LEUTE

provinzen ist die Landwirtschaft die Haupteinnahmequelle. Getreideanbau und Viehzucht erzielen hohe Gewinne. Der Waldgürtel im Norden bildet die Grundlage für die Holzwirtschaft mit Papier- und Zellulosefabriken; Fischerei und Pelztierjagd sind ebenfalls wichtige Wirtschaftszweige. An Mineralien werden Kupfer, Nickel, Gold und Zink abgebaut. Manitoba besitzt ergiebige Ölquellen und unterhält zur Energiegewinnung große Wasserkraftwerke an den Flüssen Saskatchewan und Nelson. Die Provinz ist dünn besiedelt: Auf über 500 000 km² leben eine Million Menschen, die Hälfte davon in der Hauptstadt Winnipeg.

Northwest Territories

Als erster Europäer erforschte der englische Seefahrer Martin Frobisher 1576 – auf der Suche nach der Nordwest-Passage zum Orient – die arktischen Gewässer der heutigen Northwest Territories. Auf Baffin Island gründete er die Siedlung Frobisher Bay, heute Iqaluit. Samuel Hearne, der 1770 von der Hudson Bay zur Mündung des Coppermine River an der Nordküste reiste, beschrieb als erster das Landesinnere. 1779 entdeckte Alexander MacKenzie von der Hudson's Bay Company den Great Slave Lake. Im 19. Jh. vermaß Sir John Franklin den Mackenzie District und einen Großteil der nördlichen Küstenlinie. Siedlungen wurden hauptsächlich für die Walfangflotten und Missionare gegründet. Damals waren der Norden der heutigen Prärieprovinzen und das Gebiet bis zur Grenze Alaskas Teil der North West Territories. Die jetzigen Grenzen der Territories bestehen erst seit 1912. Exekutive und Legislative werden seit 1975 von den Bewohnern gewählt.

Die Territories erstrecken sich über einen Bereich von 3,43 Mio km². Die Hälfte der ca. 60 000 Bewohner sind Indianer und Inuit, die andere Hälfte besteht

---

Oben: Vorübergehend aufgetaut – Tundra in den Northwest Territories. Rechts: Auf dem Weg zum Gold (Chilkoot-Pass, 1896/97).

LAND UND LEUTE

aus Métis und Kanadiern europäischer Abstammung. Erdöl wird seit 1920 gefördert, weitere Vorkommen an Öl und Gas wurden erst vor ein paar Jahren im Delta des Mackenzie River entdeckt. Um 1930 lockten Goldfunde Menschen aller Nationen bis nach Yellowknife. Noch heute gehören die Giant und Con Mines zu Kanadas größten Goldproduzenten. Wichtigster Wirtschaftszweig ist der Abbau von Zink, Blei, Silber, Kupfer, Wolfram, Cadmium und Wismut. Von Bedeutung sind auch der Pelztierfang und die kunsthandwerklichen Arbeiten der Dene-Indianer und der Inuit. Seit April 1999 heißt der östliche Teil Nunavut und wird von den Inuit als formal unabhängiges Territorium selbst verwaltet.

Yukon und der Goldrausch

In der Sprache der Indianer bedeutet Yukon „Großer Fluss", und tatsächlich gelangte er zu Berühmtheit, nachdem am 17. August 1896 George Carmack, „Shookum Jim" Mason und Tagish Charlie auf große gold nuggets gestoßen waren – und zwar im Geröll und Kies des Bonanza Creek, einem Seitenarm des Klondike River an seinem Zusammenfluss mit dem Yukon. Ein unvorstellbarer run zu den Goldfeldern begann: Allein im Mai 1898 fuhren 4735 Schiffe, Boote und Kähne mit insgesamt 28 000 „Glücksrittern" an Bord den Yukon hinauf nach Dawson City. Ein halsbrecherischer Trip, bei dem Hunderte von Booten in den wirbelnden Wassern des Miles Canyon kenterten. Die Strudel und Unterwasserfelsen forderten so viele Menschenleben, dass schließlich flusskundige Führer die diversen Wasserfahrzeuge durch die berüchtigten White Horse Rapids lotsen mussten. Schon ein Jahr später verkehrten 60 Dampfer, acht Schleppdampfer und 20 Frachtkähne auf dem Fluss.

Vor allem über die Inside Passage und das Küstengebirge strömten die Goldsucher herbei. Der kanadische Historiker Pierre Berton hat aufgelistet,

Foto: Archiv für Kunst und Geschichte, Berlin

was ein Mann alles vorweisen musste, um den Zutritt zum Trail über den steilen Chilkoot-Pass ins Yukon-Gebiet zu erlangen: 400 Pfund Weizenmehl, jeweils 50 Pfund Mais- und Hafermehl, 35 Pfund Reis, 100 Pfund Bohnen, 100 Pfund Zucker, acht Pfund Backpulver, 200 Pfund Schinken, zwei Pfund Soda, 36 Hefekuchen, 15 Pfund Salz, ein Pfund Pfeffer, ein halbes Pfund Senf, ein Viertelpfund Ingwer, je 25 Pfund gedörrte Äpfel, Pfirsiche und Aprikosen, 25 Pfund Fisch, zehn Pfund Dörrpflaumen, jeweils 50 Pfund getrocknete Zwiebeln und Kartoffeln, 24 Pfund Kaffee, fünf Pfund Tee, vier Dutzend Dosen Kondensmilch, 15 Pfund Suppengemüse und 25 Dosen mit Butter.

Zum „Hausrat" gehörten auch 40 Pfund Kerzen, 60 Streichholzschachteln, fünf Stangen Kernseife, Kaffeekanne, Teller, Besteck und zwei Bratpfannen, Ofen, Axt und Säge sowie 200 Fuß Seil, 15 Pfund Teer und ein Canvas-Zelt, zwei Paar Schuhe, zwei Decken, vier Handtücher, Ölkleidung, ein Dutzend Paar Wollsocken und ein fünf Yard großes

LAND UND LEUTE

Moskitonetz. War ein Mann zu arm, um sich Mulis oder einen Träger leisten zu können, musste er 40-mal über den Pass, bis er alles beisammen hatte.

Bald hatten sich Banden organisiert, die den Goldsuchern ihre Habseligkeiten raubten, und die Mounted Police hatte alle Hände voll zu tun. 1897 eröffnete Archie Burns aus Fortymile eine Seilbahn, die mit Pferdekraft nun Korb um Korb, Sack für Sack über den Pass hievte. Wenige Monate später arbeiteten fünf Materialseilbahnen – darunter eine mit Dampfantrieb und zwei Körben –, welche die über 1 Tonne schwere Ausrüstung transportieren konnten.

Tausende von Männern folgten dem Lockruf des Goldes. Dawson City, das innerhalb von nur drei Jahren (1896-1899) auf über 25 000 Einwohner anwuchs, war damals die größte Stadt Kanadas westlich von Winnipeg. Es kamen Engländer und Iren, Skandinavier, Deutsche und Franzosen, Mestizen, Soldaten der Heilsarmee und gelangweilte Müßiggänger, Sträflinge und Studierte. Unter unsäglichen Strapazen durchwühlten sie die Ufer der Flüsse. 300 km unterhalb des Polarkreises wurde der gefrorene Boden mit offenen Feuern aufgetaut. Oft brannten die Holzhäuser ab, sodass der Ort mehr einer permanenten Baustelle glich als einer Siedlung; dennoch zog sich bereits 1899 eine Telefonleitung durch die schlammige Front Street, es gab Kinos, drei Tageszeitungen, türkische Bäder, elektrisches Licht, ein Theater und sogar eine Dampfheizung.

Gewisse Etablissements gabs's natürlich auch: Man erzählt von Witwen aus England und Puffmüttern aus Belgien, die das Ortsbild „bereicherten". So existierten in den Holzbuden der Paradise Alley bald 70 Bordelle in guter Nachbarschaft. Viele der Mädchen waren mit den Goldsuchern über den Chilkoot-Pass gekommen und schafften nun für sie an. Die Mounties, unterstützt von Regierungssoldaten, sorgten für

Oben: Glücksritter mit schwerem Gepäck unterwegs zum Yukon (um 1900). Rechts: Cancan in Dawson City (im Casino Diamond Tooth Gertie's).

LAND UND LEUTE

Recht und Gesetz; niemand durfte eine Schusswaffe tragen, und auch Diebstähle blieben im Rahmen. 1898 wurde das Gebiet als Yukon Territory von den Northwest Territories abgetrennt.

In der Zeit des *gold rush* wurde Gold im Wert von 500 Millionen C$ geschürft. Großen Gesellschaften war es gelungen, vielen Goldsuchern ihre Schürfrechte regelrecht abzuluchsen, aber einige der Abenteurer konnten es tatsächlich bis zum Millionär bringen.

Als im August 1899 das Gerücht über neue sagenhafte Goldfunde im 1300 km entfernten Nome in Alaska die Runde machte, zogen innerhalb einer Woche 8000 bislang Glücklose wieder ab. Ihre *claims* (Besitzurkunden) wurden von Firmen aufgekauft, Bagger schaufelten nun Erde und Geröll, wo bislang mit der Spitzhacke gearbeitet wurde; wer blieb, arbeitete für eine der Minengesellschaften. Es wurde wieder still in Dawson City. Einige Unverdrossene gibt es jedoch heute noch, die die schlammigen Ufer des Klondike nach *nuggets* absuchen und die riesigen Abraumhalden durchwühlen. Im Zusammenhang mit dem Bau des Alaska Highway löste Whitehorse 1953 Dawson City als Yukon-Hauptstadt ab; heute zählt der Ort nur noch rund 1300 Einwohner. Doch im Juli und August lässt Dawson an den *Klondike Days* die Goldrauschatmosphäre aufleben. Hinter Dawsons Museum steht die Blockhütte, in der Robert W. Service, ein schottischer Banker, seine Geschichten *Best Tales Of The Yukon* schrieb; sie erzählen vom mühseligen 1898er *Trail*. Auch Jack London, der Abenteuerromane wie *Lockruf des Goldes*, *Wolfsblut* und *Ruf der Wildnis* schrieb, lebte einige Jahre in Dawson City.

Der wichtigste Wirtschaftszweig im seit 2002 nur noch Yukon genannten Territory ist auch heute der Bergbau. Die Bodenschätze sind erst zum Teil erforscht, abgebaut wird Gold, Silber, Blei, Zink, Kupfer und Kadmium. Die ausgedehnten Waldbestände versorgen die Holz verarbeitende Industrie. Außerdem ist der Tourismus zu einer wichtigen Einkommensquelle geworden.

LAND UND LEUTE

ENTDECKER UND HELDEN

Die Wikinger waren die ersten Europäer, die um das Jahr 1000 Richtung Westen segelten und nordamerikanischen Boden betraten. Historisch belegt ist, dass der Wikinger Erik Rauda (der Rote) bereits 982 bis nach Grönland vorstieß und dort zwei Siedlungen gründete, die im 14. Jh. wieder verschwunden waren.

Die Nordwest-Passage

Seit Kolumbus' Zeiten verband viele Seefahrer ein Ziel: die Nordwest-Passage nach Asien zu finden. Sie sollte den langen Weg nach China und den Gewürzländern Indien und Ceylon, der bislang um den afrikanischen Kontinent führte, verkürzen. Diese Passage wurde schließlich, fast zufällig, 1850 gefunden:

Oben: Jack London verarbeitete seine Erfahrungen am Klondike in seinem Roman „Lockruf des Goldes". Rechts: Sir Martin Frobishers dritte Expedition von 1578.

von Captain Robert Le Mesurier McClure von der *British Royal Navy*, auf der Suche nach dem in der Arktis verschollenen Captain John Franklin.

Martin Frobisher, ein abenteuerlustiger englischer Schiffsleutnant, segelte im Sommer 1576 von London aus mit zwei Schiffen los, in der Hoffnung, die Nordwest-Passage zu finden. Als er jedoch ein Schiff samt Mannschaft in einem Sturm verlor, sah er sich zur Umkehr gezwungen. In einem zweiten Anlauf drang er bis zum 63. Breitengrad des kanadisch-arktischen Archipels vor und entdeckte eine felsige Küste, in die ein Meeresarm weit hineinreichte. Einige Tage lang segelte er in dieser schmalen Bucht (der späteren Frobisher Bay) Richtung Westen, fest überzeugt, er habe als erster die Nordwest-Passage nach Asien gefunden.

Von Elisabeth I. in den Adelsstand erhoben und zum Oberadmiral befördert, wollte er den Beweis erbringen, dass er tatsächlich die Nordwest-Passage entdeckt hatte und segelte mit 17 Schiffen und 140 Mann erneut in nordwestliche Richtung. Doch der geplante Triumph endete in einer Niederlage: Von den Schiffen kamen nur wenige nach langen Irrfahrten zurück, ohne die Nordwest-Passage gefunden zu haben.

Vergebliche Suche in Nordost

Dem Ruf des Nordens folgten auch die Holländer: Sie hatten bereits Handelsbeziehungen mit China und den indonesischen Gewürzinseln und suchten nach einer Abkürzung des langen Seewegs um den afrikanischen Kontinent. So statteten sie 1594, 1595 und 1596 drei Expeditionen aus, um eine Passage zu finden – sie planten jedoch, China über eine nordöstliche Route zu erreichen. Die Schiffe der ersten Polarexpedition, von Admiral Cornelius Naij befehligt und mit dem Steuermann Willem Barents, umrundeten Lappland und segelten bis zur Insel Nowaja Semlja (Nordrussland), deren Westküste

LAND UND LEUTE

sie im Juli 1594 erkundeten. Das Meer zwischen Lappland und Nowaja Semlja erhielt später den Namen Barents-See.

In Holland wurde schon die nächste Expedition vorbereitet: 16 Schiffe, mit teurem Tuch zum Austausch gegen die Schätze Chinas und Ostindiens beladen, stachen 1595 in See: Niemand zweifelte daran, dass man im nächsten Anlauf über die Nordostroute die exotischen Handelsplätze erreichen würde. Die Flotte wurde jedoch vom Winter überrascht, an Weitersegeln war nicht mehr zu denken. Barents wollte nichts mehr riskieren und kehrte mit allen Schiffen um. Die glitzernden Steine, die er von dieser Reise mitgebracht hatte, erwiesen sich als wertloser Bergkristall. Nach Barents Misserfolg verlor die holländische Regierung das Interesse an weiteren Expeditionen; immerhin setzte sie einen Preis auf die Entdeckung einer Nordost-Passage aus.

Foto: Archiv für Kunst und Geschichte, Berlin

Die Mijnhers aus der Kaufmannschaft brannten aber darauf, ihre Handelswege in den Orient zu verkürzen: Sie finanzierten zwei Schiffe, die von Willem Barents – diesmal zusammen mit Jacob van Heemskerk – und Jan Cornelius Rijp befehligt wurden. Im Mai 1596 stachen die Schiffe in See, am 9. Juli legten sie an der Bären-Insel (südlich von Spitzbergen) an, segelten dann weiter nach Norden. Sie entdeckten wenige Tage später eine völlig unbekannte Inselgruppe, glaubten sich an der Ostspitze Grönlands. „Wir gaben dem Land den Namen Spitzbergen, wegen der vielen und hohen darauf befindlichen Spitzen," so gab Rijp später vor dem Delfter Magistrat zu Protokoll. Da es ihnen nicht gelang, Spitzbergen zu umsegeln, kehrten die Schiffe auf die Bären-Insel zurück. Dort zerstritten sich die beiden Befehlshaber endgültig: Während Rijp weiterhin nach Norden wollte, zog es Barents nach Osten.

Er hielt auf die Insel Nowaja Semlja zu. Von Osten schob sich die erste Eiswand heran, an Umkehr war nicht mehr zu denken; die Besatzung fand Zuflucht in einer Bucht im Osten der Insel. Eisschollen demolierten das Schiff, sie mussten an Land eine Behausung aus Treibholz schaffen. Hoffnung kam auf, als sie Rentierspuren und einen Süßwasserfluss entdeckten. Anfang Oktober 1596 war eine Holzhütte bezugsfertig, mit einer Feuerstelle, einem Rauchabzug und einem aus Weinfässern gezimmerten Dampfbad. Einrichtungsgegenstände und Lebensmittel holten die Männer vom Schiff, das man auf den Strand gezogen hatte.

Im Frühling besserten sie das Schiff aus, bauten ein zweites und beluden beide mit allem, was sie unterwegs brauchen könnten. Barents schrieb die Erlebnisse der vergangenen Monaten nieder und steckte das Papier in ein Pulverhorn, das über dem Kamin aufgehängt wurde. Am 14. Juni 1597 bestiegen die Seeleute die beiden Schiffe und nahmen Kurs auf die Nordspitze von Nowaja Semlja.

Es wurde eine Fahrt in Angst und Schrecken; der ohnehin schon kränkelnde Barents starb. Letztendlich er-

LAND UND LEUTE

reichten 12 Männer lebend die Küste Russlands. Fast 300 Jahre später, im Jahr 1871, kam ein norwegischer Kapitän in jene Bucht von Nowaja Semlja und fand das Barentshaus: zwar völlig vereist, aber unter dem Eis wunderbar erhalten; er brachte eine Menge Gerätschaften von dort mit, auch das Pulverhorn mit dem Reisebericht von Barents.

Irrfahrten in der Hudson Bay

William Baffin und Henry Hudson sind zwei Namen, die eng mit der Geschichte der Northwest Territories verbunden sind. Über Hudson und sein Schiff *Discovery* geben die Logbücher der Nordlandreisen von 1607 bis 1611 Auskunft. Der Mann, der bis über den 82. Breitengrad hinaus gelangte, die so heiß begehrte Durchfahrt aber letztlich doch nicht entdeckte, hielt als erster seine Beobachtungen über die Missweisung der Magnetnadel fest – die Differenz zwischen dem magnetischen und geografischen Nordpol. Lokalisiert wurde die Abweichung erstmals 1831 auf Boothia Island; heute liegt der magnetische Pol auf Bathurst Island, 1400 km vom Nordpol entfernt.

1610 erkundete Henry Hudson die Ostseite einer riesigen Bay, die nach ihm Hudson Bay benannt wurde. Geschäftlich waren seine Reisen kein Erfolg, die englische Kaufmannschaft entließ ihn, und er trat in die Dienste der Holländischen Kompagnie. Wieder hatte er Pech: Seine Mannschaft war bislang nur in der Südsee gekreuzt, und die Schönwettersegler waren den rauen Bedingungen im Norden nicht gewachsen. Eine Meuterei zwang Hudson zur Umkehr.

Noch einmal erklärten sich drei englische Kaufleute bereit, eine Fahrt zur Erkundung der Wasserstraßen im Norden zu finanzieren, allerdings in Begleitung eines englischen Seemanns. Hudson schickte den „Aufpasser" noch auf der Themse zurück und segelte davon. Er

---

Oben: Holländische Kaufleute finanzierten die Suche nach einer Nordost-Passage nach China und Indien. Rechts: Sir John Franklin kam im Juni 1847 im arktischen Archipel um.

LAND UND LEUTE

gelangte auf den Spuren Frobishers zur Halbinsel Meta Incognita im Süden von Baffin Island und erreichte die Charles-Insel. Als er die Wasserfläche der Hudson Bay sah, die sich nach Süden und Südwesten ausdehnte, glaubte er sich am Ziel. Mit der Eintragung vom 3.8.1611 endet sein Logbuch.

Wie seine Matrosen später vor dem Seegericht aussagten, folgten sie der Hudson Bay weiter bis zur James Bay an deren Südende, wo das Winterlager aufgeschlagen werden sollte. Die Mannschaft arbeitete nur widerwillig, schließlich stellte sich der Großteil der Leute auf die Seite von Maat Green gegen Kapitän Hudson. Als die Bucht im Frühsommer wieder eisfrei wurde, setzten die Meuterer Hudson mit seinem Sohn und ein paar Getreuen, einer Flinte und wenig Lebensmitteln in ein Boot und segelten davon. Niemand fand je eine Spur von ihnen.

1615/16 erkundete William Baffin von der John Davis Strait heraufkommend die Hudson Bay und begann, an der Existenz eines nordwestlichen Wasserwegs zu zweifeln. Im Lauf der Reise wurde aus Zweifel eine feste Überzeugung, die er mit solchem Nachdruck vor der britischen Admiralität vertrat, dass die Akte Nordwest-Passage für die nächsten 200 Jahre geschlossen wurde.

Erst 1818 wurde durch die Expeditionen eines Landsmannes, James Ross, das Wettsegeln um die Passage wieder interessant. So wurde Captain John Franklin 1819 von der britischen Regierung beauftragt, von der Hudson Bay aus einen Seeweg zum arktischen Ozean zu finden. Franklin erkundete einen Großteil des Mackenzie Districts und fertigte Karten der nördlichen Küstenlinie an. Von seiner folgenden Expedition (1845-48) kehrte er mit seinem Team nicht mehr zurück.

Im Sommer 1850 beteiligten sich 14 Schiffe an der Suche nach Franklin. Endlich wurde auf der Insel Beechey sein Winterlager gefunden und 1859 sein Grab auf King William's Island mit einer Notiz vom Frühjahr 1848: Seine Schiffe *Erebus* und *Terror* waren im Eis festgefroren; die Mannschaft wollte zu

LAND UND LEUTE

Fuß weiter. Die Untersuchung der Konservendosen ergab: Die Männer waren an Bleivergiftung gestorben. Als Ironie des Schicksals entdeckte die Royal Navy ausgerechnet bei dieser Suchaktion die Nordwest-Passage.

Cook und Vancouver, MacKenzie, Fraser und Hearne

Im späten 18. Jh. zog es viele Seefahrer an die Küste British Columbias. 1774 kreuzten spanische Schiffe in diesen Gewässern, 1778 gefolgt von James Cook auf der Suche nach der Nordwest-Passage. Cook beschrieb ausführlich den Reichtum an Pelztieren in der Küstenregion, und prompt wuchs das Interesse Englands an einer intensiveren Gebietserforschung. 1791 wurde Captain George Vancouver losgeschickt, der Karten von der Küstenlinie anfertigte und eine riesige Insel umsegelte, die später nach ihm Vancouver Island getauft wurde. Vancouver verfasste den Reisebericht *A Voyage Of Discovery To The North Pacific Ocean*, in dem er unter anderem auch reiche Fischfanggründe im nördlichen Pazifikgebiet beschrieb, mit der Folge, dass immer mehr Fischer zwischen den Inseln ihre Netze auswarfen. Schließlich strömten so viele Jäger ins Land, dass die Fischotter fast ausgerottet wurden.

Ein anderer großer Name in der kanadischen Entdeckungsgeschichte ist Alexander MacKenzie, ein Schotte. Als die North West Company Männer suchte, die den Westen für ihre Pelzhandelsrouten erschließen sollten, griff er zu; als erster befuhr er 1789 den 4120 km langen Mackenzie River. Drei Jahre später, 1792, brach er auf, um die Nordwest-Passage zu suchen. Als er 1793 nördlich von Vancouver Island den Pazifik erreichte, war ihm ein Rekord gelungen: Als erster uns bekannter Europäer hatte er den gesamten nordamerikanischen Kontinent durchquert.

The Letters And Journals Of Simon Fraser 1806-1808 haben bis heute nichts

Oben: Eisschollen setzten den ersten Expeditionen zu. Rechts: Donnerbüchsen gegen Bärenfelle – die Hudson's Bay Company.

LAND UND LEUTE

von ihrer Faszination eingebüßt. Darin schildert der Pelzhändler und Entdecker Simon Fraser seine Erkundungsreisen am Fraser River, den er zunächst für den Columbia River hielt. Fraser gründete 1805 den ersten Handelsposten in Fort MacLeod, weitere in St. James und Fort George. Als 1858 in diesem Gebiet Gold gefunden wurde, setzte der *run* von Trappern und Siedlern zum Fraser River ein. 1808 folgte Fraser dem Fluss bis zu seiner Mündung beim heutigen Vancouver.

Eine ähnliche Pioniertat vollbrachte Samuel Hearne, der Erforscher der Barren Grounds zwischen dem Mackenzie und der Hudson Bay: Er durchquerte das menschenleere Gebiet zwischen 1769 und 1772. Der Engländer, der für die Hudson's Bay Company unterwegs war, lernte von den Indianern, wie man mit Hundeschlitten, Kanu und Schneeschuhen vorwärtskommt und wanderte mit Häuptling Matonabee zu Fuß den Coppermine River entlang.

Die Hudson's Bay Company

Wenn ein Kanadier etwas aus dem Kaufhaus braucht, sagt er einfach, dass er mal eben zu *The Bay* geht. Und jedes Kind weiß, dass er damit eines der Warenhäuser meint, das aus den Handelsniederlassungen der legendären Hudson's Bay Company hervorgegangen ist. Und weil die HBC schon über 300 Jahre alt ist, nennt man sie auch scherzhaft *Here Before Christ*. Die rund 500 im Land ansässigen Filialen mit 38 000 Angestellten sind heute ein Teil des kanadischen Alltags geworden.

Angefangen hat die Geschichte der Company mit zwei französischen Trappern: Pierre-Esprit Radisson und Médart Chouart Sieur des Groseilliers. Radisson hatte die Hudson Bay 1662 von Neufrankreich aus auf dem Landweg erreicht. Er und sein Landsmann arbeiteten auf eigene Rechnung – sie lieferten ihre Pelze beim französischen Gouverneur ab, der sie entlohnte. Eines Tages

jedoch kam es wegen der Pelzpreise zum Streit mit dem Gouverneur. Erbost beschlossen die Trapper, sich nicht beim zuständigen Herrscher – Ludwig XIV. von Frankreich – zu beschweren, sondern zur Konkurrenz zu gehen, zu Charles II. von England. Der verwies sie an seinen Vetter Rupert, Prinz von Böhmen. Dem Prinzen war bald klar, dass man in der Neuen Welt mit dem Pelzhandel so einiges verdienen könnte; und so statteten Vetter Rupert und der König die beiden Trapper mit einem Vertrag aus, der sie zum Pelzhandel für England ermächtigte.

An die Hudson Bay zurückgekommen, tauften sie das Gebiet um die Bay *Rupert's Land* und gründeten 1668 an der Mündung des Rupert River in die Hudson Bay die erste Niederlassung der Hudson's Bay Company (HBC), mit Sitz in Fort Simpson. Dort konnten Trapper und Fallensteller ihre Pelze gegen Lebensmittel, Kleidung und Gebrauchsartikel oder gegen Geld eintauschen.

Bei ihren Streifzügen arbeiteten sie mit Indianern zusammen, denn die-

LAND UND LEUTE

se kannten nicht nur die besten *trails*, sondern auch die Plätze, an denen die meisten Otter und Biber zu fangen waren. Die Zeiten, in denen Indianer über Glasperlen staunten und damit als Lohn zufrieden waren, dauerten jedoch nicht lange an: Sie erkannten bald, wieviel besser die Werkzeuge und Waffen der Weißen waren.

Im Lauf der folgenden Jahre schossen die Handelsplätze rund um die Bay wie Pilze aus dem Boden. Das Geschäft florierte zur Zufriedenheit aller Handelspartner, half doch die damalige Mode im fernen Europa kräftig mit: Die Damen und Herren der höheren Schicht trugen Hüte aus Biberfilz – und Biber gab es reichlich in Kanada, während der Nachschub aus Skandinavien und Russland nur noch spärlich und zu horrenden Preisen geliefert werden konnte.

Derweil tobten bei den amerikanischen Nachbarn Bürgerkrieg und Revolution. Versprengte, Heimatlose und Abenteurer zogen durchs Land, hörten, dass man mit Fellen reich werden könne und hatten keine Skrupel, die Indianer im Tausch gegen Felle ausschließlich mit Whisky abzuspeisen. In Montréal begannen die Kaufleute die Konkurrenz zu spüren. Deshalb schlossen sich einige zusammen und gründeten 1779 die *North West Company*, deren Trapper ihre Fallen weiter im Westen aufstellen und neue Handelsrouten ausfindig machen sollten. Die Company arbeitete nach dem gleichen Prinzip wie die HBC, sodass beide Gesellschaften in eine verbissene, oft mit Waffen ausgetragene Konkurrenz um die ergiebigeren Pfründe gerieten. Zunächst ließ sich der Kampf um die Vormachtstellung günstig an; nach dem Motto „Konkurrenz belebt das Geschäft" konnte die North West Company um die Jahrhundertwende große Umsätze verbuchen. Bald überstiegen die Kosten jedoch den Gewinn, und 1821 wurde die North West Company von der HBC vereinnahmt. Doch auch an der HBC gingen die Jahre nicht spurlos vorüber: Die wirtschaftlichen, politischen, und letztendlich auch die gesellschaftspolitischen Verhältnisse hatten sich verändert. Das gewaltige Land war mittlerweile zum Kanadischen Bund zusammengeschlossen worden, und 1868 gingen acht Millionen Quadratkilometer Land, die der HBC zuletzt gehörten, gegen 300 000 Pfund Sterling in den Besitz der konföderierten Staaten über.

Eisenbahnbau mit Hindernissen

1876 war die Eisenbahnstrecke im Osten des Landes – von Halifax und St. John bis Montreal, Toronto und zum Lake Huron – fertiggestellt. Dies veranlasste den Politiker Joseph Howe zu der damals ungeheuerlichen Prognose: „Ich glaube, dass viele hier im Raum noch zu ihren Lebzeiten den Pfiff der Dampflokomotive in den Rocky Mountains hören werden und eine Reise von Halifax

---

Oben: Typischer Trapper des 18. Jahrhunderts („Lederstrumpf"-Vorbild Daniel Boone). Rechts: Traditionelles Transportmittel der Pelzjäger.

LAND UND LEUTE

an den Pazifik in fünf oder sechs Tagen machen können."

Weniger optimistischen Gemütern erschien diese Vorstellung schlicht unmöglich, denn sie wussten um die beschwerliche Erschließung des Westens. Westkanada ist ein Land, das nicht zu Pferd, sondern mit dem Kanu erschlossen worden war. Indianer und Trapper folgten den Flussläufen, und auch die ersten Prospektoren der Handelsgesellschaften wählten zunächst Wasserwege, um tiefer in das Land vorzudringen. Die Vorstellung, durch das Dickicht der Wälder, durch gewaltige Flusstäler und über abweisende Berge eine Eisenbahnroute zu bauen, war mehr als kühn.

Der Eisenbahnbau wurde zum Politikum, als British Columbia 1871 dem Dominion Canada nur unter der Bedingung beitrat, dass eine Eisenbahnstrecke bis zum Pazifik verlegt würde. Zwei Gesellschaften bewarben sich für diese Aufgabe, eine mit legalen Mitteln, die andere – die *Canadian Pacific Railway* – auf dem Weg der Bestechung: Die Gesellschaft, die dem Kaufmann Hugh Allan gehörte, sagte dem Premierminister MacDonald eine gewaltige Finanzspritze für den Wahlkampf und die konservative Partei zu. Der Bestechungs-Skandal kam ans Licht, MacDonald und die Konservativen waren politisch ruiniert. Gewählt wurden die Liberalen, die sich allerdings nur fünf Jahre halten konnten. MacDonald kam 1878 wieder an die Macht.

Nun konnte er seinen Eisenbahn-Traum endlich realisieren und beauftragte den Ingenieur Sir Stanford Fleming mit der Streckenplanung. Die einzige Bedingung: Die Strecke musste ausschließlich über kanadisches Gebiet laufen. Fleming ersann eine Route in der Höhe von Edmonton, die aber abgelehnt wurde. Der Routenvorschlag seines Mitarbeiters Major A. Rogers durch die Selkirk Mountains über den nach ihm benannten Rogers Pass fand mehr Zustimmung. Erst später, als sich örtliche Eisenbahngesellschaften zur konkurrierenden *Canadian National Railway* zusammenschlossen, wurde Flemings Routenvorschlag verwirklicht.

LAND UND LEUTE

Der Bau dieser Eisenbahnstrecke war mit gewaltigen Anstrengungen verbunden: Bergrutsche und Lawinen verschütteten die Gleise, extreme Temperaturunterschiede setzten dem Material so zu, dass es brach. Immer wieder mussten Soldaten und die RCMP Indianerblockaden durchbrechen. Not machte erfinderisch: Den kanadischen Eisenbahnbauern gelangen revolutionäre Bauten wie die *Spiral Tunnels* unweit von Lake Louise, und die von ihnen erfundenen technischen Hilfsmittel – die Schneeschleuder und ein Bremssystem – wurden bald weltweit eingesetzt.

Royal Canadian Mounted Police

Wild war der Westen, rau die Sitten. Die Grenzen des Territoriums waren nicht einmal genau definiert, US-amerikanische Trapper und Banditen wechselten unbehelligt das Terrain. Schmuggelware wurde hin und her verschoben, Banden von Pferdedieben streiften durchs Land. Wer sein Recht verlangte, war auf sich selbst gestellt.

Nach einem Gemetzel von weißen Jägern an Assiniboines-Indianern 1873 in den Cypress Hills wurde der Regierung klar, dass sie die Dinge im Westen nicht länger schleifen lassen konnte. Premierminister John A. MacDonald schickte eine zivile, aber paramilitärisch organisierte Truppe, die unter den Gesetzlosen für Ordnung sorgen, die Indianer ruhig halten und an der Grenze zu den Vereinigten Staaten Zölle einfordern sollte. 1874 entstand Fort Macleod, und in Fort Walsh etablierte sich 1875 ein 300 Mann starker Polizeiposten. Man nannte die Truppe berittener Ordnungshüter *North West Mounted Police*. 1876 wurde ein weiterer Posten, Fort Calgary, eingerichtet. Die „Mounties" schafften es, Frieden mit den Indianern in diesem Gebiet zu schließen, ohne dass ein Tropfen Blut vergossen wurde. Ihre Hartnäckigkeit bei der Verfolgung

Oben: Eine technische Meisterleistung war der Bau der Eisenbahn durch die Rocky Mountains. Rechts: Reinszenierung der historischen North West Mounted Police in Fort Macleod.

LAND UND LEUTE

von Verbrechern in der Wildnis wurde zur Legende und brachte ihnen Respekt ein. Die Mounties entwickelten Verhandlungsgeschick, wenn es galt, Streitigkeiten zwischen Indianern und Weißen zu schlichten; im Gegensatz zu den US-Marshalls und Sheriffs waren sie so gut wie nie an blutigen Auseinandersetzungen beteiligt. So steht die brutale Niederschlagung der Rebellion von Louis Riel und den Métis in Saskatchewan (1885) als einzige Ausnahme in den Annalen dieser Spezialtruppe.

Männer strömten zu Tausenden von überall her, als 1896 am Klondike der Goldrausch ausbrach. Die Mounties hatten ein Auge auf alle Abenteurer, die nur mit dem Hemd auf der Haut ins Land kamen, um ihr Glück zu versuchen. Sie standen am Chilkoot-Pass und kontrollierten, ob die Goldsucher – oft unerfahrene Stadtleute – fürs Überleben in dem rauen Land richtig ausgerüstet waren. Sie waren dabei, wenn *claims* abgesteckt, Minen angelegt oder ein Pferd verkauft werden sollte. Gelegentlich fungierten die Mounties auch als Streikbrecher, wenn es um die Interessen der *Canadian Pacific Railroad* ging. So löste ein Mountie 1882 am Maple Creek eine Blockade der Cree-Indianer auf, und die Mounties griffen auch 1883 ein, als die Gleise durch das Territorium der Blackfoot-Indianer gelegt werden sollten, die sich vehement dagegen wehrten.

1904 bekamen die Mounties den Ehrentitel *Royal* verliehen, weil sie im Burenkrieg (1899-1902) auf Seiten der Briten gekämpft hatten. Per Gesetz wurde die *Royal Canadian Mounted Police* 1920 zur Bundespolizei erklärt. Die aus etwa 20 000 Frauen und Männern bestehende Elite-Truppe ist der „lange Arm" der Regierung in Ottawa geblieben: Sie ist Ordnungsfaktor, Verwaltungsapparat, Rettungsorganisation und Repräsentationskorps in einem.

Die Buschpiloten

Ohne sie läuft nichts im Norden, denn wo die Straßen aufhören, geht es fast nur noch mit dem Flugzeug weiter. Flüsse und Seen waren schon in der

LAND UND LEUTE

Pionierzeit die wichtigsten Verkehrswege. In Kanus und Booten drangen die Trapper und Siedler immer weiter in die Wildnis vor. Heute sind die Wasserwege Landeplätze für die Buschpiloten. Die Piloten der mit Fracht und Passagieren beladenen Maschinen haben oft mit widrigen Bedingungen zu kämpfen. Ihnen ist kaum ein Ziel zu schwierig: Im Sommer landen sie auf Schwimmern, im Winter auf Kufen; für konventionelle Landepisten werden Räder montiert. Für den Notfall sind ein Gewehr, Karten, ein Notsender, Angelzeug, dehydrierte Lebensmittel und ein Schlafsack mit an Bord.

Aus dem seit 1924 erfolgreichen Zusammenspiel von Mensch und Maschine entstand der legendäre Ruf der kanadischen Buschpiloten. Ihr Revier, ein Drittel der Fläche Kanadas, heißt *north of sixty*, nördlich des 60. Breitengrades. Dort befinden sich auch ihre Hangars, so in Tuktoyaktuk, Fort Good Hope oder Yellowknife am Great Slave Lake, 450 km südlich des Polarkreises. Wer diese kalte, unwirtliche Gegend kennenlernen will, hat vielleicht *Northern Survival* oder *Down But Not Out* gelesen und ist gespannt auf eine Region, von der es heißt: „Jeder, der die Arktis oder überhaupt vegetationslose Kältegebiete zu Lande bereist, sollte zum eigenhändigen Bau eines Schneehauses imstande sein." Beim Weiterlesen kommt die nächste Empfehlung: „Mäuse und Lemminge sind essbare Tiere und sollten von Überlebenden eines Zwischenfalls nicht verschmäht werden".

Als der Flugpionier Ben Eielson im Februar 1924 von Fairbanks in Alaska regelmäßig nach McGrath flog, hatte er Lebensmittel und Kleidung für die Goldgräber an Bord. Die unverwüstlichen *Beavers and Otters* des kanadischen Flugzeugherstellers De Havilland begannen, Post-, Transport- und Taxidienste zu übernehmen, ihre Piloten waren Helfer und Retter in der Not, in der Regel die einzige Verbindung zur

---

Oben: Unverzichtbar im Hohen Norden – Wasserflugzeuge. Rechts: Traditionspflege beim Pow Wow.

LAND UND LEUTE

Welt. Ihre Tugenden haben sich bis heute gehalten: Sie können hervorragend navigieren, fliegen mit Instinkt und der Fähigkeit, trotz ewig gleich erscheinender Wald- und Wasserflächen den Kurs zu halten.

DIE BEVÖLKERUNG

Die Inuit

Die Ureinwohner des Nordens nennen sich *Inuit*, und das bedeutet „Menschen". Von ihren Algonkin-Nachbarn wurden sie beleidigend als *Eskimo*, „Rohfleischesser", bezeichnet. Die Inuit gelangten vor rund 10 000 Jahren von Asien nach Alaska. Vor etwa 6000 Jahren wanderten sie weiter und ließen sich in der kanadischen Arktis nieder. Die älteste bekannte Inuit-Kultur ist die Prä-Dorset-Kultur (ca. 2000-1000 v. Chr.), aus der kunstvoll bearbeitete Steinwerkzeuge stammen. Die Inuit der Dorset-Kultur (ca. 1000 v. Chr.) bauten bereits Schlitten und Steinhäuser, ihre Schamanen fertigten Totemfiguren aus Stein und Knochen. Mit dem Volk der Thule kam ein weiterer Einwanderungsschub von Alaska her.

Die baumlose Tundra bis zur eisbedeckten Küste des arktischen Archipels ist die Heimat der Inuit. In ihrer Religion spielt die Natur die Hauptrolle; der Schamane (*Angakok*) nimmt bei spirituellen Sitzungen Verbindung zum Weltgeist auf. Die Inuit fühlen sich der Natur verwandtschaftlich verbunden: Ein Tier tötete man nur, um die Familie zu ernähren und zu bekleiden, und es wurde komplett verwertet; Schlitten wurden aus Knochengerüsten konstruiert, die Tiersehnen zu Schnüren verarbeitet.

Durch den Kontakt mit den Weißen lernten sie schnell – und nicht immer zu ihrem Vorteil. Sie gaben das Nomadenleben auf und zogen in Siedlungen. Der Preis für Strom, Motorschlitten und Konserven war hoch: Innerhalb weniger Jahrzehnte brach eine Jahrtausende alte Kultur zusammen. Jeder zweite Inu-

Foto: Sergei Bachlakov (Shutterstock.com)

it ist arbeitslos, Alkoholprobleme zerstören die Familien, die Sippen zerfallen. Inuit-Politiker haben jetzt ihre Rechtsansprüche in Ottawa durchgesetzt: Am 1. April 1999 wurde den 26 000 Inuit ein eigenes Territorium von 1,9 Mio. km^2 zugestanden: Nunavut („Unser Land"). Es umfasst den arktischen Archipel bis Grönland, die gesamte Hudson Bay und etwa die Hälfte der Northwest Territories, d. h. ein Fünftel des Staates Kanada. Ottawa stellte 580 Mio. C$, verteilt über 14 Jahre, zur Verfügung, rechnet aber mit Gesamtkosten von bis zu 1,1 Mrd. C$. Langfristig sollen die reichen Erzvorkommen und die anderen natürlichen Ressourcen das wirtschaftliche Überleben Nunavuts sichern.

Die Dene

Auch die Indianer Kanadas bereiten den Politikern Kopfzerbrechen: wie die Inuit fordern sie eigene Territorien. „Indianer" wollen sie nicht genannt werden, sondern *natives*, *first people* oder *Dene*, was in vielen Indianerdialekten

LAND UND LEUTE

„Mensch" bedeutet. „Der Adler rettete ein Mädchen vor der großen Flut und setzte es wieder auf der Erde ab, damit sie eine große Nation gründete", so sagen die Dakota. „Napi befahl den Lehmfiguren in Form einer Frau und eines Kindes: Steht auf und geht. Ihr sollt Menschen sein", heißt es bei den Siksika und „Inktome nahm ein Stück Lehm aus den Pfoten der Bisamratte entgegen und rollte es zu einer Kugel, die zum Erdball wurde" bei den Nakota.

Diese drei indianischen Schöpfungslegenden stehen symbolisch für einen Naturglauben, in dem Tiere und Landschaften beseelt sind. Die ersten Europäer aber beurteilten Land nach kommerziellen Gesichtspunkten: Man kann es kaufen, verkaufen und damit spekulieren.

Als die Weißen mit den Stammeshäuptlingen zu verhandeln begannen, gab es einige Stämme, die sich Land für

Oben: Einzug der Moderne in die dauerhaften Siedlungen. Rechts: Wohnstätten und Trachten der Vancouver-Indianer – Holzschnitt um 1890.

„Feuerwasser" und Waffen abnehmen ließen. Andere weigerten sich jedoch, Kaufverträge zu unterzeichnen – aus dem tief verwurzelten Glauben heraus, dass Menschen, Tiere und Land niemandem gehören, also auch nicht zu verkaufen sind. Die Europäer bauten trotzdem ihre Eisenbahnen und legten große Farmen an.

Es ist eine Ironie des Schicksals, dass die Nachkriegs-Indianerpolitik gerade den Stämmen Reservate und Geld zusprach, die Kaufverträge vorzuweisen hatten (450 000 *status indians*). Diejenigen ohne Vertrag hatten anfangs das Nachsehen (500 000 bis 1 Mio *non-status indians*). Als Bewertungskriterium gilt heute eine rein indianische Herkunft; derzeit sind rund 390 000 *status indians* registriert.

Dieses Kriterium hatte unter anderem zur Folge, dass Indianerfrauen keine Weißen heirateten, um den privilegierten Status nicht zu verlieren. „Priviligiert" bedeutet, Geld von der Regierung zu bekommen. *Guilt money* nennen das viele: Geld, um eine Schuld zu tilgen,

LAND UND LEUTE

nämlich die Zerstörung einer Kultur. Zwar rühmt sich Kanada, dass es keine blutigen Indianerkriege wie in den USA gab, aber das war auch gar nicht nötig: Mit der Ausrottung der Bisons wurde auch die traditionelle Lebensweise der Indianer, die alle Teile der Tiere verwerteten, ausgelöscht.

Die Positionen sind heute verhärtet, die Diskussion wird hochemotional geführt: böse Weiße contra wehrlose Indianer. Immer öfter demonstrieren Indianergruppen Stärke, blockieren Farmen und erzwingen Baustopps wie am Kraftwerk an der James Bay. Als die Küstenindianer im Sommer 1995 vehement die Wiedereinsetzung ihrer Walfangrechte forderten, waren die Umweltschutzorganisationen arg in der Zwickmühle: Hier das Argument, dass Walfang ein Teil des indianischen Kulturerbes sei, dort die Verantwortung dem Tier gegenüber.

Das Ziel ist jetzt: Bewahrung der Kulturidentität und Unabhängigkeit von der Sozialhilfe. Erste Ansätze sind von Indianern konzipierte und geführte Museen (Wanuskewin bei Saskatoon, s. S. 199, und Head-Smashed-In-Buffalo Jump in Süd-Alberta, s. S. 121), touristische Initiativen, eigene Holzfabriken und seit 1982 eine eigene Airline, die Air Creebec, die den Cree gehört.

Seit 1999 sendet das Aboriginal Peoples Television Network ein Programm für die Urbewohner.

Die Métis

Eine ethnische Minderheit sind die Métis, denen erst 1982 die Zugehörigkeit zu den First Nations zuerkannt wurde. Die Nachkommen aus der Verbindung frankokanadischer Trapper mit kanadischen Indianerinnen lebten zunächst von der Bisonjagd und stellten *Pemmikan* her, eine Art Plätzchen aus getrocknetem und zerriebenem Bisonfleisch mit Moosen und Flechten. Diese „Delikatessen" verkauften sie an Trapper, an die Männer in den Handelsniederlassungen und an *Voyageurs* (so nannte man die Männer im Dienst der Pelzhandelsgesellschaften, die mit

LAND UND LEUTE

ihren Kanus Tausende von Meilen zurücklegten).

Im 18. Jh. wurde ihr Lebensraum durch Hunderttausende von Einwanderern aus dem Osten bedroht, die mit Zustimmung der Regierung die Weiten Saskatchewans und Manitobas besiedeln sollten. Der Streit um die Landrechte ist bis heute aktuell geblieben: Indianer und Métis verhandeln mit der Regierung über ihre historischen Ansprüche, über Besitz und Ausbeutung der Bodenschätze.

Eine schillernde Persönlichkeit unter den Métis war Louis Riel. Über seine rechtmäßige Verurteilung herrscht auch heute noch – mehr als 120 Jahre nach seiner Exekution – Uneinigkeit im Land. Riel stammte aus der Red River Siedlung bei Fort Garry. Dort wohnten 1869 die Verwalter der Hudson's Bay Company, englische, kanadische und amerikanische Händler, schottische und englische Siedler sowie französische und englische Métis. Es war das Jahr, in der die Gebiete der HBC durch den *Rupert's Land Act* an die britische Krone fielen, damit man sie in das Dominion of Canada eingliedern konnte – was auch 1870 geschah.

Die Métis, die schon tatenlos hatten zusehen müssen, wie die Büffelherden ausgerottet wurden, waren strikt gegen diesen „Ausverkauf". Sie befürchteten, dass sie ihre halbnomadische Lebensweise durch den Zustrom weiterer weißer Siedler nicht mehr würden aufrechterhalten können. Louis Riel setzte sich an die Spitze des Widerstands, nahm den Gouverneur fest, besetzte Fort Garry und forderte ein Recht auf eigenes Land.

Die Regierung in Ottawa schickte Truppen, die den Aufstand blutig niederschlugen. Riel konnte nach Montana fliehen. Der Distrikt wurde zur Provinz Manitoba in der Konföderation Kanada erklärt. Die Métis von Red River suchten ein neues Zuhause: Sie wanderten weiter nach Saskatchewan.

Die eisernen Schienen der Canadian Pacific Railway fraßen sich derweil von Osten her durch die Provinzen, und die Métis fürchteten eine neuerliche Invasion von Siedlern. In ihrer Not riefen sie abermals nach Louis Riel, der sein Brot inzwischen auf der anderen Seite der Grenze als Lehrer verdiente.

Riel setzte auf Konfrontation, und so standen sich Ende März 1885 Truppen der North West Mounted Police und Métis am verschneiten Duck Lake am Saskatchewan River gegenüber. Diese offene Rebellion erschütterte das Land. Mit der neuen Eisenbahn wurden zur Unterstützung der Mounties zusätzlich reguläre Truppen von Soldaten herangeschafft. Louis Riel mit seinen Métis und einigen Indianergruppen auf der einen Seite, die staatliche Übermacht auf der anderen – so kam es in Batoche am 12. Mai zum Kampf, und die Métis unterlagen. Louis Riel wurde gefangengenommen, in Regina des Hochverrats angeklagt und zum Tode verurteilt.

Oben: Ein Osage, ein Irokese und eine Dawnee.
Rechts: Nachfahren der Métis.

LAND UND LEUTE

Die Einwanderer

Wegen der katastrophalen Hungersnot, die Irland im Jahr 1847 heimsuchte, wanderten Hunderttausende von Iren aus. Ab 1857 wurden Kinder aus englischen Elendsquartieren nach Kanada verschifft.

Die größte Einwanderungswelle gab es jedoch zwischen 1880 und 1914: Denn der Westen war noch fast menschenleer, es gab fruchtbares Land, mit der Eisenbahn wurde eine erste Infrastruktur geschaffen und vor allem – man konnte frei atmen. Wer daheim nur als Pächter sein Leben fristen konnte, war in der Neuen Welt plötzlich Herr über viele Morgen Land. Wer wegen seines Glaubens verfolgt wurde, fand hier Religionsfreiheit. Neben Deutschen kamen auch Holländer, Skandinavier, Polen und Ungarn, später Rumänen, Ukrainer und Russen. Um 1900 zum Beispiel stellten Asiaten in British Columbia einen Bevölkerungsanteil von 11 %: Man hatte sie zum Verlegen der Schienenstränge ins Land gerufen und beschäftigte sie dann in den Fischkonservenfabriken.

Während des Ersten Weltkriegs, in den Jahren der wirtschaftlichen Depression und nach dem Zweiten Weltkrieg setzte die Regierung das Einwanderungslimit gewaltig herunter, und die kanadische Regierung verfolgte eine restriktive Einwanderungspolitik. Nur noch qualifizierte Bewerber aus Mangelberufen hatten eine Chance. Ihre Kenntnisse und Fähigkeiten trugen in den Nachkriegsjahren wesentlich zur Entwicklung der Wirtschaft, der Forschung und der Wissenschaft bei.

Heute wird das Vielvölkergemisch durch Afrikaner, Mittel- und Lateinamerikaner, Inder, Vietnamesen und Philippinos ergänzt, die im Umfeld der großen Metropolen ein neues Leben begonnen haben.

Kanada ist heute die größte multikulturelle Nation der Welt. Doch bei aller Bereitschaft zur Assimilation: Die Sitten und Gebräuche der Heimatländer werden mit Hingabe gepflegt und weitergegeben.

LAND UND LEUTE

Religiöse Minderheiten

Das klassische Einwanderungsland Kanada hat vielen verfolgten Glaubensgemeinschaften aus der Alten Welt Zuflucht geboten. Eine davon sind die Hutterer, deren Anhänger nach dem Modell der urchristlichen Gütergemeinschaft leben. Hutters Anhänger kamen vor etwa 100 Jahren nach Amerika und gründeten 300 Bruderhöfe. Die Zentren der Hutterer liegen heute südlich und östlich von Calgary. Zwar leben sie im Großen und Ganzen nach Altväter Sitte, doch nutzen sie zunehmend den technischen Fortschritt, um ihre Felder zu bebauen und Geflügel zu züchten, das sie auf den Märkten im Umkreis verkaufen.

Ebenso archaisch leben die Alt-Mennoniten: Ihr Namensgeber ist Menno Simons, ein katholischer Priester, der 1496 in Friesland geboren wurde. Ab 1536 predigte er an der Nord- und Ostsee, und schon bald konnte er Glaubensbrüder um sich scharen. Simons lehnte die Kindstaufe und den Kriegsdienst, den Eid, die Ehescheidung und den staatlichen Zwang in allen Glaubensangelegenheiten ab – und so haben es die Mennoniten bis heute gehalten.

Die deutschen Mennoniten wurden sowohl von katholischen als auch evangelischen Landesherren verfolgt; viele von ihnen wanderten nach dem Dreißigjährigen Krieg (1618-48) nach Kanada aus, andere zogen in die Niederlande oder folgten der Einladung Friedrichs I. ins Memelland. Weil Friedrich aber letztlich Soldaten wollte und ihr Glaube ihnen den Militärdienst verbot, zogen sie weiter, als Katharina II. von Russland im 18. Jahrhundert Siedler für die ukrainische Steppe suchte. Dort wurden sie jedoch nach 1850 mit dem staatlichen Zwang zum Wehrdienst konfrontiert. Gerade rechtzeitig kam ein verlockendes kanadisches Angebot, dem 200 000 Mennoniten folgten: Man versprach jedem Familienoberhaupt 64 Hektar Land, die Befreiung vom Militärdienst, dazu Religionsfreiheit und Souveränität der Sprache und des Schulsystems. Kitchener in Ontario (das bis 1914 Berlin hieß) wurde zum neuen Zentrum der Alt-Mennoniten. Aber auch in Steinbach in Manitoba (s. S. 186) oder in St. Jakobs in Alberta sieht man sie traditionell in schwarz gekleidet auf den Feldern arbeiten und ihre landwirtschaftlichen Produkte mit Pferd und Wagen zum Markt fahren. Sie kommen noch weitgehend ohne Auto, Strom und Telefon aus.

Eine äußerst konservative Splittergruppe der Mennoniten sind die Amish (Amischen). 1693 lösten sie sich unter dem elsässischen Bischof Jakob Amman von ihren mennonitischen Glaubensbrüdern und wanderten in die USA ein. Sie lehnen alle modernen Errungenschaften ab – inklusive Radio, Reißverschluss und Tiefkühlkost – und achten darauf, die Einflüsse der modernen Welt aus ihren Gemeinschaften fernzuhalten. Sie sind hervorragende Farmer, doch wollen viele jüngere nicht in die Fußstapfen der Väter treten: Ein Drittel des Amish-Nachwuchses verlässt sein Volk vor der Erwachsenentaufe.

Eine weitere Minderheit sind die Mormonen, die in Cardston, Südalberta, den einzigen Tempel des Landes haben. Charles Ora Card führte sie 1887 aus Utah in das gelobte Kanada.

Cowboy-Country

In den Prärieprovinzen sind *cowboy boots* und *cowboy hats* wichtige Kleidungsstücke. Die Radiosender spielen fast ausschließlich *country & western music*. Aus dem benachbarten amerikanischen Montana strahlen Sender herüber, die Cowboymusik mit christlichen Botschaften verquicken.

Zu jedem Westkanada-Besuch gehört unbedingt ein Rodeo. Das größte ist die *Calgary Stampede* in der zwei-

---

Rechts: Unvorstellbare, menschenunwürdige Enge herrschte auf den Auswandererschiffen aus Europa.

LAND UND LEUTE

ten Juliwoche, aber auch die kleinen, lokalen Rodeos bieten ein buntes Panoptikum: Pferdehändler, wettergegerbte, zähe Rodeoreiter, Sammelsurien an Sonnenhüten und Baseballkäppis, atemberaubende Darbietungen. Neben den bockenden Pferden gibt es z. B. *cow wrestling*: Ein waghalsiger Recke galoppiert neben einem Rind her, stürzt sich aus vollem Galopp auf das Tier und ringt es zu Boden. Oder Kälber werden mit dem Lasso eingefangen, das Lasso wird um den Sattelknauf gewunden und der Reiter spurtet entlang des Lassos zum bockenden Kalb. Er reißt es zu Boden und umwickelt seine Vorderbeine mit dem Lasso. Überall Wolken von Staub, überall Gejohle – wer noch nie ein Rodeo live gesehen hat, kommt aus dem Staunen nicht mehr heraus. Und über alles hält Gott seine schützende Hand: Vor jedem Rodeo wird für Mensch und Tier gebetet, und ohne auch nur eine kleine Pause zur Besinnung einzulegen, grölt der Kommentator plötzlich: *Let`s have a Rodeo*! – und los geht das Spektakel.

Ein besonderes Ereignis ist das im westlichen Kanada sehr populäre *Cowboy Poetry Gathering* in Pincher Creek (s. S. 121), das drei Tage Mitte Juni stattfindet. Hier geht es weniger ums Rodeo, sondern um Cowboy-Musik, Sattelmacher, Kunsthandwerk und Geschichtenerzähler. Echte Cowboys demonstrieren vor einem meist sachkundigen Publikum in der Arena ihre Reit- und Lassokünste. Das Ereignis zieht interessierte Zuschauer aus ganz Westkanada an. Eine weitere Attraktion sind *Pow Wows*, überlieferte Tänze der Prärieindianer. Nach Veranstaltungen und Vorführungen fragt man die lokalen Fremdenverkehrsämter.

Berühmte Kanadier

Viele englischsprachige Berühmtheiten, von denen man annimmt, dass sie aus den USA oder aus Großbritannien stammen, entpuppen sich bei näherem Hinsehen als Kanadier.

Die Malerin und Schriftstellerin Emily Carr (1871-1945) malte die Wälder und

LAND UND LEUTE

Indianer der Pazifikküste. Margaret Atwood, 1939 geboren, beleuchtet mit kritisch-feministischem Blick Gesellschaftsstrukturen und Rollenmuster. Ihr Roman *Katzenauge* wurde auch in Deutschland ein Bestseller, und *Der Report der Magd* wurde mit internationalen Stars verfilmt.

Weitere bekannte kanadische Schriftsteller sind Mordecai Richler, Michael Ondaatje, Alice Munro und Margaret Lawrence. Besonders im Bereich der Folk- und Folkrock-Musik hat Kanada viele bekannte Künstler hervorgebracht: Neil Young, Bryan Adams, Celine Dion, Alanis Morissette, Avril Lavigne, Buffy Ste Marie und Joni Mitchell, die mit ihren Liedern auch andere Sänger beeinflusste und später zum Jazz wechselte. Der Jazzpianist Oscar Peterson ist mittlerweile fast eine Legende.

Leonard Cohen, 1934 in Montreal geboren, wurde als Komponist, Sänger und Dichter in der ganzen Welt berühmt. Seine melancholischen Lieder und Gedichte erzählen von Liebe und Verrat, Einsamkeit und Schmerz.

Einen besonderen Platz in der Musik nimmt der 1982 verstorbene Pianist Glenn Gould ein. Seine oft provokative Art, Bach und Beethoven zu spielen, schrieb Musikgeschichte.

Ein besonderer Platz unter den kanadischen Sängern und Songwriters gebührt der nationalen Ikone Gordon Lightfoot. Er erlangte hauptsächlich in den 1960er- und 1970er-Jahren mit Liedern wie „In the Early Morning Rain" und insbesondere „If You Could Read My Mind" Weltruhm und stand seit damals mit so ziemlich allen Großen der Pop-, Folk- und Country-Music auf der Bühne. Neben Dutzenden von musikalischen Auszeichnungen und Preisen wurde Lightfoot auch der *Order of Canada,* Kanadas höchste Auszeichnung für Zivilpersonen, verliehen.

Auch auf der Kinoleinwand haben es zahlreiche Akteure aus Kanada zu Weltruhm gebracht. Das trifft etwa auf Blö-

Oben: Der weltberühmte kanadische Pianist Glenn H. Gould (um 1955). Rechts: Zeitweise gefeiert wie ein Popstar – Präsident Justin Trudeau.

LAND UND LEUTE

delstar Jim Carrey, Michael J. Fox, Christopher Plummer, Leslie Nielsen, Carrie-Anne Moss, den aus New Brunswick stammenden Donald Sutherland, Pamela Anderson und Dan Ackroyd zu.

Der Mediziner Sir Frederick Grant Banting (1891-1941) und sein Team mit Macleod, Collip und Best entdeckten das Insulin. Banting erhielt im Jahr 1923 zusammen mit Macleod dafür den Nobelpreis für Medizin.

Die Erfindung des *Skidoo*, des Motorschlittens, durch Jean Armand Bombardier 1959 veränderte das Leben aller Bewohner des arktischen Archipels.

Der 1934 in Calgary geborene Halb-Indianer Douglas Joseph Cardinal musste zunächst große Widerstände überwinden; jetzt ist er der berühmteste Architekt Kanadas, der sein indianisches Erbe mit westlicher Technologie verschmilzt und unkonventionelle Bauten entwirft. Zu seinen Werken zählt auch das im September 2004 eröffnete und zur berühmten Smithsonian Institution gehörende National Museum of the American Indian in Washington D. C. Der Aufsehen erregende Bau mit seinen geschwungenen Fassaden, nicht weit vom amerikanischen Kapitol entfernt, ähnelt einer erodierten Klippe aus gelblichem Fels. Die Washington Post beschrieb Cardinals Schöpfung als „erfrischend schockierend".

Der Rechtsanwalt und liberale Politiker Pierre Elliott Trudeau wurde zweimal zum Premierminister gewählt, 1968-79 und 1980-84. Er sprach sich vehement gegen den Separatismus aus; sein Ziel war eine zweisprachige und bikulturelle Nation. In seiner Amtszeit wurden im *Official Languages Bill* (1968) Englisch und Französisch zu gleichrangigen Amtssprachen erklärt, der *Canada Act* (1982) bestätigte Kanadas Unabhängigkeit, und mit der *Charter of Rights* wurden den Minderheiten individuelle Rechte zugestanden. Sein liberaler Sohn Justin Trudeau, der 2015 Präsident wurde, stärkte ebenfalls die Rechte von Minderheiten, förderte den Multikulturalismus und den Feminismus und nahm Tausende Flüchtlingsfrauen aus Syrien und Afghanistan auf.

Vancouver – Stadtzentrum mit False Creek, Granville Bridge und Burrard Bridge

Denkmal für den Sprinter Harry Jerome im Stanley Park, mit Blick auf den Canada Place und den Harbour Centre Drehturm

VANCOUVER

VANCOUVER

**CITYBEREICH
NORD- UND WEST-VANCOUVER
WHISTLER – FRASER VALLEY –
RUNDFAHRT**

★★VANCOUVER

Lange vor der Ankunft der Europäer lebten im Bereich des heutigen Vancouver die Squamish-Indianer (eine Untergruppe der Küsten-Salish), die vom Fischfang lebten. 1778 landete James Cook nahe ★★**Vancouver**, maß der regen- und waldreichen Gegend aber wenig Bedeutung bei und segelte weiter. Cook hatte einen jungen Offizier an Bord, George Vancouver, der nicht verstehen konnte, warum sein Kapitän die Gegend ignorierte. Vancouver kam 1792 wieder und nahm das Land der für das British Empire in Besitz. 1793 gelangte der Entdecker Alexander MacKenzie als erster Weißer auf dem Landweg vom Sankt-Lorenz-Strom an die Pazifikküste.

Bis Mitte des 19. Jh. veränderte sich wenig in dieser Gegend. Wer wollte schon in einem unzugänglichen Regenwaldgebiet siedeln? Dann aber kamen die ersten Geschäftsleute, die das ökonomische Potenzial erkannt hatten, das in der Holzindustrie steckt. 1867 wurde das West End von Vancouver – heute einer der teuersten Immobilienstandorte in ganz Nordamerika – für 114 Pfund, 11 Shilling und 8 Pence verkauft. Das Leben in den Sägemühlen war hart, Alkohol war Mangelware, bis John Deighton zur „Rettung" mit einem Fass Whisky auftauchte. Er eröffnete im gleichen Jahr einen Saloon, *den* Treffpunkt an der Westküste für Holzarbeiter und Goldsucher auf dem Weg zum Klondike. Wegen seiner Redseligkeit hieß er bald *Gassy Jack*, die deutsche Entsprechung wäre *„geschwätziger Jakob"*. *Gassy Jack* wurde unsterblich als Namenspatron des Gastown-Viertels, in dem sich heute rund um seine Statue attraktive Kneipen und Boutiquen gruppieren.

1887 kam der erste Passagierzug aus Montreal an, und mit dem Eintreffen der Eisenbahn entwickelte sich die Stadt rasch: Vor allem konnte nun per Bahn Getreide aus Manitoba und Saskatchewan nach Vancouver transportiert und dort verschifft werden. Im Jahr 1909 bekam Vancouver seinen ersten Wolkenkratzer und demonstrierte fortan auch architektonisch den Übergang zu einer Großstadt.

Die wirtschaftliche Depression in den 1930ern setzte auch Vancouver zu. Obwohl diese Stadt als ein Paradebeispiel für multikulturelles Zusammenlebens gilt, kam es in ihrer Geschichte dennoch öfter zu Zusammenstößen mit Indianern und Einwanderern. Bereits im 19. Jh. emigrierten Tausende von Chinesen, die wegen ihrer fremdartigen Kultur und als billige Kulis (sie arbeiteten vorwiegend als Gleisarbeiter und Goldsucher) immer wieder Diskriminierung

Links: Pow Wow in Vancouver (Capilano-Reservat).

» Stadtplan S. 82–83, Info S. 91–93

VANCOUVER

erfuhren. Im 2. Weltkrieg zwang man die in Vancouver ansässigen Japaner in Konzentrationslager. Seit den 1960er-Jahren kamen viele pakistanische Einwanderer, die jedoch nicht immer beruflich erfolgreich waren; manche arbeiten hier als überqualifizierte Taxifahrer.

Raubbau an der Natur ist auch rund um Vancouver ein Thema. Ökologische Vordenker bewirkten Umdenkungsprozesse; die Umweltorganisation *Greenpeace* wurde 1971 hier gegründet.

Vancouver konnte sich 1986 der Welt stolz als tolerante Stadt präsentieren: Die Expo wurde ein voller Erfolg – sowohl finanziell als auch städteplanerisch und im Hinblick auf das Zusammenwachsen der multikulturellen Gesellschaft. Das Expo-Jahr war zugleich auch der 100-jährige Geburtstag der Stadt. Die Eröffnung des Dr.-Sun-Yat-Sen Garden sollte ein Beweis der kanadisch-chinesischen Freundschaft sein und war ein Mosaiksteinchen, um Verbundenheit mit all jenen zu zeigen, die mitgeholfen hatten, Vancouver zu einer der lebenswertesten Städte der Welt zu machen.

Vancouver expandiert, die Bevölkerungszahlen steigen stetig, um 3 % pro Jahr. Greater Vancouver umfasst 18 Gemeinden auf 2930 km² und ca. 2,4 Millionen Einwohner, ca. 30 % sind Chinesen. Wirtschaftlich wird die Stadt zu einer Drehscheibe im pazifischen Raum werden. Der Vancouver International Airport wird kontinuierlich ausgebaut und für ein höheres Passagieraufkommen gerüstet, was für die im Februar 2010 hier eröffneten Olympischen Winterspiele von großer Bedeutung war.

Vancouver, die „Schöne am Pazifik", ist für viele Ost-Kanadier eine Art gelobtes Land, in das man zieht, wenn man sein Leben ändern, sich besser fühlen will. Den meisten gefällt nach einigen Jahren das Leben in Vancouver so viel besser, dass sie nicht einmal im Traum daran denken, zurück ins hektischere Ostkanada zu gehen. Das sprichwörtliche *laid back feeling* des Westens ist in

Vancouver besonders ausgeprägt. Statistiken zeigen, dass die Bewohner von Vancouver im Landesvergleich mehr Wein trinken, häufiger zum Essen ausgehen, längere Kaffeepausen machen und am meisten für Sportgeräte ausgeben – kein Wunder bei einer Stadt mit solch einem Freizeitwert, Traumstränden mitten in der Stadt, Jachtclubs und Bootsliegeplätzen, einem innerstädtischen Park mit verwunschenen Pfaden durch Regenwald und Riesenfarne, sogar drei Skigebieten nicht weit vom Zentrum. Hinzu kommt eine reiche Kunst- und Kulturszene und eine respektable Film- und TV-Industrie.

Vancouver hat sympathische *neighbourhoods*. Das sind Viertel, die nur

einige Blocks umfassen und einen Mikrokosmos für ihre Bewohner bilden, intim, menschlich, ohne die Anonymität anderer Großstädte.

Neben San Francisco und Sydney wird häufig auch Vancouver als Kandidatin für den Titel „Schönste Stadt der Welt" genannt. Kanadafans würden Vancouver ganz oben auf diese Liste setzen, nicht wegen spektakulärer Einzelbauten, sonder wegen der herrlichen Lage. *Downtown*, der alte Stadtkern, liegt auf einer Halbinsel, andere Viertel schmiegen sich an die fjordartige Küste: im Vordergrund Boote mit bunten Segeln, gelbe Strände, dahinter die Skyline, und die bis in den Sommer schneebedeckten Coast Mountains als malerischer Hintergrund. Wenn die Stadt überhaupt einen Fehler hat, dann sind das ihre häufigen Niederschläge. Dafür bleiben aber die Winter mild.

Lobeshymnen auf Vancouver sind oft zu hören, doch auch diese Stadt hat Probleme: Vancouver war immer vom Osten Kanadas isoliert und fühlt sich politisch unterrepräsentiert. Noch nie war ein Politiker aus Vancouver kanadischer Premierminister.

Die Stadt tat in ihrer kurzen Geschichte gut daran, sich wirtschaftlich zum pazifischen Raum hin zu orientieren. Vancouver besitzt einen der wichtigsten pazifischen Seehäfen Nordamerikas. Die enge Verbindung nach Asien zeigt sich in der Größe von Chinatown

VANCOUVER

– der zweitgrößten Nordamerikas nach San Francisco. Seit einigen Jahren erlebt Vancouver zudem zusätzlich einen immensen Zuzug von Hongkong-Chinesen. „Hongcouver" oder „Vankong" nennen ironische Beobachter die Stadt deshalb. Reiche Hongkong-Chinesen haben die Vorstadt Richmond voll in ihrer Hand, die *Shopping Malls* dort werden fast nur von Asiaten aufgesucht. Die Geschichten von Immobilienmaklern gleichen sich: Sie boten asiatischen Interessenten mehrere Villen in Nord-Vancouvers Nobel-Wohngegend *British Properties* an und fragten, welches Objekt der Kunde nun kaufen wolle. Die lapidare Antwort war: alle!

Seit Downtown-Grundstücke für Kanadier unerschwinglich geworden sind, weil asiatische Multimillionäre ganze Quartiere aufkaufen, kommt unter der Bevölkerung Unruhe auf. Dabei war Vancouver auch deshalb immer so lebenswert, weil es kaum Armut gab. Die Stadtverwaltung wird gegensteuern müssen, damit die Innenstadt-Viertel nicht wie anderswo auf dem amerikanischen Kontinent zu reinen Geschäftsvierteln werden. Vancouvers Charme besteht vor allem darin, dass die Innenstadt lebt: Geschäfte, Wohnungen, Kneipen und Büros. Auch nachts pulsiert die Stadt: Die Bürger können ungefährdet flanieren und das sehr effiziente öffentliche Verkehrsnetz nutzen.

Vancouver versucht zu bleiben, was es seit Jahren ist: eine reizvolle Stadt der Vielfalt, eine einzigartige Mischung aus urbanem Ballungsraum, kulturellen Sehenswürdigkeiten und Schönheiten der Natur.

Citybereich

Downtown-Spaziergang nach Osten

Vancouvers Hauptattraktionen in **Downtown** können leicht zu Fuß erkundet werden. Auf diese Art lernt man die glitzernden Frontseiten genauso ken-

Oben: Segelschiffe inspirierten den Architekten des Canada Place am Burrard Inlet. Rechts: Die erste dampfgetriebene Uhr der Welt in Gastown.

» Stadtplan S. 82-83, Info S. 91-93

VANCOUVER

nen wie dunkle, schmale *Backstreets*; solche Durchgänge zwischen den Häuserrückseiten sind durchzogen von einem Gewirr elektrischer Leitungen und Telefoninstallationen – so verwegen montiert, dass man sich wundert, dass die Stromversorgung überhaupt funktioniert. Bester Ausgangspunkt für den Stadtspaziergang ist das ★**Waterfront Centre** mit dem **Tourist Information Centre**.

Schräg gegenüber dem Waterfront Centre, an der Pier „British Columbia", prunkt eines der Wahrzeichen der Stadt mit seiner ungewöhnlichen Dachkonstruktion: Die fünf „Segel" des ★**Canada Place** – ursprünglich der kanadische Pavillon der Expo '86 – sind für Vancouver das, was die Oper für Sydney bedeutet. Der Pavillon ist Teil des **Vancouver Trade & Convention Centre**, das neben Tagungsstätten das Pan Pacific Luxushotel – Stretchlimousinen und livriertes Personal geben stets gute Fotomotive ab – ein Schiffsterminal und für Filmvorführungen das IMAX Theatre beherbergt. Wer auf den Gehwegen und Treppen um den Gebäudekomplex spaziert, entdeckt immer wieder Informationstafeln, die Fakten zur Geschichte der Stadt und zur Entwicklung des Hafens geben. Der Blick von der Ostseite des Komplexes über den Hafen ist imposant, gleich am Ufer (Cordova Street) steht der mustergültig restaurierte **CP Bahnhof** aus dem vorigen Jahrhundert, der heute Seabus- und Skytrain (Hochbahn)-Terminal ist.

Wirklich eindrucksvoll ist der Blick auf die Skyline von Vancouver während der 15-minütigen Fährpassage in den Norden der Stadt.

An der Hastings Street ragt das **Harbour Centre**, in dem sich auch ein großes Einkaufszentrum befindet, 40 Stockwerke hoch auf. An seiner Außenseite surren Lifte hinauf zum ★**Lookout**, einer Aussichtsplattform in 168 m Höhe. Auf dem Beobachtungsdeck befinden sich Teleskope, zudem wird hier auch eine spannende audiovisuelle

Foto: Nicola Förg

Show über Vancouver geboten.

Wieder auf Straßenniveau angekommen, geht es über die Homer Street ins Altstadtviertel ★**Gastown** und zu dessen Wahrzeichen, der ★**Steam Clock** (Dampfuhr). Sie war die erste dampfgetriebene Uhr der Welt und stößt auch heutzutage noch verlässlich jede Stunde eine Dampfwolke aus. Alle Viertelstunde scheppert sie eine Melodie, die den Glockenschlag von Big Ben in London imitiert. Hier am **Maple Tree Square** befindet sich die **Statue von Gassy Jack** (nach ihm wurde Gastown benannt): der legendäre Saloonbesitzer auf einem Whiskyfass stehend. Es ist heute kaum vorstellbar, dass dieses Viertel noch in den 1960er-Jahren aus zerfallenen Lagerhallen und slumartigen Wohnhäusern bestand. Ganz im Sinne des lebenslustigen Gassy Jack entstand hier eine Neuauflage des Vergnügungsviertels mit hippen Kneipen und Geschäften. Inzwischen ist alles ein wenig zu touristisch, weshalb immer mehr Bewohner des Stadtteils in neue *trendy* Viertel abwandern.

» Stadtplan S. 74–75, Info S. 91–93

VANCOUVER

Nur wenige Querstraßen weiter erstreckt sich zwischen Carrall und Gore Avenue, Keefer Street und Cordova Street Vancouvers **Chinatown**. Am quirligsten ist die **Pender Street**: Laden an Laden mit exotischen Gemüsen, ominösen Aphrodisiaka, Obst und mysteriösem Meeresgetier. Das Quartier ist recht klein, dennoch taucht der Besucher in eine andere Welt ein.

In der Carrall Street liegt der schöne ★**Dr. Sun Yat-Sen Garden**, ein klassischer chinesischer Garten, der im Jahr 1986 zur Weltausstellung als erster von chinesischen Gartenarchitekten außerhalb Chinas angelegt wurde. Der Garten ist zu Ehren des chinesischen Staatsmanns Sun Yat-Sen entstanden, dem Revolutionär und Gründer der Chinesischen Nationalpartei Kuomintang, der 1911 incognito in Westkanada Spenden von emigrierten Chinesen für die Revolution sammelte. Das Arrangement aus Kalksteinfelsen, Blumen und Bäumen ist nicht nur nach optischen Gesichtspunkten entstanden, sondern hat auch einen philosophischen Hintergrund. Bei einer sachkundigen Führung kann man am meisten darüber erfahren.

An der Ecke Pender/Carrall Street ist ein architektonisches Unikum zu bewundern: Das **Sam Kee Building** ist nur eineinhalb Meter breit und damit das schmalste Geschäftshaus der Welt. Im *Guinness Book of World Records* ist es als schmalstes Geschäftshaus der Welt registriert.

An die Chinatown schließt sich im Osten **Strathcona** an, ein Viertel mit alten Holzhäusern und streitbaren Bewohnern, die einen geplanten *Freeway* (Autobahn) durch ihr romantisches Viertel verhinderten. Nordöstlich von Chinatown liegt **Japan Town**, entlang der Powell Street zwischen Gore Street und Dunlevy Street. Die japanische Gemeinde hat sich von der Ausblutung während des Zweiten Weltkriegs nie ganz erholt, dennoch ist das Viertel

Oben: Rotchinesen gestalteten 1986 den Sun Yat-Sen Garden. Rechts: Parade zum Chinesischen Neujahr in der Pender Street in Chinatown; im Hintergrund: das Chinese Times Building von 1902.

» **Stadtplan S. 74–75, Info S. 91–93**

VANCOUVER

Treffpunkt für die Japaner der Stadt und deren Besucher. Im **Sunrise Market** werden Lebensmittel gehandelt, und in Restaurants und Garküchen gibt es Sushi zu günstigen Preisen.

In der Quebec Street südlich von Chinatown steht ein weiteres Vermächtnis der Expo. In der spektakulären Glaskugel der ★**Science World** befindet sich kein langweiliges Museum, sondern eine spannende naturwissenschaftliche Ausstellung: Naturphänomene werden dank einfacher Modelle plötzlich transparent und verständlich, und auch physikalische Laien genießen ihre Aha-Erlebnisse: An Hebeln ziehen und auf Knöpfe drücken löst so manches bisher unerklärliche Physikrätsel.

Mit dem *Skytrain* kommt man zurück zum Waterfront Centre. Wer weiter spazieren will, schlendert entlang des **False Creek** Richtung Granville Bridge.

Yaletown und Library Square

Das Viertel zwischen Cambie und Hamilton Street, Smithe und Davie Street ist eines der aufstrebenden In-Viertel der Stadt. Aus ehemals morbiden Lagerhäusern sind in **Yaletown** Restaurants, Bars, Boutiquen und Designer-Möbelläden entstanden. Nebenan ist zwar noch immer ein Zentrum der Straßenprostitution, innerhalb der Grenzen des neuen *trendy*-Viertels jedoch tummeln sich die *beautiful people* von Vancouver und die Yuppies. Die Designer und erfolgreichen Jungunternehmer leben in schicken möblierten Lofts. Tagsüber erscheint das Viertel weniger attraktiv; es gibt keine sehenswerten Einzelgebäude. Aber nachts trifft man hier die jungen Schönen.

Folgt man der Homer Street wieder stadteinwärts, gelangt man auf der Höhe der West Georgia Street zur **Vancouver Public Library**. Dieser Gebäudekomplex wurde 1992 vom kanadischen Star-Architekten Moshe Safdie gebaut, der trotz seiner knapp 30 Jahre bereits mit seiner kubistischen Wohnsiedlung *L'Habitat* in Montreal weltberühmt wurde. Die Bibliothek beherbergt über eine Million Bücher

VANCOUVER

und elektronische Medien. Das Bibliotheksgebäude war ein erster Schritt, diesen Stadtteil attraktiver zu gestalten, vor allem in Hinblick auf erwartete Zuzugszahlen von 40 000 Menschen nach Downtown innerhalb der kommenden 20 Jahre.

Gegenüber der Bibliothek ist der zweite Geniestreich Moshe Safdies zu bewundern: Das **Centre in Vancouver For Performing Arts** hat 1824 Sitzplätze und eine riesige Bühne, die auch raumgreifenden Inszenierungen und Massenszenen gerecht werden kann.

Downtown-Spaziergang nach Westen

Die **Howe Street** führt vom Waterfront Centre direkt zum **Robson Square**. Hier befinden sich der Justizpalast, Regierungsgebäude und viele Restaurants. Die Straße ist auch ein beliebter Treffpunkt für Straßenkünstler, Skateboardakrobaten und Rollerblader. Wichtigstes Gebäude aber ist die ★**Vancouver Artgallery**. Das neoklassizistische Bauwerk stammt aus dem Jahr 1907, der Architekt Francis Rattenbury war einer der führenden Architekten seiner Zeit. Die Galerie zeigt in ihrer permanenten Ausstellung auf vier Ebenen kanadische, amerikanische und europäische Malerei. Ganz in der Nähe widmet sich die **Bill Reid Gallery of Northwest Coast Art** der Kunst der Küstenindianer und stellt vor allem das Oeuvre des berühmten Bildhauers Bill Reid (1920-1998) vor.

Vom Robson Square kann man, insbesondere zum Shopping, einen kurzen Abstecher in die **Granville Street** zwischen West Georgia und Nelson Street machen. Hier treffen sich Rucksacktouristen, Jugendliche, die abends in die Nightclubs, Longes, Kinos und Konzerthallen strömen, und die *Hard'n Heavy*-Szene. Wer skurrile Plastikmode oder Lederjacken sucht, ist hier richtig.

Am Robson Square beginnt der in-

Oben: Futuristische Architektur – die ScienceWorld.
Rechts: Robson Street – pulsierendes Leben in der Haupteinkaufsgegend in Downtown.

VANCOUVER

teressanteste Abschnitt der **Robson Street**. Das Viertel um diese Straße war zu Beginn des 20. Jh. vornehmlich von Deutschen besiedelt. Heute reihen sich hier Cafés und Boutiquen, eine Flaniermeile ganz nach europäischem Geschmack, die so auch in Mailand oder Paris liegen könnte. Vom deutschen Einfluss ist nur noch wenig zu spüren, aber einige deutsche Geschäftsinhaber gibt es noch, darunter einen Bäcker und einen Wirt.

Man sollte bis zur Kreuzung Denman Street gehen, um eine weitere *neighbourhood* kennenzulernen. Die **Denman Street** ist Zentrum des **West End**, einem der lebendigsten Viertel der Stadt. Die Gebäude sind teils noch alte Schmuckstücke, teils neuere Appartementbauten. Am **Barclay Heritage Square** stehen einige der schönsten viktorianischen Gebäude der Stadt. Das **Roedde House Museum** bewahrt das typische Mobiliar eines viktorianischen Hauses auf. Hier zwischen Coal Harbour und English Bay reihen sich Cafés, Kneipen, Geschäfte und Theater.

Das West End ist auch das Viertel der Homosexuellen, tolerant und lebenslustig. Die **Strandpromenade English Bay** ist ein Eldorado für Jogger, Rollerblader, Mountainbiker und Faulenzer.

Entlang der **Lost Lagoon** geht es in den ★★**Stanley Park**, der bereits 1888 der Stadt vom Staat als Erholungsgebiet geschenkt wurde. Der Stanley Park zählt zweifellos zu den schönsten und abwechslungsreichsten innerstädtischen Parks der Welt: 405 Hektar groß, zum Teil von Regenwald überzogen, dazwischen 80 km Wege und Straßen. Nur im Ostteil des Stanley Parks lässt es sich auf gekiesten Wegen dahinschlendern. Im Westteil kann man dagegen die zahlreichen Strände nutzen oder richtig in den Regenwald eindringen und sich übrigens auch verlaufen. Die kostenlose Broschüre *Visitor's Choice* enthält viele praktische Tipps und einen Wegeplan durch den Park.

Um den Stanley Park in seiner ganzen Größe zu erkunden, sollte man ein Fahrrad mieten (zu Fuß wird das Unternehmen zum Gewaltmarsch) und den Park

» Stadtplan S. 74–75, Info S. 91–93

VANCOUVER

entlang der Seawall Promenade besuchen. Bei der Lost Lagoon gibt es einen **Par-3-Golfplatz**, die Wege entlang der Ufer bieten immer wieder schöne Strände, Picknickplätze und herrliche Ausblicke, so am **Ferguson Point** hinüber nach Vancouver Island. An der **Lions Gate Bridge** bietet der Aussichtspunkt **Prospect Point**, mit Café und Souvenirshop, den besten Blick über die imposante, 1938 von der Guinness Brauerei erbaute Brücke. 110 m hoch sind die beiden Pylonen, die Fahrbahn verläuft 70 m über dem Meeresspiegel.

Im Südteil des Stanley Parks befindet sich die **Children's Farmyard**, ein Streichelzoo mit Eseln und Shetland-Ponys zum Reiten. Nebenan lohnt ein Besuch im interessanten ★**Vancouver Aquarium**, das sich mit der Unterwasserflora und -fauna der Nordwestküste befasst. In den Becken schwimmen unter anderem Schwertwale und Belugas – wirklich eindrucksvoll, wenn diese Riesen an den Unterwasserfenstern vorbeigleiten.

Folgt man der Seawall Promenade, trifft man auf eine Nachbildung der **Galionsfigur** der *S.S. Empress of Japan*. Diese erinnert an die großen Dampfschiffe, die von 1891 bis 1922 zwischen Kanada und Asien verkehrten. Etwas weiter südlich sitzt Vancouvers Version einer kleinen Meerjungfrau, das *Girl in the Wetsuit*.

Vom Leuchtturm am Brockton Point ist es nicht mehr weit zu den ★**Totem Poles**, Totempfählen, die von verschiedenen Westküstenorten hierher gebracht und liebevoll restauriert wurden. Die Stadt zeigt damit, dass sie auch das indianische Erbe nicht vergessen will. Die kleine Halbinsel **Deadmans Island** gehört der Marine. Der **Royal Yacht Club** schließlich ist Vancouvers exklusivster Segelclub.

Seit vielen Jahren ist es bei vielen Einheimischen Tradition, im Dezember die sogenannten Bright Nights in Stanley Park aufzusuchen. Dabei werden Bäume, Häuser und eigens aufgestellte Figuren mit über einer Million Lämpchen

beleuchtet, was den Park in eine weihnachtliche Stimmung versetzt (3. Dez.- 2. Jan. tägl. von 15 bis 22 Uhr außer am Weihnachtstag).

★Granville Island und Vanier Park

Über die Granville Bridge oder mit den kleinen, bunten Minifähren, *Aquabus* genannt, gelangt man von Downtown nach ★**Granville Island**. In den 1960er-Jahren standen hier schmuddelige Lagerhallen, in den 1970ern zogen Kultur und Gastronomie ein. Granville Island ist ein herrliches Viertel, das Einheimische und Gäste gleichermaßen anzieht. Ein Wochenende ohne Granville Island ist kein Wochenende, denn

VANCOUVER

wer möchte die spezielle Mischung aus Sehen-und-Gesehen-Werden, spontanen Musikdarbietungen, Gauklern, Galeriebesuchen und Schlemmertouren missen? Der **Public Market** gilt als gastronomisches Juwel: Markthallen mit Snacks aus allen Ländern, Feinkostläden und Weinhandlungen zeigen, dass Kanadier kulinarischen Genüssen durchaus nicht abgeneigt sind. Die **Granville Island Brewery** (Cartwright Street 1441) führt den Beweis, dass auch Bier ein edles Getränk sein kann. Liebhaber des Gerstensaftes können sich einer informativen Besichtigungstour durch die Brauerei anschließen und danach die vor Ort hergestellten Produkte im firmeneigenen Tasting Room probieren (tgl. 11, 12, 15, 16 und 17 Uhr, www.gib.ca/about/tours-tastings).

Die Westseite der Insel ist ein Tummelplatz für Segler und andere Wassersportler: Hier kann man sich in Fachgeschäften mit Schäkeln, Tampen, Klemmen, Segelbüchern und Bootsbekleidung eindecken. Kinder lieben die Insel ebenfalls, da sie einen Laden nur für Kinder, den **Kids Market**, besitzt.

Man spaziert nun entlang idyllisch gelegener Appartementbauten und Jachtclubs unter der **Burrard Bridge** hindurch zum **Vanier Park**; der Blick hinüber zur Skyline des West End ist bezaubernd. Im Vanier Park liegen einige Attraktionen: Das ★**Museum of Vancouver** ist ein auffälliges Gebäude, seine Dachform wurde von einem zeremoniellen Kopfschmuck der Westküstenindianer inspiriert. Zu sehen sind in diesem größten städtischen Museum Kanadas indianische Kunst, aber auch ein Salonwagen der ersten Eisenbahn, die in Vancouver ankam, Möbel, ein rekonstruierter Handelsposten – viele Facetten von Vancouvers farbiger Geschichte.

Das sehenswerte **Maritime Museum** erzählt von der Seefahrt der Vergangenheit. Schmuckstück des Museums ist die *St. Roch*, der Zweimaster, der als erstes Schiff die Nordwest-Passage bewältigte. Wer sich genauer in die Stadtgeschichte vertiefen will und ein Faible für alte Schriftstücke und Fotografien hat, ist in den **City of Vancouver Archives** am richtigen Ort. Ebenfalls im Vanier Park liegt das ★**H. R. MacMillan Space Centre**. Besucher können an Planetarium- und Lasershows teilnehmen und eine simulierte Marsmission mitmachen. Für Leute, die sich mit Astronomie eingehender beschäftigen wollen, werden auch Sondershows geboten. Im **Gordon MacMillan Southam Observatory** dürfen Sterngucker durch ein Teleskop blicken, ein erfahrener Astronom steht für alle Fragen zur Verfügung.

University of British Columbia

Das Uni-Gelände im Westen ist eine Stadt für sich: mit Parkanlagen, Universitätscampus und dem erweiterten ★★**Museum of Anthropology at UBC**. Dieses Völkerkundemuseum sollte auch bei einem Kurzbesuch in Vancouver unbedingt besucht werden – aus mehreren Gründen: Da ist zunächst einmal die eigenwillige Architektur. Der berühmte Architekt der Stadt, Arthur Erickson, empfand dieses Museum den traditionellen Langhäusern der Westküstenindianer nach. Es thront auf einer Klippe hoch über Point Grey, der Ausblick durch die riesigen Fenster hinüber nach Norden ist bemerkenswert. Die Ausstellung im Inneren ist die bedeutendste Sammlung indianischer Kunst- und Gebrauchsgegenstände verschiedener Westküstenstämme (vor allem Haida, Kwakiutl und Salish), deren Arbeiten denen mexikanischer oder ecuadorianischer Hochkulturen durchaus ebenbürtig sind. Daneben werden Exponate früher asiatischer, lateinamerikanischer und pazifischer Kulturen gezeigt. Auch Museumsmuffel dürften von der eindrucksvollen Präsentation der Exponate beeindruckt sein und die Kraft dieser Kunst spüren.

Gleich hinter dem Museum geht ein Waldweg zum **Wreck Beach**, wo sich im Sommer FKK-Anhänger tummeln.

Zurück am Marine Drive reihen sich in Süd-Nord-Richtung sehenswerte Gartenanlagen: Die Universitätsparks bestehen aus **Asian** und **Botanical Garden**, letzterer ist ein Garten im Stil des 16. Jh., der allerlei Kräutlein und Heilpflanzen zeigt. Der **Nitobe Memorial Garden**, einer der friedvollsten Plätze in Vancouver, zeigt klassische japanische Gartengestaltung mit einer Steinpagode, einem Teehaus und harmonischer Gartenarchitektur. Er ist Inazo Nitobe (1862-1933) gewidmet, einem Mann, der subtil und diplomatisch darum bemüht war, die Interessen Asiens und Nordamerikas zu verknüpfen. Die Besucher des ★**Rose Garden** schließlich versinken in einem Meer von Rosen.

Kitsilano, Shaughnessy, Little India und Little Italy

Wenn es für Leute um die Dreißig ein Trend-Viertel gibt, dann ist es **Kitsilano**. Diese *Neighbourhood* zwischen **Kitsilano Beach**, dem beliebtesten Strand der Stadt mit beheiztem Meerwasser-Pool, und Broadway (9th Ave) ist eine gelungene Mischung aus Nebenstraßen mit herrlichen Holzhäusern, bunten Gärten und Flaniermeilen: Absolut *trendy* ist es,

---

Rechts: Haida-Schnitzerei von Bill Reid im Museum of Anthropology at UBC.

VANCOUVER

auf der 5th Avenue zwischen Balaclava und Bayswater Street zu wohnen oder in den alten Arbeiterhäuschen aus den 1920er-Jahren (5th, 6th Ave, zwischen Stephens und MacDonald St). Die 4th Avenue zeigt sich als Einkaufsstraße, die das Flair der Hippie-Zeit mit neuer Eleganz verbindet. Auf der Broadway Avenue lohnt sich das Stöbern in Boutiquen ebenfalls, außerdem gibt es hier viele gemütliche, griechische Kneipen.

Östlich schließt sich **Shaughnessy** an, ein Viertel, dessen ältester Teil – der sich zwischen 16th und 28th Avenue erstreckt – 1907 von der Eisenbahngesellschaft als Nobelviertel erbaut wurde. Auch heute noch ist das Wohngebiet teuer und trotz seiner Innenstadtnähe herrlich ruhig, eine Oase für sich.

Am besten erkundet man die parkähnlich angelegten Straßen zwischen 16th und 41st Ave per Fahrrad, bestaunt die Gärten, die großzügigen Villen und besucht die **VanDusen Botanical Gardens**: üppige Rhododendren, Büsche und Bäume, dazu ein hübsches Restaurant und der **MacMillan Bloedel Place** mit einer Ausstellung über die Geschichte der Holzindustrie.

Einen Häuserblock weiter ist der **Queen Elizabeth Park** einen Besuch wert. Der Blick vom Little Mountain (150 m), auf dem das **Bloedel Conservatory** thront, hinüber nach Downtown ist herrlich. Unter der Kuppel des Gewächshauses Bloedel Conservatory gedeihen Pflanzen aus Regenwald und Wüstengebieten. Tropenvögel schwirren umher und versetzen einen in eine paradiesische Welt. Wenn draußen im Park dann noch einige Chinesen ihre Tai-Chi-Übungen machen und die Sonne Licht und Schatten auf die Henry-Moore-Skulptur vor dem Conservatory zaubert, ist das Bild eines innerstädtischen Idylls perfekt.

Südlich der Wohngegend schließt sich **Little India** an. Sein Zentrum liegt auf der Main Street zwischen der 49th und 51st Avenue. Hier treffen sich Kanadier indischer Herkunft zum Kaufen und Reden, und zwar nicht nur jene, die in Vancouver leben. Wenn eine indische Familie etwas auf sich hält, dann kauft

» Stadtplan S. 82–83, Info S. 91–93

VANCOUVER

sie hier für eine standesgemäße indische Hochzeit ein, die bis zu 50 000 C$ kosten kann! Östlich dieses Zentrums hat Architekt Arthur Erickson einmal mehr ein städtebauliches Glanzlicht geschaffen: den **Sikh Tempel** in der Ross Street.

Wer sich über den **Commercial Drive** wieder nordwärts bewegt, erreicht bald **Little Italy**, jene Gegend um die 1st Avenue und den Commercial Drive. Diese Ecke gehört zu den angesagtesten Adressen der Stadt. Es ist ein Vergnügen, hier zu bummeln: Naturkostläden neben Avantgarde-Plattenläden, italienische Cappuccino Bars und natürlich **The Cultch**, genauer das **Vancouver East Cultural Centre**, eine ehemalige Kirche, die zu einem beliebten Kulturzentrum der Stadt wurde.

Nord- und West-Vancouver

Am einfachsten erreicht man die Uferseite von **Nord-Vancouver** mit der Fähre **Seabus**, die am **Lonsdale Quay Market** anlegt, einem geschäftigen Komplex am Wasser mit Läden und Lokalen; gut für eine Kaffeepause.

Eine der meist besuchten Attraktionen von Nord-Vancouver (und entsprechend teuer) ist die ★**Capilano Suspension Bridge** (3735 Capilano Road) im Capilano Canyon. Diese 137 m lange Hängebrücke schwingt 70 m über der wilden Schlucht – schwindelfrei sollte man sein. Die Brücke wurde kommerzialisiert, der Vergnügungspark mit indianischen Schnitzfiguren hat wenig mit echter indianischer Kunst zu tun. **Treetops Adventures** heißt ein neueres System von Hängebrücken, die in bis zu 30 m Höhe die Baumriesen verbinden. Am Steilhang über den Bäumen verläuft der **Cliffwalk** aus Stahl, Holz und Glas.

Die Capilano Park Road führt zur **Capilano Salmon Hatchery**, einer Lachsfarm, die man besichtigen kann. Auch

---

Oben: Beach-Volleyball am English Bay Beach, dem beliebtesten Strand von Downtown Vancouver. Rechts: Grouse Mountain, das stadtnahe Bergwander- und Skigebiet mit Aussichtswindrad.

» Karte S. 88, Info S. 91-93

VANCOUVER

Wissenswertes zum Lebenszyklus der Tiere lässt sich hier erfahren.

Canyonaufwärts gelangt man zur ★**Grouse Mountain Recreational Area**. Auf dem anspruchsvollen Wanderweg **Grouse Grind** in 2 Std. oder per Seilbahn gelangt man auf den 1231 m hohen Berg, der im Winter Vancouvers stadtnahstes Skigebiet ist. Beneidenswerte Einwohner: vormittags Skifahren, nachmittags Segeln, und auch nach Büroschluss können sie noch schnell zum Skifahren: abends mit Flutlicht. Die Bergfahrt eröffnet im Sommer einen guten Blick über die Stadt und Vancouver Island; oben wartet ein Restaurant. Von der Aussichtsplattform des 65 m hohen Windrads ★**Eye of the Wind** am Gipfel ist das Panorama noch imposanter.

Weiter östlich ist im **Lynn Canyon Park** die **Lynn Canyon Bridge** zwar nur halb so lang wie die Capilano-Hängebrücke, schwebt aber immerhin in 80 Meter Höhe über den Canyon. Es gibt interessante Naturlehrpfade, Filmvorführungen und Ausstellungen rund um das **Ecology Centre**.

Der 3,5 km² große ★**Mt. Seymour Provincial Park**, 13 km nordöstlich von Vancouver, umfasst ein beliebtes Ski- und Wandergebiet mit 1453 m Gipfelhöhe. Am Parkplatz des **Visitor Centre** in 1000 m Höhe beginnen etliche kürzere Wanderwege wie z. B. der **Loop Trail** um den **Goldie Lake**.

In **West-Vancouver** lassen sich im **Lighthouse Park** herrliche Wanderungen im Regenwald unternehmen. 13 km Pfade durchziehen das Gebiet um den Leuchtturm, der Blick hinüber zur UBC ist wunderbar. Außerdem gibt es im Park schöne Plätze, um sich auf Felsen zu sonnen oder auch zu picknicken.

Eine tolle Aussicht bis Vancouver Island und zum 3285 m hohen, schneebedeckten Mt. Baker (USA) bietet sich vom **Cypress Provincial Park** (800-1400 m), den man über die kurvenreiche Cypress Bowl-Zufahrt erreicht. Außerdem sind **Cypress Bowl** und **Hollytown** beliebte Skigebiete im Park.

» Karte S. 88, Info S. 91-93

VANCOUVER

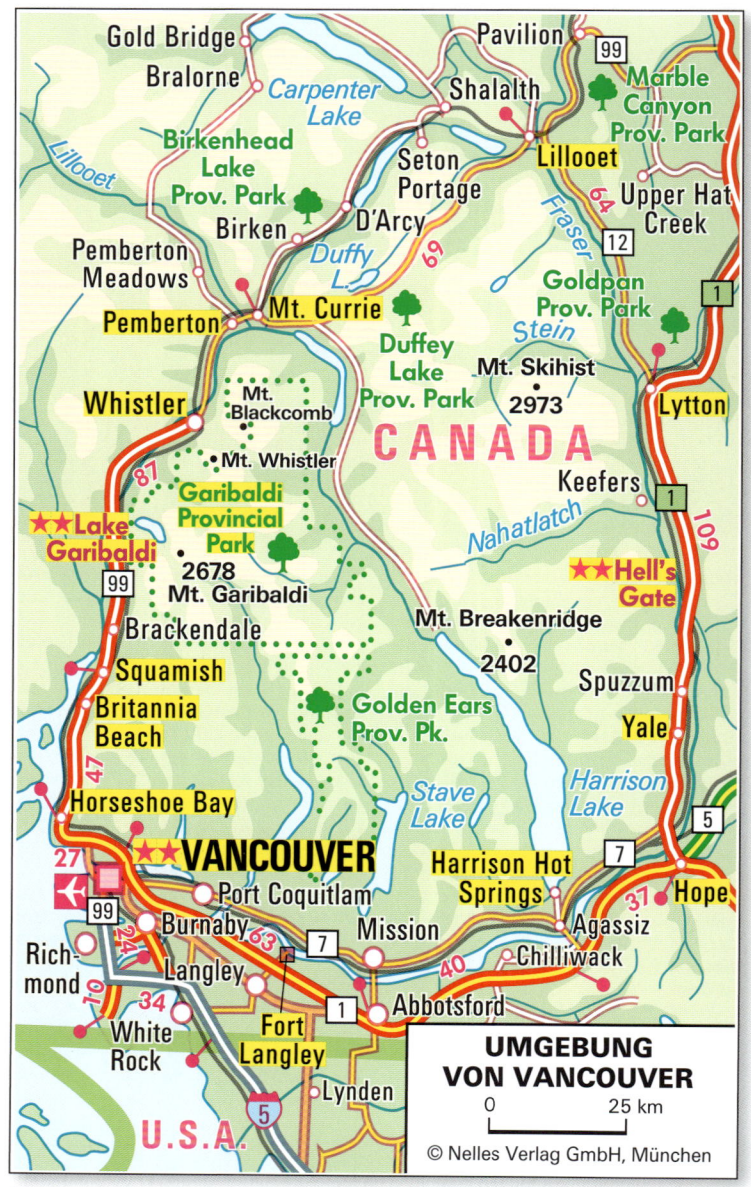

VANCOUVER

Whistler – Fraser Valley – Rundfahrt

Wer wenig Zeit hat, kann sich mit der folgenden Rundfahrt in drei bis vier Tagen die Landschaftsvielfalt von British Columbia erschließen. Sie ist nur im Sommer vollständig zu befahren, weil ein Teil der Strecke vom Spätherbst bis zum Frühjahr gesperrt ist.

Horseshoe Bay, die B.C.-Ferries-Anlegestelle im Nordwesten der Stadt, ist der Ausgangspunkt. Von hier windet sich der Highway 99 entlang der fjordartigen Küste des Howe Sound. Immer wieder stehen in Traumlagen schicke Villen an den Felswänden.

Über **Britannia Beach**, wo man im **Museum of Mining** eine Tour durch eine stillgelegte Kupfermine unternehmen kann, geht es nach **Squamish**. Der Ort lebt von der Holzwirtschaft. Einmal im Jahr tobt dort das Leben: In der ersten Augustwoche finden die **Squamish Days** statt; da zeigen „ganze Kerle", aus welchem Holz ein kanadischer Holzfäller geschnitzt ist! Es wird um die Wette gehackt und gesägt, die Muskelmänner werden vom Publikum frenetisch gefeiert, und das Bier fließt in Strömen.

Entlang der Parkgrenze des **Garibaldi Provincial Park**, der Blumenwiesen, Wälder, Wanderwege und Gipfel bietet – ein großartiges Wanderziel ist der türkisfarben leuchtende ★★**Garibaldi Lake** (3 Std. einfach) –, geht es nach ★**Whistler**, dem bekanntesten Ski-Resort von B. C. (s. S. 15), dessen Unterkünfte im Chalet-Stil errichtet wurden. Whistler vermittelt alles andere als Bergeinsamkeit: In den Bars und Restaurants herrscht *high life*; man kann im Sommer Wandern, Mountainbikes mieten, Wildwassertouren buchen, Ausreiten, Golfen oder auf dem Black Comb Glacier dem Sommerskilauf frönen. Zwischen dem Whistler Mountain und dem Blackcomb Mountain verkehrt die 4,4 km lange **Peak-2-Peak-Seilbahn**.

Pemberton liegt in einem viehwirtschaftlich genutzten Tal; ab **Mount Currie** steigt die **Duffy Lake Road**

Oben: Wanderung zum türkisfarbenen Garibaldi Lake.

» Karte S. 88, Info S. 91–93

VANCOUVER

entlang dem Cayoosh Creek hinauf zur Passhöhe (1275 m) des Küstengebirges. 100 km liegen zwischen Pemberton und Lillooet, aber klimatisch liegen Welten dazwischen, denn das Fraser Valley, in dem **Lillooet** angesiedelt ist, gehört schon zu den trockenen Tälern von *Interior B.C.* Der Ort kam ab 1858 zu gewissem Reichtum, weil sich hier die Goldgräber auf den langen Weg in die Cariboo Mountains nach Barkerville (s. S. 149) machten. Das **Lillooet Museum** erinnert daran.

Lytton, heute bekannt für Rafting-Touren auf dem **Fraser River**, war ein Posten der Hudson's Bay Company, benannt nach dem englischen Kolonialminister und Schriftsteller Sir Edward Bulwer-Lytton, dessen bekanntestes Buch *Die letzten Tage von Pompeji* heißt. Der Fraser River kostete so vielen das Leben, die versuchten, mit dem Kanu durchzukommen, dass 1862 eine Straße in die Felsen des Flusstales geschlagen wurde. Die Straße folgt dem engen Tal des Fraser, ★★**Hell's Gate** bezeichnet die engste Stelle des gewaltigen Stroms. Schwindelfreien steht ein besonderes Abenteuer bevor: Eine Gondelbahn schaukelt über die Stromschnellen.

Bei **Yale** hat der Fluss die Berge durchschnitten und fließt jetzt als breiter Strom dem Pazifik zu. In Yale wurde 1858 das erste Gold gefunden, das die „Flutwelle" von Glücksrittern auslöste, die flussaufwärts in das Landesinnere von B.C. vordrangen. Über **Hope**, wo 1981 der Kinofilm *Rambo* gedreht wurde, und den Thermalort **Harrison Hot Springs** gelangt man zurück in das Einzugsgebiet des Großraums Vancouver.

Fort Langley National Historic Site war eines der wichtigsten Forts der Hudson's Bay Company. 1827 wurde es gegründet, ab 1858 machten die Händler immense Gewinne, als Goldsucher sich hier mit Werkzeugen, Mänteln und Lebensmitteln eindeckten. Mitarbeiter in zeitgenössischer Kleidung spielen die große Zeit des Forts nach.

Oben: Höllisch steil – die Ufer des Fraser River bei Hell's Gate. Die Stromschnellen überquert eine Seilbahn.

» **Karte S. 88, Info S. 91–93**

VANCOUVER

Vancouver (☎ 604)

Vancouver Touristinfo, 200 Burrard St, Tel. 683-2000, tgl. 8-18 Uhr, www.tourism-vancouver.com.
Zentrale Hotelreservierung Tel. 966-3260.
The George Straight und **Visitor's Choice**, kostenlose Stadt- und Eventführer, liegen in Geschäften aus.
Vancouver Coast & Mountains Tourism Region, Suite 270, 1651 Commercial Drive, Tel. 739-9011, www.vcmbc.com. **Tourism Richmond**, Hwy 99, 11980 Deas Thruway, Tel. 271-8280, www.tourismrichmond.com.

Die Publikation *CityFood*, kostenlos in vielen Restaurants und Buchläden erhältlich, erscheint 10x im Jahr für Vancouver, Greater Vancouver, Whistler und Victoria.
GASTOWN: Heaven & Earth India Curry House, sehr guter Inder, angemessene Preise, 1754 West Ave, Tel. 732-5313. **Nicli Antica Pizzeria**, authentische neapolitanische Pizzen, auf Vesuv-Steinen gebacken, 62 E Cordova St, Tel. 669-6985, http://nicli-antica-pizzeria.ca.
ZENTRUM, ROBSON UND WESTEND: Hapa Izakaya, Edeljapaner, exquisites Sushi, 1479 Robson St, Tel. 689-4272, http://hapaizakaya.com. **Cloud 9 Revolving Restaurant**, Westcoast-Cuisine im Drehrestaurant auf der 42. Etage des Empire Landmark Hotels mit fabelhafter Aussicht auf Stadt und Umgebung, 1400 Robson St, Tel. 687-0511. **Joe Fortes**, *das* Seafood-Restaurant: schönes Interieur, angenehme Atmosphäre, 777 Thurlow St, Tel. 669-1940, www.joefortes.ca.
YALETOWN: Yaletown Brewing, schickes Restaurant mit Terrasse, 111 Mainland Street, Tel. 681-2739.
GRANVILLE ISLAND: Bridges Restaurant, eine Institution in Vancouver mit Traumlage am Meer, 1696 Duranleau St, Tel. 687-4400, www.bridges-restaurant.com.
LITTLE ITALY: Santos Tapas Restaurant, Tapas, lateinamerikanische Livemusik, 1191 Commercial Dr, Tel. 253-0444.
WEST VANCOUVER: Beach House, gute Westcoast-Küche und Seafood, am Dundarave Pier, 150-25th St, Tel. 922-1414, www.thebeachhouserestaurant.ca.

B.C. Golf Museum and Library, 2545 Blanca St, Tel. 222-4653. **Britannia Mine Museum**, Geschichte und Geschichten der Minenarbeiter spannend aufbereitet, tgl. 9-17.30 Uhr, Hwy 99 Richtung Britannia Beach, Howe Sound, Tel. 896-2233, http://britanniaminemuseum.ca. **B.C. Sports Hall of Fame and Museum**, Mitmach-Museum zur Geschichte des Sports, tgl. 10-17 Uhr, 777 Pacific Blvd. South, im BC Place Stadium, Tel. 687-5520. **Bill Reid Gallery of Northwest Coast Art**, Mi-So 11-17 Uhr, 639 Hornby St, Tel. 682-3455, www.billreidgallery.ca. **Bloedel Conservatory**, tropisches Biotop, tgl. 10-17 Uhr, 33 Ave/Ecke Cambie St, Tel. 257-8584. **Canada Place**, Imax Theatre, 3D-Filme auf 5 Stockwerke hoher Leinwand, 201-999 Canada Pl., Tel. 682-2384, www.imax.com/vancouver. **Capilano Suspension Bridge**, 9 Uhr bis Sonnenuntergang, 3735 Capilano Rd, Tel. 985-7474, www.capbridge.com. **Forest Alliance of BC**, Videos und Schaukästen zum Thema Waldwirtschaft, 1055 Dunsmuir St, Tel. 685-7505. **Fort Langley Nat. Historic Site**, tgl. 9-18 Uhr, 23433 Mavis Ave, Fort Langley, Tel. 513-4777. **Pacific Museum of the Earth**, Edelsteine, Mineralien, Kristalle, wertvolle Metalle und Erze, Mo-Fr 9-17 Uhr, 6339 Stores Rd, Tel. 822-6992. **Gulf of Georgia Cannery Nat. Historic Site**, www.pc.gc.ca, und **Steveston Heritage Fishing Village**, historische Fischerörtchen, beide an der Mündung des Fraser River, südl. Richmond mit Antiquitätenläden, Restaurants, Fischmarkt. **The Lookout at Harbour Centre Tower**, in 2 gläsernen Aufzügen zu herrlichen Aussichten, im Sommer 8.30-22.30, im Winter 9-21 Uhr, 555 West Hastings St, www.vancouverlookout.com. **Lynn Canyon Ecology Centre**, tgl. 10-17 Uhr, 3663 Park Rd, Tel. 981-3103. **H. R. MacMillan Space Centre**, tgl. 10-17 Uhr, Vanier Park, Info-Tel. 738-7827. **Maritime Museum**, historische Segelschiffe an der Pier, Schiffsmodelle drinnen, im Sommer tgl. 10-17, sonst Di-Sa 10-17, So 12-17 Uhr, 1905 Odgen Ave, Tel. 257-8300. **Museum of Anthropology UBC**, 10-17 Uhr, Di bis 21 Uhr, im Winter kürzer, 6393 N.W. Marine Dr, Tel. 822-5087, www.moa.ubc.ca. **Roedde House Museum**, Di-So 14-16 Uhr, 1415 Barclay St, Tel. 684-7040. **Science World**, naturwiss. „Hands-on"-Museum, mit OMNIMAX-Filmtheater, Mo-Fr 10-17, Sa-So 10-18 Uhr, 1455 Quebec St, Tel. 443-7443, www.scienceworld.ca.

VANCOUVER

UBC Botanical Garden, Mitte März-Nov. tägl. 9.30-17 Uhr, 6804 S.W. Marine Drive, Tel. 822-3928. **Vancouver Aquarium**, Winter 9.30-17, Sommer 9.30-19 Uhr, Stanley Park, Tel. 659-3474, www.vanaqua.org. **Vancouver Art Gallery**, tgl. 10-17.30, Di bis 21 Uhr, 750 Hornby St, Tel. 662-4719, www.vanartgallery.ca. **Museum of Vancouver**, Di-So 10-17, Do bis 20 Uhr, 1100 Chestnut St, Tel. 736-4431. **Vancouver Police Museum**, Di-Sa 9-17 Uhr, 240 East Cordova St, Tel. 665-3346, www.vancouverpolicemuseum.ca.

Punjabi Market, quirliger Stadtteil zwischen 48th and 51st Avenue mit vielen exotischen Nahrungsmittelläden und Schmuckgeschäften, in denen man feilschen kann.
Park Royal Centre, Shopping Centre mit Geschäften, drei Kaufhäusern, Electronic Shop, alle blauen Busse Richtung North- und Westvancouver fahren über Park Royal, www.shopparkroyal.com. **New Westminster Quay Public Market**, Geschäfte und *gourmet court* am Fraser River, New Westminster Sky Train Station.
Metrotown, riesige Malls mit Sky Train Station, 400 Shops, Kinocenter, Restaurant, Hotel (Holiday Inn), 4700/4800 Kingsway.
Robson Street mit zahllosen Trendläden.
MÄRKTE: **Granville Island Public Market**, s. Text S. 83. **Flohmarkt**, Sa und So 9-17 Uhr, am Gelände unter den Skytrain-Schienen, Terminal Ave at Thorntone. **Richmond Night Market**, neu eröffneter chinesischer Nachtmarkt, mit der Canada Line (Haltestelle Bridgeport) gut erreichbar.

GASTOWN: Blarney Stone, irisches Pub mit Pub Grub und Livemusik, Bombenstimmung, 216 Carrall St.
GRANVILLE ISLAND: The Cellar, Nightclub für jüngeres Publikum, 1006 Granville St, Tel. 605-4340, www.cellarvan.com.
YALETOWN: Bar None, Trendbar für die späte Nacht, 1222 Hamilton Street.

Infos zu allen Veranstaltungen www.tourismvancouver.com. **Pacific National Exhibition**, meist Mitte April- Sept., jährl. Messe, Exhibition Park. **Coastal Jazz Festival** Ende Juni/ Anfang Juli (Jazz Hotline: Tel. 872-5200, www.coastaljazz.com) und **Wine & Jazz Festival** Ende August (www.vancouverwinejazz.com). Im Juli findet außerdem das **Vancouver Folk Music Festival** (Tel. 602-9798, www.thefestival.bc.ca) statt, im September das **Fringe Festival** (www.vancouverfringe.com). **MusikFest Vancouver**, Musikfest im August mit nationalen und internationalen Künstlern, www.festivalvancouver.ca. **Orpheum Theatre**, bei Voranmeldung geführte Touren, 884 Granville St, Tel. 665-3050. **Kino**: Knapp zwei Dutzend Kinos in der Stadt werden von Cineplex Odeon betrieben, www.cineplex.com. **Pubs**: In vielen der Pubs gibt es Livemusik, meist Do, Eintritt um die 10 C$. Vancouver ist oft Schauplatz von **Filmproduktionen**, www.reelwest.com. **Centre Culturel Francophone de Vancouver**, französische Kulturveranstaltungen, 1551 W/7th Ave, Tel. 736-9806. **Literaturlesungen und Konzerte** im Railway Club, Mo-Do 12-2, Fr 12-3, Sa 14-3, So 16-24 Uhr, 579 Dunsmuir St, Tel. 681-1625, www.therailwayclub.com. **The Centre in Vancouver for Performing Arts**, 777 Homer St, Tel. 602-0616, www.centreinvancouver.com. **Vancouver Symphony**, klassische Konzerte, 601 Smithe St, Tel. 876-3434. **Yuk Yuk's Comedy Club**, Di-Sa Komödie und Kabarett, 2837 Cambie St, Tel. 696-9857.

FLUGHAFEN: Vancouver Int. Airport (www.yvr.ca) in Richmond, 20-30 Automin. vom Zentrum. Die SkyTrain Canada Line (Fahrdauer: 26 Min.) bietet eine direkte Verbindung ins Zentrum. Je nach Zone (1-3) kostet die einfache Fahrt zwischen 2,50 und 5 C$ zuzügl. 5 C$ für den Canada Line YVR AddFare. Günstiger fährt man mit dem Dayspass (s. Nahverkehr). Zudem fahren Aeroshuttle-Busse alle größeren Hotels downtown an (www.aeroshuttleyvr.ca). Taxifahrt: ca. 30 C$.
BAHN: **Bahnhof**, Pacific Central Station, Main & Terminal St. **VIA Rail** heißt die kanadische Eisenbahn, Tel. (11) 1-888 842-7245, www.viarail.ca. Die amerikanische **Amtrak** bedient Routen in die USA. Die Bahnverbindung Vancouver – Seattle dauert ca. 4 Std., Tel. 1-800-872-7245, www.amtrakcascades.com. **Rocky Mountaineer Railtours,** Pacific Central Station, 100-1150 Station St, Tel. 606-7245, reservations @rockymountaineer.com, www.rockymountaineer.com, mehrtägige pauschale Bahnreisen in die Rockies und nach Calgary.
SCHIFFE: **Kreuzfahrtschiffe** fahren ab Canada Place. **Linienschiffe** etwa im Stundentakt ab

VANCOUVER

Horseshoe Bay (Westvancouver) nach Nanaimo (Vancouver Island) und ab Tsawwassen nach Victoria (Vancouver Island) sowie zu den Gulf Islands (kanadisch) und zu den San Juan Islands (USA) (B.C. Ferries Tel. 1-888-223 3779, www.bcferries.com. **Harbour Cruises Ltd.**, 1, nördliches Ende der Denman St, Tel. 688-7246, tours@boatcruises.com, www.boatcruises.com, Sightseeing-Touren und Dinnerfahrten. **Vancouver Nature Adventures**, Tel. 684-4922, 1-800-528 3531, info@lotuslandtours.com, www.vancouvernatureadventures.com, halbtägige Paddeltouren und Walbeobachtung. **Sewell's Marina Horseshoe Bay**, 6409 Bay St, Horseshoe Bay, West Vancouver, Tel. 921-3474, info@sewellsmarina.com, www.sewellsmarina.com, Fishing Charters und Bootsausflüge.
BUSSE: Der Busbahnhof ist die Pacific Central Station (s.o.). **Stanley Park Shuttle** (Juni-Okt.), hält an den meisten Sehenswürdigkeiten im Stanley Park (gratis).
NAHVERKEHR: Vancouver hat ein **Busnetz**, Trambahnen (**Trolleys**), die Hochbahn **Skytrain** (Waterfront Centre, 20 Stationen in die Vororte, Burnaby, New Westminster, Surrey) und den **Seabus** vom Canada Place zum Londsdale Quay/Nordvancouver. Die Minifähren nach Granville Island heißen **Aquabus** und verkehren im Sommer 7-21 Uhr zwischen Insel, Aquatic Centre, Maritim Museum im Vanier Park und Stamps Landing. Der Sky Train **Canada Line** verbindet Downtown und Yaletown mit dem internationalen Flughafen bzw. mit Richmond-Brighouse (Fahrtzeit ca. 26 Min.). In den Broschüren *Greater Vancouver Visitors Guide*, *Vancouver on Transit* und *Transit Guide* sind Karten enthalten, Preise, Zonen und Tipps für Sparpakete (z.B. Day Pass 9 C$/alle drei Zonen). Infos über innerstädtische Verkehrsmittel: Tel. 521-0400.
BERGBAHN: **Skyride**, Grouse Mountain, 6400 Nancy Greene Way, tgl. 9-22 Uhr, Tel. 984-0661 für Restaurantreservierung und *Theatre in the Sky*.
KUTSCHFAHRTEN: Abfahrt Parkplatz Zoo, Stanley Park, 9.30-16 Uhr, Tel. 681-5115.

STADTRUNDFAHRT: Sightseeing-Bustouren in Vancouver und nach Victoria: **Pacific Coach Lines**, Tel. 662-7575 und **Blue Mountain Tours**, Tel. 298-5995.

Hastings Racecourse, Pferderennen, Exhibition Park, Termine: Tel. 254-1631. **Rogers Arena**, Heimat der Vancouver Canucks, Vancouver Grizzlys, auch für Konzerte, 800 Griffiths Way. **Pacific Coliseum**, Roller Hockey mit den Vancouver VooDoos, Renfrew St. Baseball der **Vancouver Canadians** im Queen Elizabeth Park 33 Ave/Quebec St. An den Stränden am Wochenende oft **Beachvolleyball-Wettkämpfe**.
SCHWIMMEN: **Kitsilano Outdoor Pool**, 137 m-Salzwasserpool, 2305 Cornwall Ave. **Vancouver Aquatic Centre**, 50-Meter-Indoor-Pool, Saunas etc., English Bay zw. West Point Grey u. Stanley Park, 1050 Beach Ave.
KAJAKVERLEIH UND -KURSE: **Ecomarine Ocean Kayak Centre**, 1668 Duranleau, Tel. 689-7575, www.ecomarine.com.
TOUREN: **Canadian Outback Adventures**, 332 E. Esplanade, North Vancouver, Tel. 921-7250, www.canadianoutback.com.
FAHRRAD- UND ROLLERBLADE-VERLEIH: **Bayshore Bicycle & Rollerblade Rentals**, 745 Denman St, Tel. 688-2453, www.bayshorebikerentals.ca.
WHITE-WATER RAFTING: **REO Rafting Adventure Resort**, von April-Okt. Tagestouren auf dem Thompson River, Tel. 461-7238, www.reorafting.com.
HAFENRUNDFAHRTEN: **Harbor Cruises & Events**, Denman St, Tel. 688-7246, www.boatcruises.com.

Notruf: Tel. 911. **College of Family Physicians**, mehrsprachig, Tel. 736-1877. **Vancouver General Hospital**, 855 West 12th Ave, Tel. 875-4111.

Das B.C.-Parlamentsgebäude von 1897 am Hafen von Victoria

VANCOUVER ISLAND

VANCOUVER ISLAND

**VICTORIA
VON VICTORIA ZUM
PACIFIC RIM NATIONAL PARK
ENTLANG DER OSTKÜSTE NACH
PORT HARDY**

★★**Vancouver Island** ist mit 450 km Länge und 760 000 Einwohnern eine Insel der Gegensätze: Die wilde, regenreiche Westküste ist fast unzugänglich, die milde Ostküste mit ihren berühmten Badestränden dagegen gut erschlossen und dicht besiedelt. Die Anziehungskraft der Insel resultiert aus einer wohl dosierten Mischung: einerseits Boutiquen und *High Tea* in Victoria sowie Strandbars und luxuriöse Restaurants an der Ostküste; andererseits Wildnis-Parks im Landesinneren und verschwiegene Zufluchtsorte wie der Cape Scott Provincial Park an der Nordspitze. Die Insel ist in weiten Teilen hervorragend erschlossen, Ausrüstungsgeschäfte für jegliche Wassersportart gibt es zuhauf. Andererseits können Outdoor-Fans ein echtes Abenteuer bestehen: den 77 km langen West Coast Trail.

1778 landete James Cook an der Westküste der Insel in der Annahme, es handle sich um das Festland. Erst Kapitän George Vancouver korrigierte 1792 seinen Irrtum, als er entdeckte, dass das vermeintliche Festland die größte Pazifikinsel vor der nordamerikanischen Küste war. Er nannte sie Vancouver Island. 1843 errichtete die Hudson's Bay Company an der Südspitze der Insel das Fort Victoria – ein geschickter Schachzug. Denn zu jener Zeit versuchten sich die USA und Großbritannien gerade über einen Grenzverlauf zu einigen und hatten den 49. Breitengrad im Auge. Da aber die Hudson's Bay Company bereits weiter südlich ihren Posten etabliert hatte, wurde dieses Gebiet 1849 den Briten zugeschlagen – als einziger „Ausreißer" auf der gesamten Strecke von Manitoba bis zur Küste.

1858 begann der legendäre Goldrausch: 27 000 Glücksritter stürmten in einem einzigen Sommer die Stadt, was wohl der spannendste Abschnitt in Victorias Geschichte war: Neben altehrwürdigen englischen Häusern entstanden plötzlich windschiefe Übergangsquartiere. Die englischen Ladies mit ihren Sonnenschirmchen mussten es ertragen, dass raubeinige Goldsucher hinter ihnen pfiffen. Als British Columbia 1871 der Kanadischen Konföderation beitrat, wurde Victoria als wichtigste Stadt des Westens zur Hauptstadt von B. C. gekürt.

★★VICTORIA

Rund 350 000 Menschen leben heute im Großraum ★★**Victoria**. Obgleich die Stadt sowohl flächenmäßig als auch von der Bevölkerungszahl her alles andere als klein ist, erscheint sie dem Reisenden durch ihr kompaktes Zentrum doch wie eine geruhsame Kleinstadt

---

Links: Unterwegs auf dem West Coast Trail.

VANCOUVER ISLAND

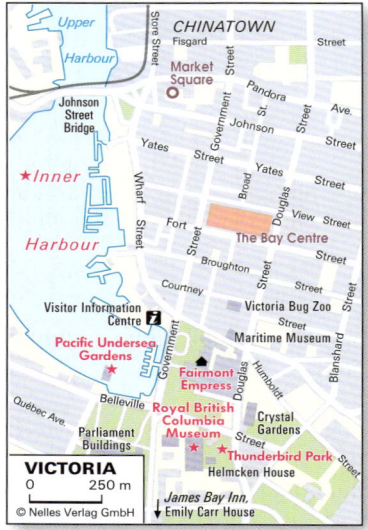

Spaziergang durch Victoria

Die pittoreske Altstadt ist nicht groß und bietet sich zum Bummeln an. Einen Spaziergang beginnt man am besten am ★★**Inner Harbour**, an dem auch die großen Fährschiffe aus Seattle und Port Angeles anlegen. Hier beginnen Hafenrundfahrten durch die innerstädtische Wasserstraße **The Gorge** sowie zur Juan de Fuca Strait, mit Blick auf die Olympic Mountains. An der Hafenpromenade prangt ein Wahrzeichen Victorias: das luxuriöse ★**Fairmont Empress Hotel** mit seinen efeuumrankten Türmchen. Francis M. Rattenbury entwarf es 1905 als feudales Eisenbahnhotel. Jeden Nachmittag um 17 Uhr wird hier der traditionelle **Afternoon Tea** mit zartem Gebäck und Gurkensandwiches in der Hotel-Lobby zelebriert (Reservierung sinnvoll). Zwar sind die meisten Gäste Touristen, aber auch Regierungsbeamte und einige Alt-Royalisten frönen diesem Genuss.

Vor dem Empress starten rote Doppeldeckerbusse zur Stadtrundfahrt, wie sich das für eine „britische" Metropole gehört. Wer seinen Weg nicht zu Fuß fortsetzen will, kann auch eine der Fahrrad-Rikschas mieten, die vor dem Empress Hotel auf Kundschaft warten.

An der Südspitze des Inner Harbour flankieren die **Parliament Buildings** aus dem Jahr 1897 den Hafen (Touristeninformation gleich nebenan). Das palastähnliche, neuromanische Gebäude ist ein weiteres Wahrzeichen der Stadt. Der Architekt Rattenbury hat es noch rechtzeitig zum diamantenen Thronjubiläum der Queen Victoria fertiggestellt; eine Statue der Königin steht vor dem Bau, während Kapitän Vancouvers vergoldetes Standbild auf der Hauptkuppel thront. Rings um das Parlament erstreckt sich ein sehenswerter Park mit gepflegten Blumenrabatten und großzügigen Rasenflächen.

Gegenüber dem Parlament bietet das ★**Royal British Columbia Museum** ausgezeichnete Einblicke in Ge-

– zumal Victoria bis auf einige Hotelbauten kaum Hochhäuser aufweist. Die Provinzhauptstadt liegt an der Ostküste, fast am südlichen Ende der Insel. Auf drei Seiten vom Meer umschlossen, zeichnet sie sich durch ein mildes, frostfreies Klima aus, dank dem japanischen Kuro-Schio-Strom. So ist die Stadt zu jeder Jahreszeit ein idealer Wohnort – so ideal, dass sie scherzhaft auch *Retirement Capital* genannt wird, denn nirgendwo sonst fühlen sich die Rentner so wohl wie hier. Victoria, benannt nach der englischen Königin des 19. Jh., macht ihrer Namensgeberin alle Ehre. Die Queen wäre stolz auf den kolonialzeitlichen *British Style*, den die Engländer selbst viel weniger ausgeprägt leben: *Tea-Time* und Doppeldeckerbusse, der *Union Jack* weht überall, Londoner Schneider zaubern Tweedjacken aus feinem Tuch, und Souvenirs mit den Konterfeis der *Royals* gibt es fast überall.

Rechts: Das Empress ist eines der großartigen historischen Eisenbahnhotels Kanadas; berühmt ist der Afternoon Tea.

VANCOUVER ISLAND

schichte und Kultur der Indianer der Nordwestküste. Das erste Stockwerk illustriert Provinz- und Naturgeschichte; im wörtlichen Sinne herausragend ist ein lebensgroßes Mammut. Im zweiten Stock findet der Besucher indianische Schnitzkunst, besonders Masken, aber auch Kanus und Textilien. Besonders eindrucksvoll sind die farbenprächtigen Totempfähle. Ein ganzer Straßenzug einer Pionierstadt im 19. Jh. wurde hier rekonstruiert. Im hauseigenen **National Geographic IMAX Theatre** erleben Gäste etwa eine abenteuerliche Reise zum Wrack der *Titanic* oder einen Besuch bei Walschulen. The Royal gehört zu den großartigsten Museen des Landes, seine Präsentationsweise zoomt den Besucher geradezu in die bewegte Vergangenheit.

Weitere indianische Kunstwerke birgt der ★**Thunderbird Park** gleich hinter dem Museum: Verschiedene moderne **Totempfähle** (zumeist Kopien) und das **Mungo Martin House**, ein Langhaus der Kwakiutl, das aber in dieser Umgebung etwas deplatziert wirkt, ist nach dem bekannten indianischen Maler und Schnitzer benannt. Indianische Kultur *live* präsentieren die Nachfahren der Westküstenindianer in den Sommermonaten: Vor dem Langhaus zeigen sie am rauchenden Lagerfeuer zu packenden Trommelklängen Maskentänze – erneut ein schmerzlicher Beweis, dass traditionelle Kultur fast nur noch als Touristenspektakel überleben kann. Am Rande des Parks kann man das **Helmcken House** besichtigen: Sein Besitzer war der erste Arzt im rauen Pionierdorf. Angesichts seiner Instrumente aus der Mitte des 19. Jh. muss man die „gute alte Zeit" ausnahmsweise nicht verklären.

Nach so viel Kultur jetzt zu anderen Unternehmungen. Zum Shopping lädt die historische Altstadt nördlich des Parlaments und rund um die Wharf Street ein: Über die Hauptgeschäftsstraße **Government Street** mit ihren vielen Boutiquen und über die **Johnson Street** geht es zum **Market Square**. Hier gibt es in einem alten Lagerhaus rund um einen historischen Innenhof

» Stadtplan S. 98, Info S. 113-115

VANCOUVER ISLAND

über 40 kleine Läden und Restaurants. Da lässt es sich herrlich stöbern, nach indianischer Kunst oder Mitbringseln wie Leinen oder englischem Tee in schönen Lackdosen. Reizvollen indianischen Schmuck, Schnitzereien und Drucke kann man bei **Hill's Native Art** (1008 Government St) erstehen.

Zwei Straßen hinter dem Market Square in der Fisgard Street liegt die winzige **Chinatown**, nach San Franciscos Chinesenviertel die älteste Chinesensiedlung Nordamerikas und früher einmal berüchtigt wegen seiner Opiumhöhlen und Bordelle. Am Ende von Chinatown preisen Fischhändler am malerischen **Harbour Public Market** allerlei Meeresgetier aus dem Pazifik an.

Das **Emily Carr House** (207 Government St, Tel. 383-5843) war das Geburtshaus der berühmtesten Malerin von British Columbia (1871-1945) und beherbergt Originalbilder mit indianischen Motiven und westkanadischen Landschaften. Außerdem werden Filme über das Schaffen der Künstlerin gezeigt und Führungen durch das Anwesen angeboten.

Ganz auf die Welt der Insekten und Spinnen hat sich der **Victoria Bug Zoo** spezialisiert. Wer schon immer einmal eine haarige Tarantel oder einen 30 cm langen Tausendfüßler aus der Nähe sehen wollte, ist hier richtig (631 Courtney St, Tel. 384-2847, www.bugzoo.bc.ca, Mo-Sa 10-17.30, So 11-17 Uhr).

Rund um Victoria

Für Freunde des Strandurlaubs bieten die Strände entlang der Westküste von Victoria nach Port Renfrew weißen Sand und eine faszinierende Küstenlinie. Im Städtchen **Sooke** kann man das interessante **Sooke Region Museum** besuchen, das Webereien und Holzschnitzarbeiten der Nootka- und Salish-Indianer ausstellt. Das Museum informiert auch über Veranstaltungen am **Leechtown Gold Rush Site**, jenem

---

Oben: Totempfähle im Thunderbird Park. Rechts: Vollendete Gartenbaukunst in den Butchart Gardens.

VANCOUVER ISLAND

Ort, an dem 1864 Gold entdeckt wurde. Der **East Sooke Park** eignet sich für ein Picknick, und der **Sombrio Beach** ist ideal für Strandwanderungen an der Juan de Fuca Strait. Sehenswert ist der **Botanical Beach** vor **Port Renfrew**, gleichsam ein natürliches Aquarium mit Salzwassertümpeln, die durch die Ebbe in der Gezeitenzone entstehen. Gezeitenunterschiede und starken Wind bei Spaziergängen bedenken!

Ein anderer Ausflug führt durch die Villenvororte in den Norden Victorias, weiter hinaus auf die Halbinsel **Saanich Peninsula**. Vom Inner Harbour fährt man die Straße entlang der Küste zum **Scenic Marine Drive**, zum Beginn der Dallas Road und weiter über den Beach Drive. Nach ein paar Kilometern kommt man zum **Mount Douglas Park**. Hier geht es weiter auf der Cordova Bay Road nach Norden zum Highway 17 und dann auf der Benvenuto Avenue zu den ★**Butchart Gardens**, der bekanntesten Parkanlage Westkanadas (in Brentwood Bay, 22 km nördlich von Victoria). Während Europäer im allgemeinen die raue, urwüchsige Natur Westkanadas bewundern, staunen hier im Butchart-Park Kanadier und Amerikaner angesichts der Landschaftsarchitektur und Gartenbaukunst, die hier zu höchster Perfektion gefunden haben. In dem 20 ha großen Park sind verschiedene Motivgärten angelegt: Rosengarten, Italienischer, Japanischer und Versunkener Garten. Nachts ist der Park beleuchtet; jeden Samstag abend steigt ein Feuerwerk, und im Sommer finden Konzerte statt.

VON VICTORIA ZUM PACIFIC RIM NATIONAL PARK

Viel Verkehr herrscht auf dem vierspurig ausgebauten **Trans-Canada Highway** von Victoria Richtung Norden. Nach etwa einer halben Stunde Autofahrt offenbart die Passhöhe am **Mallahat Summit**, 350 Meter über dem Meer, einen grandiosen Ausblick über die **Strait of Georgia** und die vielen kleinen Inselchen zwischen Vancouver Island und dem Festland. An klaren Tagen kann man von hier sogar noch den

VANCOUVER ISLAND

schneebedeckten Gipfel des **Mt. Baker** in Washington erkennen.

Whippletree Junction ist eine kleine Antik- und Souvenir-*Mall* kurz vor Duncan. Es wurde aus Holzhäusern errichtet, die vor einem Brand in Duncans Chinatown gerettet werden konnten.

Duncan ist eine etwa 50 km nordwestlich von Victoria gelegene Kleinstadt. Das Städtchen nennt sich seit 1986 *City of Totems* und hat sich dementsprechend ganz den Totempfählen verschrieben. Die Einwohner vermarkten hier indianische Kultur sehr professionell, so im **Quw'utsun' Cultural and Conference Centre**.

Zwei Kilometer nördlich der Stadt ist ein Abstecher in das **B.C. Forest Discovery Centre** touristisches Pflichtprogramm. Hier wird auf 40 ha die Geschichte der Holzindustrie Vancouver Islands anschaulich vorgeführt: Ein originales Holzfällercamp, eine alte Schmalspur-Dampflok, mit der die Stämme früher zur Küste gebracht wurden, und verschiedene Baumarten zeigen hier jeden Aspekt rund ums Holz. Eine Fahrt mit der Dampflok-Kleinbahn zu den Ausstellungsbereichen ähnelt fast einem Ausflug in die Pionierzeit. Sehenswert ist auch die Ausstellung über Baumfälltechniken, die von den ersten Äxten bis zu Ungetümen von Kettensägen alle Arten Werkzeug präsentiert.

Nachdem in der ehemaligen Holzfällerstadt **Chemainus** in den 1980er-Jahren das Sägewerk aufgelöst wurde und die Stadt kein Einkommen mehr hatte, suchten die Bewohner eine neue Einnahmequelle. Man besann sich auf ein neues Image: Kunst. Die Bürger luden kanadische Künstler ein, die Mauerflächen mit Szenen aus der Gründerzeit zu bemalen, was wirklich viel Charme in den kleinen Ort bringt. Die Souvenirshops stiegen um auf Kunsthandwerk – man findet von Töpferwaren über indianische Masken allerlei hübsche Mitbringsel. Lohnend ist die Überfahrt von Crofton, kurz vor Chemainus, nach **Saltspring Island**, um dort (zumindest

im Hochsommer) im türkisblauen Meer zu schwimmen, zu fischen oder auch auf den zerklüfteten Felsen zu klettern. Traumstrände warten am **Walker Hook**, **Cranberry-Inlet**, **Vesuvius** und **Beddies Beach**.

Ladysmith, ca. 26 km nördlich von Duncan, ist ein ausgesprochen hübscher Ort, im **Black Nugget**, einem 1881 erbauten Hotel, ist das lokale Museum untergebracht, im **Ladysmith Arboretum** geht es einmal mehr um kanadische Baumarten und Dampfloks.

Nanaimo

Kurz vor der Stadtgrenze ist der **Petroglyph Provincial Park** interessant, denn hier sind bis zu 10 000 Jahre alte indianische Felsmalereien zu sehen. **Nanaimo** (ca. 80 000 Einwohner) ist die wichtigste Hafenstadt der Insel und daher nicht übermäßig idyllisch, wobei die **Waterfront**, eine Uferpromenade mit Parkanlagen, Jachthafen und modernem Hafenkomplex sowie einige Straßen im Zentrum recht hübsch sind.

VANCOUVER ISLAND

Vom Fährterminal im Norden des Zentrums fahren die Schiffe zur Horseshoe Bay auf dem Festland.

Eine kleine Fähre in Form eines Schaufelrad-Dampfers setzt zum **Newcastle Island Provincial Marine Park** auf **Newcastle Island** in nur zehnminütiger Fahrt über. Auf der Insel kann man campen – allerdings meist inmitten ganzer Horden von Schulkindern. Die Insel lässt sich in einem Zwei-Stunden-Spaziergang umrunden, und abseits des Fähranlegers scheinen die Buchten wirklich einsam zu sein.

The Bastion von 1853 ist das älteste, für sich stehende Fort der Hudson Bay Company in Nordamerika und gleichzeitig das Wahrzeichen der Stadt. Mehr zur Geschichte der Stadt erzählt das **Nanaimo District Museum** in der Cameron Road. Alte Bergwerkshäuser sind beim Piper Park zu sehen. Wer Mitte Juli die Stadt besucht, kann ein kurioses Wettrennen bestaunen: Beim **Bathtub Race** stechen Tollkühne in motorisierten Badewannen in See – Ziel des Abenteuers ist Vancouver, 56 km entfernt!

Für ein kleines Picknick und wenig anstrengende Spaziergänge bietet sich der **Englishman River Falls Provincial Park** südwestlich vom Sommerferienort **Parksville** an (8 km auf der Straße 8P). Ein Trail führt zu den Fällen des Englishman River. Unterhalb der Fälle bestehen für Abgehärtete ausgezeichnete Bademöglichkeiten.

Von Parksville aus führt der Highway 4 über Port Alberni als einzige Straße zur Westküste. Auf diesem Weg gelangt man nach wenigen Kilometern zum Naturschutzgebiet **Cathedral Grove**: riesige Bäume, verwunschene Pfade und üppig grüne Farne in einem der wenigen übriggebliebenen urtümlichen Wälder auf Vancouver Island. Hier beeindrucken 800 Jahre alte und 75 m hohe Douglasfichten und mächtige Westküstenlebensbäume. Rechts und links des Highway können Touristen verschiedenen Naturlehrpfaden folgen. Anschauliche Erklärungstafeln erläutern den mehrstufigen Aufbau des einzigartigen Ökosystems Regenwald. Wer aus Zeitgründen den Weg an die West-

» Karte S. 102-103, Info S. 113-115

VANCOUVER ISLAND

küste scheut und sonst keine Gelegenheit mehr hat, das moosige und feuchte Dickicht des Küstenregenwalds zu erleben, hat hier einen leichten Zugang zu einem beeindruckenden Abschnitt dieses Biotops. Cathedral Grove gehört zum größeren **MacMillan Provincial Park**, der mit dem **Lake Cameron** zudem einen schönen See aufweist.

Port Alberni

Das wenig attraktive **Port Alberni** liegt schon an der Westküste, denn ein tiefer Fjord schneidet hier 50 Kilometer ins Land ein. Das Klima ist für Leute mit Kreislaufbeschwerden ungeeignet: drückend und feucht, wenn auch nicht übermäßig warm. Die Stadt besitzt sogar einen Tiefseehafen, und ein Fünftel aller vor B.C. gefangenen Lachse wird hier angelandet. Am Hafen lohnt ein Spaziergang zum sehenswerten **Markt**,

Oben: Lower Myra Falls im Strathcona Park. Rechts: Long Beach ist einer der beliebtesten Strände im Pacific Rim National Park.

der mit seinem quirligem Treiben und frischem Fischangebot viele Besucher anzieht. In der Nähe befindet sich das **Alberni Valley Museum** (4255 Wallace Street) für lokale Volkskunst und Fischereiwesen. Der renovierte Bereich am Hafen ist der attraktivste Teil der Stadt: Cafés, Sport- und Anglergeschäfte und Snackbars.

Port Alberni ist vor allem eine Holzfällerstadt. Daran erinnert mit der **McLean Steam Sawmill** Kanadas einzige dampfbetriebene Sägemühle. Das **Maritime Discovery Centre** beschäftigt sich mit dem Meeresleben um die Stadt, während die **Alberni Pacific Steam Railway** mit einer Lok von 1929 Ausflüge auf der Schiene anbietet.

Besonders reizvoll ist es, auf dem Seeweg zur Westküste zu schippern. Die M.V. *Frances Barkley* startet regelmäßig zur Fahrt durch den Alberni Canal zu den Inseln und Fjorden der **Broken Group Islands** an der Westküste, entweder nach **Bamfield** oder nach **Ucluelet**. Hier scheint ein Stückchen Paradies übriggeblieben zu sein: Türkisblaues

VANCOUVER ISLAND

Wasser und feiner weißer Sandstrand kennzeichnen diese Inselchen, die wie Diamantsplitter vor der Küste liegen.

Der Westen der Insel ist die Wetterseite, was seine Liebhaber aber nicht davon abhält, diese Gegend zu den schönsten Plätzen der Welt zu erklären. Auch im Sommer ist die Region oft nebelverhangen, und vom Pazifik peitschen gewaltige Stürme heran. Wer hier lediglich in der Sonne braten will, wird enttäuscht, wer aber Strandspaziergänge und eine überwältigende, ungebändigte Natur sucht, ist genau richtig.

★★Pacific Rim National Park

Das Wetter bietet ideale Bedingungen für einen üppig wuchernden Regenwald, der einen Teil des ★★**Pacific Rim National Park** ausmacht. Dieser 130 km lange Nationalpark erstreckt sich entlang der Küste in drei Teilen: Im südlichen Teil des Parks liegt der West Coast Trail, nördlich davon in der Meeresbucht des Barkley Sound die Broken Group Islands, ein Paradies für Angler, Kajakfahrer und Walbeobachtungen. Und schließlich, bequem mit dem Auto zu erreichen, der Abschnitt Long Beach.

West Coast Trail

Erst 1906 entschloss sich die kanadische Regierung, einen Pfad an der unzugänglichen Küste als Rettungsweg für gestrandete Seefahrer auszubauen. Mindestens fünf Tage, besser eine Woche, müssen sich erfahrene Hiker für den 77 km langen Weg Zeit nehmen, und die Zahl der zugelassenen Wanderer ist quotiert (www.westcoasttrailbc.com).

90 km führt eine Schotterpiste von Port Alberni nach Bamfield, dem nördlichen Ende des Trail. Wanderer sollten auf die Fähre zurückgreifen. 5 km vor Bamfield muss man sich links halten und kommt zur **Pachena Bay**. Der Trail, von Norden nach Süden gewandert, beginnt hier am *Information Centre* und endet im Süden bei **Port Renfrew**.

Der Trail ist nichts für ungeübte Wanderer, und zuviel Selbstvertrauen

VANCOUVER ISLAND

Aber was für ein grandioses Naturerlebnis: menschenleere Buchten mit endlosem weißem Sandstrand und fast undurchdringlichem Regenwald. Großartige Ausblicke und wundervolle Natur entschädigen den Wanderer für seine Mühen: Bei den **Tsusiat-Wasserfällen** braust das Wasser 18 m über eine steile Klippe tief hinunter auf den sandigen Strand. Im Mai und Juni tummeln sich vor der Küste entlang des Trails Grauwale auf ihrer Wanderschaft von Kalifornien nach Alaska. Im Mai sprießen zartrosa Forellen-Lilien im Sand.

Auch im Hinterland des Trail, im Inneren der Insel, ist die Natur noch ungestört, hier liegt ganz versteckt ein völlig intaktes Tal mit dichtem Regenwald – das 20 km lange **Carmanah Valley**. Dort steht auch der höchste Baum Kanadas, eine 95 m hohe (und weltweit höchste) Sitka-Fichte. Doch die Holzindustrie will mit Genehmigung der Regierung einen Teil des Tales abholzen und nur die geschützten Bäume stehen lassen. Naturfreunde und Umweltschützer kämpfen aber für den Erhalt dieser einzigartigen grünen Wildnis.

schadet nur. Hier geht es nicht um eine Tagestour, nicht um Wandern im herkömmlichen Sinne; es kommt vielmehr auf starke Nerven, eine Bombenkondition und Frustrationstoleranz an; der große Rucksack mit Zelt, Schlafsack und der nötigsten Kleidung zerrt an den Schultern. Das Schlafen auf der Isomatte wird zur Tortur. Alles wird feucht, nichts trocknet mehr richtig ...

Zwischendurch gibt es immer wieder neue Abenteuer: Die schwankende Hängebrücke über die **Logan Schlucht** erfordert schon eine Portion Mut. Auch die kleine Seilbahn über den **Klanawa Fluss** – man sitzt in einem wackeligen Kistchen und zieht sich an einem Seil den Fluss entlang – ist nicht ohne. Dazwischen lassen Morast und umgestürzte Bäume den Weg zu einer Herausforderung werden. Des Öfteren müssen zudem auch Bäche und Flüsse mit Sack und Pack durchwatet werden.

Ucluelet und Tofino

Für Autofahrer führt von Port Alberni der Highway 4 am hübschen Sproat Lake vorbei – 98 lange Kilometer nach **Ucluelet** (indianisch: sicherer Hafen), einem kleinen Fischerdorf. Hier liegt ein weiterer Teil des **Pacific Rim National Park**, der (treibholzübersäte) **Strand** von ★**Long Beach**. Das **Wickaninnish Centre** thront auf einer hohen Klippe über dem Pazifik. Das hervorragend konzipierte Centre beschäftigt sich unter anderem mit den Meeresbewohnern, die sich unten in der tosenden Ozean-Brandung tummeln: mit Grauwalen, Seelöwen und Ottern. Es ist zu empfehlen, an einem geführten *Interpretive Program* teilzunehmen: *live* erleben lassen sich die Meerestiere in den kleinen Felsbuchten hinter dem Besucherzentrum. Bei Ebbe sieht man

Oben: Weißkopf-Seeadler. Rechts: Lebendiges „Strandgut" am Long Beach – Seesterne und grüne See-Anemonen.

» Karte S. 102-103, Info S. 113-115

VANCOUVER ISLAND

am 20 km langen Sandstrand mit etwas Glück in den Felsen Seelöwen und Robben, violette Seesterne und kleine Krabben. Picknicken kann man am **Florencia Beach**, am **Wickaninnish Beach** und am **Combers Beach**. Ein schöner Aussichtspunkt ist der 96 m hohe **Tofina Radar Hill** – der Blick schweift über die Berge der Island Ranges und die langen Sandstrände.

Landeinwärts offenbart der Park beeindruckende Flora und Fauna entlang dem **Bog Trail**: Uralte Kiefern klammern sich in Sumpf und Morast fest, und Fleisch fressender Sonnentau fängt unvorsichtige Insekten. Durch dichten Regenwald führt der Lehrpfad **Rainforest Trail**. Auf einem Brettersteg lässt sich der feuchte Urwald bequem erkunden.

Am anderen Ende von Long Beach, nach 25 km, erreicht man ★**Tofino**, eine gelungene Mischung aus Postkartenidylle und Naturerlebnis. Vom Hafen des pittoresken Fischerorts starten häufig auch Wasserflugzeuge nach Ahousat, Hesquiat oder Nootka. Während des Sommers kann man bei der ★**Walbeobachtung** per Boot Orkas sowie Grauwale sehen, die während ihrer jährlichen Wanderung nach Hawaii oder Mexiko hier rasten und in den Buchten nach Nahrung suchen. Auch ★**Bear-Watching** – per Boot zu den fischenden Schwarzbären an der Küste – ist hier möglich. Bootsausflüge führen auch zu den nordwestlich von Tofino gelegenen **Hot Springs Cove**, heißen Quellen, die in Naturpools sprudeln, oder nach **Meares Island** (10 Min. mit dem Wassertaxi), einer weiteren Regenwald-Attraktion.

ENTLANG DER OSTKÜSTE NACH PORT HARDY

Von Parksville nach Campbell River

Nach dem ruhigen Strandort **Parksville** klettert der Wagen die engen Serpentinen im Landesinneren hoch und rollt dann hinab nach **Qualicum Beach**, einem properen Künstlerstädtchen, das fast schon zu perfekt für den Tourismus arrangiert ist, mit Strandmotels, schicken Restaurants, Boutiquen und

》 **Karte S. 102-103, Info S. 113-115**

VANCOUVER ISLAND

Badevergnügen pur am feinkörnigen Sandstrand.

Die Badeorte **Bowser** oder **Fanny Bay** sind ruhiger und haben ebenfalls herrliche Strände. Von **Buckley Bay** ist eine kurze 15-minütige Fährpassage nach **Denman Island** und **Hornby Island** lohnend. Denman ist ein hübsches kleines Inselchen mit reizenden alten Kirchen und Farmhäusern.

Courtenay und **Comox** sind typische „Rentnersiedlungen". Comox auf der kleinen Halbinsel ist ein Villenort, wie er im Buche steht: Parkanlagen, Golfplätze, schmucke Häuser und immer wieder die Erkenntnis, dass solch ein Leben auf Vancouver Island bei der Erfindung des Begriffs „Freizeitwert" wohl Pate gestanden haben muss.

Für völkerkundlich Interessierte bietet sich im Sommer ein Besuch im **Courtenay & District Museum** (www.courtenaymuseum.ca) an, wo indianische Gegenstände und Fossilien ausgestellt sind.

Von **Little River** aus setzt die Fähre nach **Westview** am Festland über. Somit bietet sich eine gute Möglichkeit, an B.C.'s **Sunshine Coast** zu gelangen, die herrliche Fjordküste entlangzufahren und unter Zuhilfenahme kleiner Fähren nach Nordwest-Vancouver zurückzugelangen. Diese Variante eignet sich besonders für Leute, die den relativ unerschlossenen, forstwirtschaftlich ausgebeuteten Inselnorden auslassen möchten.

Auf dem Weg nordwärts lockt der **Miracle Beach Provincial Park**, ein schöner Ort für Strandspaziergänge, für Picknicks und Barbecues, und für Camper ein Platz zum Verweilen. **Campbell River** liegt an der Mitte der Ostküste. Hier treffen sich zwei sehr fischreiche Meeresstraßen: die Johnstone Strait von Norden und die Georgia Strait von Süden. Deshalb ist das Städtchen auch ein Mekka für Angler. Campbell River nennt sich stolz die „Lachshauptstadt" Kanadas, und das auch völlig zu Recht:

Oben: Tofino lebt heute vor allem vom Tourismus.
Rechts: Außer Whale Watching wird in Tofino auch Bear Watching angeboten.

VANCOUVER ISLAND

Prächtige Chinooks – zum Teil über 30 Kilogramm schwer – werden von Sportanglern aus dem gleichnamigen Fluss gezogen. Viele Charterfirmen bieten ihre Dienste an.

Für Ausflüge auf die vorgelagerten Inseln der Ostküste ist Campbell River ein idealer Standort. Etwa 15 Minuten dauert die Fährüberfahrt (Abfahrt stündlich) nach **Quadra Island**, einer der Discovery-Inseln. Hier lohnt ein Besuch des **Cape-Mudge-Leuchtturms** am Südende der Insel. In der Nähe findet man indianische Steinzeichnungen von Fischen und Meerestieren. Auch das **Nuyumabales Cultural Centre** ist sehenswert; hier finden sich Masken, Totempfähle und Kultgegenstände des Potlatch-Festes. Die Kunstwerke wurden von der Kirche einst als heidnisch gebrandmarkt und konfisziert. Erst eine zeitgemäßere, aufgeklärte Indianerpolitik machte es später möglich, diese wertvollen Zeremonialgegenstände wieder zurückzugeben.

Schön zum Baden ist der Strand bei **Rebecca Spit**.

Strathcona Provincial Park

Der Provincial Park liegt abseits der Touristenrouten, es sind eher die Einheimischen, die von Campbell River den Weg ins unberührte Hinterland finden. Ein guter Standort für Camper sind die **Elk Mill Falls** mit einem großen Campingplatz am Quinsam River unweit von Campbell River. Der **Strathcona Provincial Park** ist der älteste und größte Naturpark British Columbias: Natur pur, soweit das Auge blicken kann, einladende Badeseen im Sommer und fast keine Menschen. Hier gibt es unberührte Bergwälder, ein beliebtes Wandergebiet mit zahlreichen Trails und fast nur Superlative: die höchsten Wasserfälle, die **Delta Falls** mit 440 m, und die höchsten Berge der Insel, die **Golden Hinde** mit 2200 m Höhe. Besonders schön sind die **Lower Myra Falls**.

Die abgeschiedene Kleinstadt **Gold River** (westlich des Parks) und ihr gleichnamiger Hafen verdienen nun wirklich den Namen „Ende der Welt". Aber selbst hier ist die kanadische

VANCOUVER ISLAND

Schifffahrt noch lange nicht am Ende: Das ehemalige Minensuchboot *Uchuk III* fährt heutzutage als Passagierschiff nach **Nootka Sound** und an jenen historischen Ort, wo Captain Cook 1778 erstmals landete: **Friendly Cove**.

Von Campbell River nach Port Hardy

Die riesigen Waldbestände der gut 540 Kilometer langen Insel vor der Westküste Kanadas machen Vancouver Island zu einer der wichtigsten Forstregionen Kanadas. Rund eine Million Kubikmeter Treibholz türmen sich an den Küsten. 1000-jährige Baumriesen ragen in den dichten Regenwäldern der Westküste in den Himmel. Die Forstindustrie ist zuerst aus der lokalen Nachfrage entstanden: für den Eisenbahnbau und die Bergwerke. Auch heute noch geht ein großer Teil an die lokale Bauwirtschaft, aber Holz ist auch eines der kanadischen Hauptexportprodukte.

Hier oben im Inselnorden versteckt die Forstwirtschaft ihre Kahlschläge erst gar nicht – teilweise lässt man nämlich einige Baumreihen als Kulisse stehen und holzt erst dahinter ab. Es ist mit Sicherheit *Greenpeace* zu verdanken, dass solche Praktiken aufgedeckt und politische Lösungen erzwungen wurden. Heute ist das Abholzen um jeden Preis einem Forstmanagement gewichen, das für jeden gefällten Baum zwei neue Setzlinge pflanzen muss. *Forestry B.C.* zieht in seinen Baumschulen mehr als 75 Mio. Setzlinge. Dennoch hat diese Industrie in der Vergangenheit wertvolle Biomasse zerstört. Auch Douglasfichten-Setzlinge, die 80 Jahre Wachstumszeit bis zum ausgewachsenen Baum benötigen, können das nicht mehr gut machen. Es gehen immer wieder Skandalmeldungen durch die Presse – so wie die Anklagen von *Greenpeace* gegen Abholzpraktiken am Clayoquot Sound. *Greenpeace* tut gut daran, einen gewissen Medienrummel zu inszenieren, um gehört zu werden. Doch wie beim Wirbel um die Ölplattform Brent Spar

Oben: Ein Boom Boat bugsiert Rundholz in Beaver Cove. Rechts: Ausflug zur Walbeobachtung.

VANCOUVER ISLAND

in der Nordsee mußte *Greenpeace* auch gegenüber dem Forstwirtschaftsgiganten MacMillan Bloedel teilweise seine Aussagen revidieren. Die Wahrheit liegt irgendwo zwischen den Beschönigungsparolen der Forstindustrie und so mancher *Greenpeace*-Polemik.

Wer sich ein eigenes Bild machen will, sollte Greenpeace-Unterlagen anfordern, an einer **Forestry Tour** teilnehmen und in Port Alberni im Forest Centre am Hafen die Broschüre *What Greenpeace does not tell Europeans* studieren.

Der Highway 19 führt von Campbell River 200 Kilometer weiter nördlich zur Hafenstadt **Port McNeill**. Von hier verkehren Fähren nach **Malcolm Island** zur idyllischen Gemeinde **Sointula**. Dieses Dörfchen haben finnische Kohlebergwerksarbeiter 1901 als ihr „Utopia" gegründet. Dort kann man indianische Felszeichnungen an der Mitchell Bay bestaunen oder im finnischen Sointula-Museum Ausstellungsstücke der früheren Siedler besichtigen. Das finnische Erbe ist unverkennbar: Noch heute haben manche Bewohner blonde Haare und blaue Augen, die Häuser und Gärten scheinen auf eine besondere Art adrett.

Auch nach **Alert Bay**, einem Indianerreservat, setzt die Fähre von Port McNeill in 45 Minuten über. Hier sollte man sich Zeit nehmen für das **U'Mista Cultural Centre** in einem Kwakiutl-Langhaus. Indianische Kunstgegenstände sind zu sehen und nebenan der indianische Friedhof mit seinen fratzenverzierten Totempfählen. Auf der Insel steht der vermutlich höchste Totempfahl der Welt (53 m)!

Telegraph Cove, 18 km östlich von Port McNeill, ist die **„Walhauptstadt"** Kanadas. Tiefe Wolken hängen oft über diesem Ort, der auf Stelzen gebaut wurde. Er ist der letzte dieser Art, obwohl es sie früher zu Dutzenden an der Ostküste gab, denn die kleinen Buchten boten nicht genügend Raum für alle Siedler. Der winzige, in eine Bucht geschmiegte Hafen von Telegraph Cove ist das Mekka der Walfreunde. Hierher pilgern sie aus aller Welt, um die berühmten **Orcas**, die „Killerwale", zu beobachten.

» Karte S. 102-103, Info S. 113-115

VANCOUVER ISLAND

Whale Watching

Skipper Marty fährt morgens von Telegraph Cove mit einer bunt gemischten Touristengruppe los. Das Ziel ist die **Johnston Strait**, wo von Mai bis Oktober eine Schule Orcas lebt. Neben der Juan de Fuca Strait vor der Südküste Vancouvers ist sie weltweit die einzige Region, wo diese Tiere so nahe der Küste zu finden sind. Das Aluminiumboot gleitet leise durch die Wellen zur Grenze vom **Robson Bight Provincial Park**. Hierher schwimmen die Orcas, um sich an den Kieselstränden die Bäuche zu reiben. Den Grund für dieses seltsame Verhalten kennt immer noch niemand. Sie dürfen nicht gestört werden; flinke Patrouillenboote achten deshalb darauf, dass keine Boote unerlaubt ins Reservat fahren.

Über Funk hat der Skipper erfahren, dass Orcas gleich hinter der nächsten Bucht gesichtet wurden. Plötzlich taucht die erste Flosse auf, eine Sprühwolke schießt nach oben. Marty stellt den Bootsmotor ab, gleitet lautlos dahin. Immer mehr Rückenflossen tauchen auf! Schwarze, glänzende Körper ziehen am Boot vorbei. Manchmal hat man das Glück, die schimmernden, schwarzen Orcas springen zu sehen. Welch ein grandioses Schauspiel! Marty erzählt seinen Gästen von der Lebensweise der Tiere: Die Orcas, auch Große Schwertwale genannt, stellen die größte Art der Zahnwale dar und gehören zur Familie der Delfine. Die bis zu zehn Meter langen und elf Tonnen schweren Bullen werden bis zu 50 Jahre alt, die kleineren Weibchen sogar 80 bis 90 Jahre. Die weiblichen Tiere führen auch die Schulen an, die meist aus 5 bis 10 Tieren bestehen. „Killer"- oder „Mörderwal" ist eigentlich ein falscher Begriff. Orcas ernähren sich zwar u. a. auch von Meeresbewohnern wie Seelöwen und Tümmlern; Menschen werden sie aber nicht gefährlich. In den Gewässern rund um Vancouver Island leben etwa 350 Schwertwale.

Oben: Erfolgreiches Orca Watching.

VANCOUVER ISLAND

Port Hardy

Endpunkt des Highway 19 ist nach ca. 500 km in **Port Hardy**, fast am Nordende der Insel. Der Namenspatron war Sir Thomas Masterman Hardy, Vizeadmiral in der British Royal Navy. Die Kleinstadt ist der Verbindungshafen zum Festland. Am Terminal **Bear Cove** starten große Fähren wie die *Northern Adventure* und *Queen of Prince Rupert* zu Sommerfahrten durch die **Inside Passage**. Man kann die Market Street auf und ab schlendern, im Park picknicken und im kleinen **Port Hardy Museum** (7110 Market St) Indianische Kunst besichtigen: Der große Rabe stammt aus der Kwakiutl-Legende, nach der ein Rabengott die Welt erschaffen hat.

Auch Port Hardy bietet sich für **Walbeobachtungstouren** an. Neben Orcas lassen sich in den Gewässern regelmäßig Grauwale, Buckelwale, Minkwale und darüber hinaus auch Seelöwen und Robben sehen – für Naturliebhaber ein wahres Paradies. Das gilt nicht nur fürs Meer, sondern auch für die Landschaften auf festem Boden. In der vom Menschen weitgehend ungestörten Abgeschiedenheit sind Bären, Wölfe, Pumas, Roosevelt-Hirsche und natürlich auch viele gefiederte Tierarten zu Hause.

Wer will, kann noch zum nordwestlichsten Fleckchen der Insel aufbrechen, zum Cape Scott Provincial Park. Westwärts führt eine schmale Straße zum versteckten Städtchen **Holberg**. Der **Holberg-Inlet** ist ein kleiner Fjord, der bis ins Inselinnere reicht. Hier sitzt es sich gemütlich im *Scarlet Ibis Pub*, und der Touristenrummel ist plötzlich ganz weit weg.

Am nördlichsten Inselende, 65 km von Port Hardy entfernt, liegt das nördlichste Naturschutzgebiet der Insel: **Cape Scott Provincial Park**. Auch ungeübte Wanderer können hier die 45-minütige Tour auf dem **San Josef Trail** durch dichten, moosbewachsenen Regenwald zu den herrlichen Sandstränden der **San Josef's Bay** schaffen.

VANCOUVER ISLAND (☎ 250)

Tourism Vancouver Island, 501-65 Front St, Nanaimo, BC V9R 5H9, Tel. 754-3500, Fax 754-3599, www.vancouverisland.travel.

FLUGVERBINDUNGEN: Über Vancouver. Reizvoll ist der Flug von Vancouver über Seattle und die Gulf Islands mit Vancouver Island Air, Tel. 1-877-331-2433, www.vancouverislandair.com oder von Vancouver mit Heli: Helijet International (Tel. 604-273-4688) oder Air Canada, Tel. 1-888-247-2252.

FÄHREN: Vancouver nach Victoria, **B.C. Ferries** von Tsawwassen zur Swartz Bay (2 Std.), 7-21 Uhr, 1,5 Std. Überfahrt von Horseshoe Bay (Vancouver) nach Nanaimo. **Black Ball Ferry** von Port Angeles (Washington) nach Victoria (Tel. 386-2202). **Victoria Clipper** (Tel. 206-448-5000) zw. Victoria und Seattle per 1. Klasse-Katamaran. **Washington State Ferries**, von Anacortes (Wash.) nach Sidney, 30 km nördl. von Victoria auf der Saanich-Halbinsel, Tel. 1-888-808-7977 (Victoria), 206-464-6400 (Seattle).

KLEINERE FÄHREN: Von Port Alberni mit der Fähre M.V. *Frances Barkley* nach **Bamfield** (Ausgangspunkt des Westcoast-Trail), 3 x wöchentl. (Di, Do, Sa) nur für Fußgänger und halbtägige Bootstour durch die Broken Island Group nach **Ucluelet** (Mo, Mi, Fr.) zusätzlich So Juli und August. Fahrplaninfo unter Tel. 723-8313. **Little River nach Westview**, tägl. 6.30, 10.10, 15.15, 19.15 Uhr.

HAFENRUNDFAHRTEN: März bis Oktober, 453 Head St, Victoria, Tel. 708-0201.

WALBEOBACHTUNG: In der Johnston Strait vor Telegraph Cove beim Robson Bight Ecological Reserve leben Orcas, 4-5-stündige Bootstouren Juni-Mitte Okt. **Stubbs Island Whale Whatching**, Tel. 928-3185. 2-mal tägl. Touren mit Motorbooten, ca. 4-stündige Tour ab 84 C$, Kinder 79 C$; **Seasmoke Tours**, Alert Bay, Tel. 974-5225. Touren mit Segel- oder Motorboot ab Alert Bay/Cormorant Island und Alder Bay Campsite. Besichtigungstour für Grauwale, März-Mai von Tofino z. B. mit **Jamie's Whaling Station**, 606 Campbell St, Tel. 725-3919 (auch Touren zur Hot Springs Cove) und Victoria, z. B.

>> Karte S. 102-103, Info S. 113-115

VANCOUVER ISLAND

ab **Inner Harbour Centre**, Inner Harbour, 950 Wharf St, Victoria, Tel. 995-2211 (auch andere Touren, Kajak-, Motorboot-, Fahrrad-, Motorrollerverleih). Bootstouren zu den Broken Group Islands von Ucluelet und Port Alberni.

West Coast Trail: nur für erfahrene Wanderer, 4-7-tägige Abenteuer-Wanderung durch den Pacific Rim Nationalpark von Bamfield nach Port Renfrew, Tel. 387-1642 (Reservierung). Busse verkehren von Victoria und Port Alberni zum jeweiligen Ende des Trail. **San Josef Trail**: leichte 45 Minuten-Wanderung im Cape Scott Provincial Park zur San Josef Bay. **Cape Scott Trail**, nur für erfahrene Wanderer, Wildnis-Wandern, um 4-7 Tage den Inselnorden mit Regenwald und Felsstränden zu erkunden, Info über den aktuellen Zustand der Wege beim Information Centre Port Hardy, Main Street.

ZEBALLOS: Goldgräberstimmung beim Goldschürfen an der Zeballos-Bucht. Vom Hwy 19 ein Abstecher nach Westen – hinter Woss, kurz vor Lake Nimpkish, führt eine kleine Straße nach Zeballos.
DENMAN und HORNBY ISLAND: Von Buckley Bay (80 km nördl. v. Nanaimo) geht etwa stündlich eine Fähre zu den Gulf Islands. Vom Fährhafen führt ein kurzer Spaziergang nach **Denman** mit Museum und Galerie. Auf **Hornby Island** diverse Kulturveranstaltungen (www.hornbyisland.com).
HOT SPRINGS COVE: Tagesausflug von Tofino per Boot oder Flugzeug zu den heißen Quellen, **Seaside Adventures**, Tel. 725-2292. Boots-Charter: **Canadian Princess Resort**, Ucluelet, Tel. 726-7771, April-Sept.

Victoria
Tourism Victoria Visitor Information Centre, 812 Wharf St, am Hafen, Tel. 953-2033, www.tourismvictoria.com.

Pagliacci's, guter Italiener mit Sunday Brunch, 1011 Broad St, Tel. 386-1662.
Sam's Deli, gute Sandwiches, Snacks, 805 Government St, Tel. 382-8424.
Green Cuisine, gute vegetarische Küche, 560 Johnson St, Tel. 385-1809.

Maritime Museum, tgl. 10-17 Uhr, 28 Bastion Sq., Tel. 385-4222. **Royal British Columbia Museum**, Natur-und Pioniergeschichte, Totempfähle, tgl. 10-17 Uhr, 675 Belleville St, Tel. 1-888-447-7977, mit **Thunderbird Park und National Geographic IMAX Theatre**, im Sommer tägl. 9.30-19, im Winter 10-17.30 Uhr. Im Thunderbird Park liegt das **Helmcken House**, Führungen im Sommer täglich, im Winter Do-Mo 10-16 Uhr, 10 Elliot Street Sq., Tel. 361-0021. **Parliament Buildings**, Führungen nach Anmeldung auch in deutsch, 501 Belleville St, Inner Harbour, www.leg.bc.ca. **Pacific Undersea Gardens**, herrliche Beobachtungskanzel auf dem Meeresboden, tgl. geöffnet, 490 Belleville St, Tel. 382-5717. **Emily Carr House**, Geburtshaus der Künstlerin, tgl. 11-16 Uhr, 207 Government St, Tel. 383-5843.

Victorian Day, am 21. Mai **Parade** zum Geburtstag Queen Victorias und **Swiftsure Segelregatta**.

SIGHTSEEING IN VICTORIA: Stadtrundfahrt mit Pferdekutschen (ab Parliament Bldg.) oder Fahrradrikschas (ab Empress Hotel). **Walk-A-Bout Victoria**, geführte Stadtrundgänge, Tel. 953-2033, Juni-Anfang Sept. ab Tourist Information Centre, 812 Wharf Street.

Duncan
381 Transcanada Hwy, Tel. 746-4636, www.duncancc.bc.ca.

B.C. Forest Discovery Centre, Okt. Sa/So, März-Mai Do-Mo, Juni-Sept. tgl. 10-16 Uhr, am Hwy 1, 2 km nördl. von Duncan, Tel. 715-1113. **Quw'utsun' Cultural and Conference Centre**, im Sommer 10-17, sonst Mo-Sa 10-16 Uhr, 200 Cowichan Way, Tel. 746-8119, www.quwutsun.ca.

Nanaimo
Travel Infocentre, Beban House, 2290 Bowen Rd, Tel. 756-0106, www.tourismnanaimo.com.

Gina's Café, beliebtes mexikanisches Lokal mit Atmosphäre, 47 Skinner St, Tel. 753-5411.

VANCOUVER ISLAND

Nanaimo District Museum, Ausstellungen zur Ortsgeschichte, 100 Cameron St, Tel. 753-1821.

Mitte Juli großes **Badewannen-Rennen** von Nanaimo nach Vancouver über die Strait of Georgia.

Drei *Heritage Walks* führen durch die Altstadt, Broschüre vom Visitors Centre.

Parksville / Qualicum Beach
Travel Infocentre, 1275 East Island Hwy, Tel. 248-3613.

Tigh Na Mara Resort Restaurant, Steaks und Seafood in Countryhouse-Ambiente, 1155 E. Island Hwy, Tel. 248-2072. **Maclure House Inn**, Seeblick, gute Küche, 1051 Resort Drive, Tel. 248-3470.

Comox
Toscanos Trattoria, 190 Port Augusta Ave, Tel. 890-7575, ausgezeichneter Italiener, große Portionen, gute Qualität

Port Hardy
Travel Infocentre, 7250 Market St, Tel. 949-7622.

Sporty Bar & Grill, Steaks, Pasta, Sandwiches, 7800 Market St, Tel. 949-7811.

Filomi Days, August, Fischerfest mit Holzfällen im Rotary Park, Fischfang-Wettbewerb und viel Bier!

Alert Bay
U'Mista Museum, Mai-Sept. tgl. 9-17 Uhr, 1 Front St, Tel. 974-5403.

Port Alberni
Swale Rock Café, gute Pasta und Salate, 5328 Argyle St, Tel. 723-0777.

Alberni Valley Museum, Broschüre für eine *Historic Walking Tour* durch den Ort, Di-Sa 10-17, Do 10-20 Uhr, 4255 Wallace St, Tel. 723-2181.

Ucluelet
Wickaninnish Restaurant, mit Blick auf die Bucht, 485 Wickaninnish Rd, Tel. 726-7706, www.wickaninnish.ca.

Ucluelet Visitor Info, Mitte März-Mitte Okt., Öffnungszeiten je nach *interpretive program*, Tel. 726-4641.

Courtenay
Courtenay & District Museum, stark in indianischer Kultur, Mai-Aug. Mo-Sa 10-17, So 12-16 Uhr, sonst Di-Sa 10-17 Uhr, 207 Fourth St, Tel. 334-0686.

Quadra Island
The Nuyumabales Cultural Centre, Mai-Sept. tgl. 10-17 Uhr, sonst So, Mo geschl., Cape Mudge, 34 Weway Rd.

Sooke
Sooke Region Museum, tgl. 9-17 Uhr, im Winter Mo geschl., 2070 Philips Rd, Tel. 642-6351, www.sookeregionmuseum.com.

Campbell River
Infocentre, 1235 Shopper's Row, Tel. 830-0411.

Lachs-Festival im Juli und **Lachsfang-Wettbewerb** im August.

Miracle Beach Provincial Park, einer der populärsten Parks auf Vancouver Island, 23 km südlich von Campbell River.

Port Mcneill
Travel Infocentre, 1594 Beach Dr, Tel. 956-3131.

Pacific Rim Nat. Park
Info: Superintendent, Pacific Rim Nat. Park, P.O. Box 280, Ucluelet, B.C. V0R 3A0, Tel. 726-3500. **Tourism Tofino**, 1426 Pacific Rim Hwy, Tofino, Tel. 725-3414.

Die Millionenstadt Calgary hat eine Westernseele, die sich anlässlich der „Stampede" offenbart

SÜD-ALBERTA

SÜD-ALBERTA

DIE KANADISCHEN ROCKIES

SÜD-ALBERTA
CALGARY / BANFF N. P.
KOOTENAY N. P. / YOHO N. P.
JASPER N. P.
ZENTRAL-BRITISH COLUMBIA
QUEEN CHARLOTTE ISLANDS

SÜD-ALBERTA

Verglichen mit seinem östlichen Nachbarstaat Saskatchewan ist die Besiedlung Süd-Albertas wesentlich dichter; Farmen, kleine Städte und Industrieanlagen teilen sich die gefällige Landschaft. **Medicine Hat** war laut einer Legende der Ort eines Kampfes zwischen Cree- und Blackfoot-Indianern, „wo der Medizinmann der Cree seinen Hut verlor". Der Ort ist bekannt für seine Porzellanindustrie. Der **Clay Industries National Historic District** veranschaulicht die Porzellanherstellung, Kinder können selber töpfern. Das **Esplanade Arts and Heritage Centre** ist ein Kulturzentrum, das neben wechselnden Ausstellungen auch eine permanente zur Siedlungsgeschichte der Region sowie das größte Tipi der Welt bietet. Einen Rundgang durch die Innenstadt bietet die *Downtown Historical Walking Tour* (Stadtpläne beim Visitors Center). Interessante Ausflugsziele in der Nähe von Medicine Hat sind der Dinosaur Provincial Park und der Cypress Hills Interprovincial Park (s. S. 204).

Rund um **Lethbridge**, das Landwirtschaftszentrum der Region, wird seit 1870 hochwertige Kohle abgebaut, neben Erdöl und Erdgas einer der Reichtümer des Landes. In Lethbridge lohnt der Besuch des friedvollen **Nikka Yuko Japanese Garden**, eines japanischen Gartens mit Pagode und einem Raum für die Teezeremonie, der als Geste kanadisch-japanischer Freundschaft entstanden ist. Der Garten liegt im **Henderson Lake Park** (Bootsverleih, Picknicktische, Sportplätze, Golfplatz, Rosengarten), der grünen Lunge der sonst eher industriell geprägten Stadt. Das **Enmax Centre** ist ein Unterhaltungskomplex, der u.a. aus einer Sportarena, Laufbahnen, Kletterwand und Eisbahn besteht (2510 Scenic Drive S.).

Südöstlich von Lethbridge geht es über den Ort Milk River zum **Writing-on-Stone Provincial Park**. Seinen Namen erhielt der Park wegen zahlreicher indianischer Malereien und Inschriften. Er ist auch bekannt wegen seiner vielen *Hoodoos*, bizarren Felssäulen aus Stein.

Der **Indian Battle Park** am Oldman River, wo das **Lethbridge Viadukt** (die weltweit längste aus Stahl errichtete Eisenbahnbrücke) das Old River Valley überspannt, erinnert an eines der letzten Indianergefechte Kanadas: 1870 kämpften hier die Cree- gegen die Blackfoot. Der ehemalige Whisky-Handelsposten **Fort Whoop-Up** ist eine der Stationen der North West Mounted Police, die hier Ordnung schaffen sollte, als schlitzohrige Händler die Indianer mit Whisky-Verschnitt betrogen und dafür wertvolle Felle eintauschten. Im

Links: Spektakuläre Natur am Lake Moraine.

SÜD-ALBERTA

Fort gibt es ein Museum und die Möglichkeit, im alten Planwagen durch das Gelände zu schaukeln.

Wer dem ★**Crowsnest Highway** westwärts folgt, sieht jetzt die schneebedeckten Gipfel der Rockies und erreicht mit **Fort MacLeod** ein Städtchen, das wie die Kulisse zu einem Wildwestfilm wirkt. Nach einer Aneinanderreihung von Motels neueren Datums säumen Pionierzeitfassaden die Main Street, ein Durchgang führt von dieser Hauptstraße zum Fort. Es wurde 1874 als neues Hauptquartier der North West Mounted Police errichtet und benannt nach seinem ersten Kommandeur. Fort Macleod war der erste Stützpunkt der *Mounties* im Westen und ist deshalb von besonderer historischer Bedeutung für Kanada. Das ★**Fort Museum** malt ein heroisches Bild dieser Männer, erzählt aber auch von ihrem entbehrungsreichen und strapaziösen Leben. Es widmet sympathischerweise den ersten Frauen im Westen ebenfalls eine Galerie. Die *Red Serge Wives* hatten es nicht leicht in der rauen Männerwelt des Westens und werden gerne vergessen.

Schaukästen stellen die Bisonjagd nach, eine Wand hängt voller erstaunlicher Fotografien. Henry Pollard fotografierte um 1880 Trapper und Indianer, kolorierte die Bilder nach und schuf eindrucksvolle Zeitdokumente. Die rekonstruierten Wohnräume beschreiben dieses Leben zwischen Wildnis und importierter Zivilisation: Büffelhörner hängen neben altenglischen Porzellantellern. Die einzelnen Gebäude sind liebevoll ausstaffiert, es gibt beispielsweise eine Schmiede, Kirche, Kantine und die Krankenstation. Die „Sputum Tasse", der Gänsehaut hervorrufende Zahnarztstuhl und das „Pneumonia Jacket" beweisen, dass Kranksein zu Pionierzeiten eine echte Strafe gewesen sein muss.

Im Juli und August findet viermal am Tag der traditionelle *Musical Ride* statt. Die Reiter sind allerdings Studenten in reproduzierten Uniformen, echte

Oben: Head-Smashed-In-Buffalo Jump – Bisonfalle der Indianer. Bison im Waterton Lakes N.P. Rechts: Blick vom Bear's Hump auf die Waterton Lakes.

» Karte S. 122, Info S. 145–147

SÜD-ALBERTA

Foto: Jason Patrick Ross (Shutterstock)

Mounties tragen die roten Fräcke nur noch zu wenigen Gelegenheiten.

Unweit von Fort Macleod führt die Straße 785 zu einem ungewöhnlichen Platz, der 1981 von der UNESCO zum Weltkulturerbe erklärt wurde und heute ein erstaunliches Interpretive Centre bietet. ★★**Head-Smashed-In-Buffalo Jump**, so sein grausamer Name, beschäftigt sich mit den Jagdgewohnheiten der Indianer – brillant ausgefeilt und verblüffend. Im Inneren des Museums gibt es Pläne für die Tour, die im obersten Stockwerk beginnt (Aufzug 1 bis zum dritten Stock, dann den Bison-Fußspuren folgen und mit Aufzug 2 zur Plattform). Dort oben, über diese oft windgepeitschte Klippe, trieben die Indianer Bisonherden, damit sich diese zu Tode stürzten (*head-smashed* = Kopf zertrümmert). Die Herde folgte der Leitkuh in den Tod, denn Bisons sind Fluchttiere, die nicht besonders gut sehen. *Buffalo* ist der populäre, wenn auch zoologisch nicht ganz korrekte Name für die Kolosse, die bis zu 1,7 m Schulterhöhe messen, an die 1000 kg wiegen und bis zu 50 km/h schnell werden können.

Was die Indianer von den Bisons für ihr Leben und Überleben verwerten konnten, beschreiben die diversen Museumsetagen. Die Ausrottung der Bisons – vor Eintreffen der Weißen lebten rund 60 Millionen dieser Tiere in Nordamerika – ist in zweifacher Hinsicht eine Tragödie: Mit dem Aussterben der Tiere wurde auch die traditionelle Lebensweise der Indianer unwiederbringlich ausgelöscht.

★Waterton Lakes National Park

Während viele der Kanadabesucher nun Calgary zustreben, liegt ein Landschaftsjuwel abseits im Süden, dessen Reize mit den klassischen Nationalparks der Rocky Mountains leicht mithalten können. Über **Pincher Creek**, einer Hutterer-Gründung, führt der Highway 6 zum **Parkgate North** des ★**Waterton Lakes National Park**, der angeschlossen ist an den Glacier National Park in Montana (USA). Beide Parks zusammen sind auch unter dem Namen ★**Water-**

》 Karte S. 122, Info S. 145–147

SÜD-ALBERTA

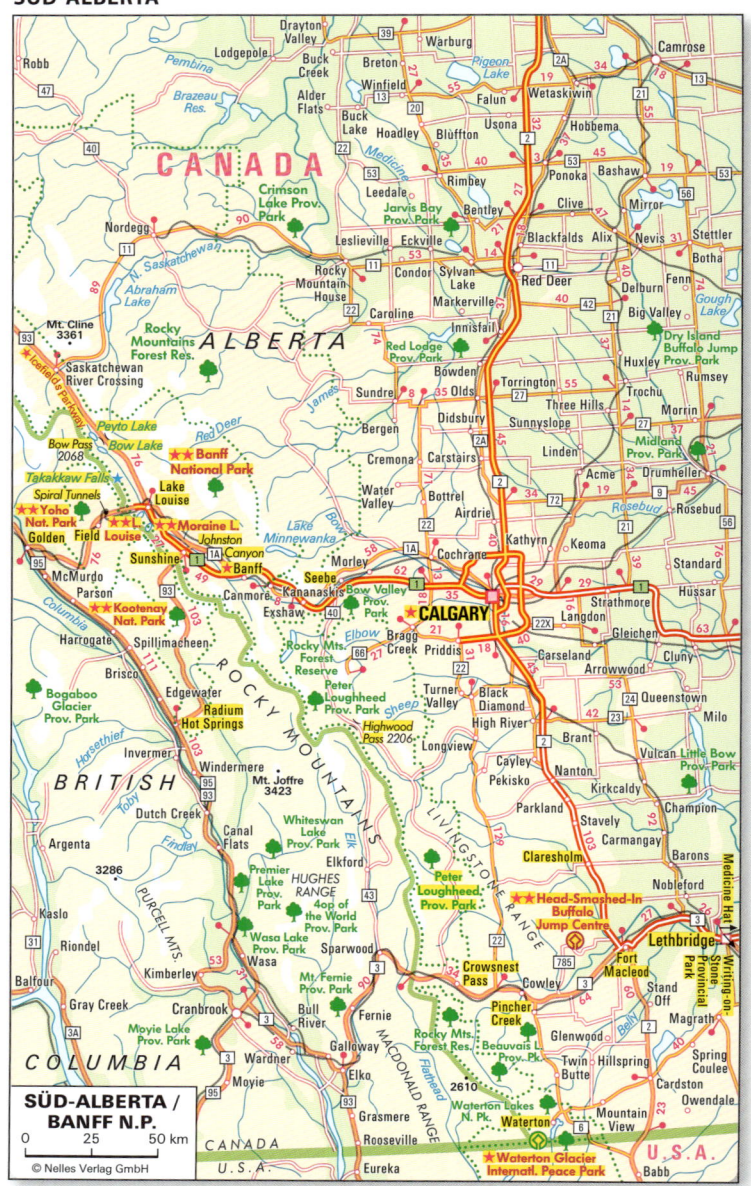

SÜD-ALBERTA

ton-Glacier International Peace Park bekannt. Vom Highway 6 kommend biegt die Bison Paddock Road rechts ab, und vom Parkplatz sind es noch 300 Meter zum **Bison Paddock Viewpoint**. Hier entfaltet der Park seine einzigartige Kombination aus Prärie und Gebirge, hügeligem Grasland und kleinen Seen. Im Hintergrund erheben sich, abrupt aufsteigend, die Bellevue Foothills, überragt von den Rockies.

Das Haupttal des Parks hat die typische U-Form, durch Glazialerosion geschaffen, bei der ein Gletscher die ursprünglich V-förmigen Talwände ausgeschliffen hat. Der **Upper Waterton Lake** ist als Gletschersee mit 157 m der tiefste der Rockies, bei einer Länge von 11,1 km. Am See liegt der Ort **Waterton**, eine kleine, sympathische Ansiedlung mit touristischer Infrastruktur: Hotels, insbesondere das grandios auf einer Klippe über dem See thronende *Prince of Wales*, Camping und Tourenveranstaltern.

Den besten Blick über das Städtchen und den Upper Waterton Lake gewährt der Aussichtspunkt **Bear's Hump** (ab Park Information Centre, 1 km nördlich des Ortes). Der Pfad ist recht steil und überwindet 200 Höhenmeter auf einem guten Kilometer. Der Blick entschädigt für die schweißtreibende Mühe – außerdem wird es dem Wanderer meist gar nicht richtig warm, denn die Gegend ist berüchtigt für starke Windböen.

Wieder unten am See angelangt, kann man auf einem 3 km langen Spaziergang den Ort umrunden. Am besten beginnt man beim **Heritage Centre**, wandert entlang des Sees und gelangt am **Cameron Creek** aufwärts zu den **Cameron Falls**. Den Fels unterhalb der Wasserfälle halten Geologen für den ältesten der Rockies: 1,5 Milliarden Jahre alt, durch Konvektionskräfte tief aus dem Erdinneren an die Oberfläche geschoben. Ca. 500 m südlich dieser Was-

Foto: Pierdehune (Shutterstock)

serfälle startet der Weg zu den **Lower Bertha Falls**. Die Broschüre des **Park Information Centre** beschreibt zu Punkte entlang der Route. Die Wasserfälle sind eigenartigerweise nach einer Dame benannt, die Falschgeld in Umlauf gesetzt hat.

Höhepunkt des Parks ist der ★**Red Rock Canyon**. Er besteht aus Argillit, einem Sedimentgestein, das sehr eisenhaltig ist. Mit Sauerstoff in Berührung gekommen, oxidierte das Gestein und erhielt seine charakteristische rote Farbe. Die grünen und weißen Segmente bestehen auch aus Argillit, sind jedoch durchsetzt mit einem Eisenabkömmling, der nicht oxidiert. Der Canyon war schon vor 8000 Jahren ein mystischer Platz für die Eingeborenen. Millionen Füße, Profilsohlen und verschwitzte Hände haben dem Canyon jedoch in der touristischen Neuzeit sehr zugesetzt, und wer nur einen Funken von Naturliebe in sich spürt, sollte auf den Pfaden und Brücken bleiben!

Von Pincher Creek führt der ★**Crowsnest Highway** über den **Crowsnest**

Oben: Farbenprächtige Gesteinsschichten im Red Rock Canyon.

》 Karte S. 122, Info S. 145-147

SÜD-ALBERTA

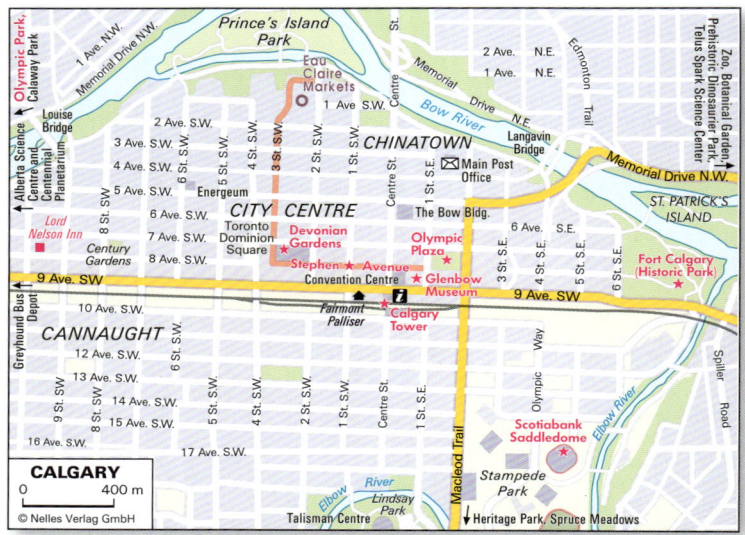

Pass durch einige Gemeinden, die unter *Municipality of Crowsnest Pass* zusammengefasst werden.

Im April 1903 ereignete sich unweit der Passhöhe ein Bergrutsch, der ein katastrophales Minenunglück zur Folge hatte und den Ort Frank zerstörte. Das Besucherzentrum **Frank Slide Interpretive Centre** erläutert die Umstände des Unglücks näher und beschreibt die Unbilden des Eisenbahnbaus. Es besteht die Möglichkeit, im Bereich des Erdrutsches auf Lehrpfaden zu wandern. Das **Crowsnest Museum** direkt im Ort beschäftigt sich mit der Geschichte des Passes von 1899-1950, und das **Crowsnest Pass Ecomuseum** erzählt von der Einzigartigkeit dieser vormals abgeschiedenen Region: Es geht um die lokale Archäologie, Geografie und den Bergrutsch, aber auch um Minenrevolten, Selbstjustiz und Zugräuber.

Bei der **Bellevue Underground Mine Tour** können Besucher unter fachkundiger Führung die Stollen eines Kohlebergwerks besichtigen (Mai-Sept. 10-18.30 Uhr), das eine ehemals bedeutende Wirtschaftsbranche der Region veranschaulicht.

Um nach Calgary zu gelangen, gibt es von Süden kommend verschiedene Varianten. Die schnellste ist der Highway 2 über **Claresholm**, das für Pferdefreunde das **Appaloosa Horse Museum** geöffnet hält.

Der Highway 22 ist die landschaftlich schönere Variante durch die **Foothills** und bietet die Möglichkeit – wenn man keine Lust auf Großstadt hat – Calgary rechts liegen zu lassen und statt dessen über den Highway 541 durchs Kananaskis Country zu fahren. Der 508 km² große **Peter Loughheed Provincial Park** ist reich an Grizzly- und Schwarzbären, Elchen, Bibern, Wölfen und Pumas. Bei den hilfsbereiten Parkrangern sind Routenvorschläge für einige Wanderungen erhältlich. Der Highway ist allerdings nur von Mitte Juni bis ca. Oktober geöffnet, dann aber gehört die Fahrt über den 2206 m hohen **Highwood Pass**

Rechts: Das Wahrzeichen der Cowboy-Stadt Calgary ist der Saddledome.

SÜD-ALBERTA

zu den Leckerbissen in den Rockies. Der Highwood Pass ist übrigens der höchste mit dem Auto befahrbare Pass in Kanada. Es ist dann fast ein Schock, wenn man bei **Seebe** wieder auf die „Hauptrennstrecke" durch die Rockies trifft, den Trans-Canada Highway 1.

★Calgary

In ★**Calgary**, der flächenmäßig größten Stadt im Westen Kanadas, findet das sprichwörtlich geruhsame Autofahren der Kanadier schnell ein Ende: Staus und hohes Verkehrsaufkommen sind an der Tagesordnung.

Calgary wurde erst 1875 am Zusammenfluss von **Bow River** und **Elbow River** als Polizeiposten Fort Calgary vor allem gegen Whiskyschmuggler hier im Gebiet der *Blackfoot*-Indianer gegründet, wenige Jahre, bevor die Eisenbahn 1883 eintraf. Bis 1914 lebte die Stadt ausschließlich davon, das dank üppigen Weidelandes und florierender Viehzucht in Massen produzierte Rindfleisch weiterzuverarbeiten. Dann aber entdeckte man im Turner Valley (50 km südlich) Öl, und 1923 wurde die erste Raffinerie der Provinz Alberta gegründet. Diese historische Erfolgsgeschichte der weißen Besiedlung wird von den Bewohnern der Provinzhauptstadt Edmonton, 300 km nördlich von Calgary gelegen, gerne als „Geschichtslosigkeit" ins Feld geführt. Sie pochen darauf, schon viel früher ein blühender Handelsposten gewesen zu sein und nicht ein raues, unzivilisiertes Polizeilager wie Calgary.

Die Rivalität der beiden Städte war und ist bis heute ein Thema. In Calgary sitzen nun die Herren mit den weißen Hemdkrägen in den Verwaltungssitzen der Ölgesellschaften (80 % aller kanadischen Erdöl- und Erdgasgeschäfte werden von hier abgewickelt); in Edmonton hingegen wird produziert. Aber Edmonton kontert und belächelt Calgary als *cowtown*, als Kuhdorf. Das ist insofern richtig, als Calgary einst durch angelsächsische Viehzüchter groß geworden ist – der erste Millionär der Stadt war nicht nur zufällig ein Schlachthofbe-

» Stadtplan S. 124, Info S. 145–147

SÜD-ALBERTA

sitzer. Edmonton verdankt seine Stadtentwicklung dagegen eher Getreidefarmern.

„Kuhdorf" wird in Calgary durchaus als Kompliment verstanden, denn hier kultiviert man dieses Klischee gerne. Calgary ist zwar eine moderne Stadt, immer in Aufbruchstimmung und optimistisch, aber das Cowboy-Image und die Liebe zum Pferd zählt bis heute als wichtiger Bestandteil des täglichen Lebens: Das **Spruce Meadows Equestrian Centre** (Kreuzung Highway 2, und 22X West) ist der ganze Stolz der Stadt, ein Zuchtbetrieb für Hannoveranerpferde und Veranstalter von hochkarätigen Reitturnieren.

Die Spaziermeile der Stadt, die ★**Stephen Avenue**, ist gesäumt von Cowboy-Stiefel-Auslagen und 30 historischen Gebäuden.

Als Wahrzeichen der Stadt gilt seit den Olympischen Winterspielen im Februar 1988 der ★**Saddledome**, die Eissportarena (13 000 Sitzplätze) in Form eines Westernsattels.

Jeder Besucher, der aus dem Süden kommt, sollte im **Stampede Park** kurz einen Fotostop machen – wegen des Saddledome und des besten Blickes auf die Skyline von Calgary.

In der zweiten Juliwoche ist Calgary für 10 Tage Gastgeber der größten **Rodeo-Show** Amerikas. Echte und Freizeit-Cowboys treffen sich zu diesem Western-Spektakel mit Volksfestcharakter; gleichzeitig findet eine Industrie- und Landwirtschaftsmesse sowie Albertas größter Jahrmarkt statt. Neben den klassischen Rodeo-Disziplinen wie Pferdezureiten mit und ohne Sattel oder Umwerfen eines Stiers nur mit den Händen findet bei der ★**Calgary Stampede** unter großem Gejohle täglich ein Wettrennen von vierspännigen Planwagen statt. Dazu kommen Abendveranstaltungen mit Akrobaten und Komödianten, eine Revue à la Las Vegas und als Kontrast Viehausstellungen sowie schlitzohrige Pferdehändler. Auch die

Oben: Die Stephen Avenue ist gesäumt von 30 historischen Gebäuden. Rechts: Die hohe Cowboykunst, vorgeführt bei der Calgary Stampede.

SÜD-ALBERTA

Essens-Auswahl ist symbolisch für das Lebensgefühl in Calgary: Alberta-Steaks neben asiatischen Häppchen, Tradition neben Weltoffenheit.

Calgarys Innenstadt ist angenehm, mit grünen Ruhezonen und **Skywalks**, Glasröhren, die die Wolkenkratzer verbinden und das Stadtbild auflockern. Diese Skywalks, 5 m über dem Erdboden angebracht, haben auch einen praktischen Wert, denn Calgarys unberechenbare Wetterumstürze sind berüchtigt. Seit den Olympischen Spielen ist einer der Auslöser, der Föhnwind *Chinook*, hinreichend bekannt, der Temperatursteigerungen von 25 °C innerhalb einer Stunde bedingen kann.

Einen Spaziergang beginnt man am besten am ★**Olympic Plaza**, wo die Olympiasieger von 1988 verewigt sind. Schräg gegenüber bietet das ausgezeichnete ★**Glenbow Museum** (Ecke 9th Ave und 1st St) einen guten Einstieg in die spannende Geschichte Westkanadas: Entdecker, Pelzhändler, Eisenbahner, Missionare und *Mounties* werden charakterisiert. Es beschäftigt sich zudem intensiv mit der Geschichte und Kunst der Westküstenindianer, insbesondere der Inuit. Eine Mineralien- und Waffensammlung, Archive und eine Bibliothek runden das Angebot des lebendigen Museums ab. Auch wer Calgary nur eine Stippvisite abstattet, sollte diese Ausstellung auf jeden Fall gesehen haben.

Durch das **Convention Centre** kann man zur 9th Ave durchgehen und dort mit dem Aufzug ins Drehrestaurant, zur Aussichtsplattform oder zur Cocktailbar hinaufschweben: 191 m ragt der ★**Calgary Tower** in die Höhe, und bei gutem Wetter ist die Sicht weit in die Prärien hinein und zu den Rockies die 14 C$ Eintritt allemal wert (tgl. 9–21 Uhr). Die olympische Flamme auf der Turmspitze wird zu wichtigen politischen, sportlichen oder kulturellen Ereignissen entzündet. Es ist aber nicht dieselbe Flamme, in der die unbekümmerten Einwohner von Calgary 1988 zum Entsetzen der todernsten IOC-Funktionäre ihre *marshmallows* rösteten.

Über die Centre Street geht es zurück

» **Stadtplan S. 124, Info S. 145–147**

SÜD-ALBERTA

zur Stephens Ave Mall. Am **Toronto Dominion Square** kann eventueller Regen, Schnee oder Föhnsturm der guten Laune nichts anhaben, denn die ★**Devonian Gardens** sind *indoorgardens* im 4. Stock des des Einkaufszentrums Core TD Square Holt RenFrew auf etwa einem Hektar, eine Oase mit über 20 000 tropischen und heimischen Pflanzen, mit Wasserfällen, Ruhezonen und Restaurants.

Ein Häuserblock weiter nördlich befindet sich noch eine Art Biotop, diesmal aber ein künstlerisches: Das **Lunchbox Theatre** (5th Ave SW, Bow Valley Square) spielt zur Mittagszeit Theater, Kabarett und Musicals, ein kostenloser Service für eine Mittagspause.

Ein Spaziergang entlang des Bow River führt zum **Prince's Island Park**, einer grünen Flussinsel, die sich nach ausgiebiger Pflastertreterei gut zum Ausspannen und als Picknickplatz eignet. Am Ende der Barcley Mall lädt im Komplex des **Eau Claire Festival Market** (Geschäfte, Markt, Restaurants) ein großes **IMAX Theatre** ein. Das Gebiet zwischen River Front Ave und 3rd Ave SW umfasst Calgarys kleine **Chinatown**.

Außerhalb des Zentrums sind weitere Attraktionen einen Besuch wert:

Im Südwesten liegt am Glenmore Reservoir der **Heritage Park**. Er zeigt mit dem **Historical Village** anhand von über 150 restaurierten Gebäuden das Leben einer Präriestadt um 1900. Eine museale Eisenbahn verkehrt auf dem Gelände, und ein Schaufelraddampfer fährt über den See. Für ordentliche Verpflegung ist im historischen Wainwright Hotel in nostalgischer Atmosphäre gesorgt.

Im Südosten, unweit des Stampede Parks, liegt ★**Fort Calgary**, die Keimzelle der Besiedlung und heute ein Park. Vom Fort ist bis auf zwei der ältesten Häuser Calgarys nicht mehr viel zu sehen, lediglich das Informationszentrum beschreibt die Arbeit der North West Mounted Police und zeichnet ein Bild vom Leben der ersten Siedler. Im 1906 erbauten Deane House können Gäste eine stilvolle Mahlzeit genießen.

Die Lage hier am Zusammenfluss des Bow und Elbow River ist recht malerisch, und ein kurzer Spaziergang führt auf die Flussinsel **George's Island** zur schönen Anlage des **Calgary Zoo, Botanical Garden and Prehistoric Park**. Der lange Name beschreibt, was den Besucher erwartet: Ein Zoo mit etwa 900 Tieren, darunter einer großen Population von Gorillas, herrliche Gewächshäuser mit tropischen Pflanzen und lebensgroße Dinosaurier-Nachbildungen.

Entweder mit der LRT-Bahn (bis Zoo Station, dann zu Fuß 15 Min. nordwärts) oder über den St. George's Drive NE kommt man zum neuen, 2011 eröffneten Science Center **Telus Spark**, wo Besuchern – Erwachsenen und Kindern – naturwissenschaftliche Themen mit vielen interaktiven Einrichtungen schmackhaft gemacht werden.

Im Nordwesten der Stadt liegt der ★**Olympic Park**. Wenn man die 70- und 90 m-Skiflugschanzen hier so exponiert stehen sieht, wundert man sich nicht mehr, dass während der Olympiade 1988 oft Wettbewerbe im wahrsten Sinne des Wortes abgeblasen wurden – auch ohne *Chinook* eine windige Ecke! Besucher können sich Führungen anschließen, am Bobsimulator den Nervenkitzel einer rasanten Fahrt im Eiskanal erleben und die **Olympic Hall of Fame** bewundern. Der Stolz der Kanadier auf „ihr" Olympia ist spürbar: Hier stapeln sich alle erdenklichen Exponate auf drei Etagen.

Nebenan demonstriert der **Calaway Park** nochmals, wieviel Kanada bereits vom *american way of life* übernommen hat, hier in Form eines kitschig-schönen Vergnügungsparks.

Aber auch die gesichtslosen Vorstädte, die man auf der Weiterfahrt in Richtung Berge passiert, erinnern mit ihren genormten Ablegern der großen

---

Rechts: Die Vermillion Lakes mit dem Mount-Rundle-Massiv.

SÜD-ALBERTA

Fastfood-, Tankstellen- und Motelketten an die Lebensweise der US-Nachbarn im Süden. Doch bereits 100 km weiter westlich versinkt man dann in ehrfürchtigem Staunen vor der gewaltigen, menschenleeren Szenerie der Rocky Mountains.

★★Banff National Park

Der Trans-Canada Highway 1 in Richtung Banff wird stark befahren, in der Hochsaison ist die Wohnmobildichte gewaltig, und die Busse von *Brewster Gray Line* mit japanischen Aufschriften donnern westwärts, um so schnell wie möglich nach Banff zu kommen. Der **Bow Valley Provincial Park** lebt dennoch gut davon, im Schatten der Anreiseroute zum ★★**Banff National Park** zu stehen – und die Konzentration auf engem Raum von seltenen Pflanzen und scheuen Tieren trägt mit zur Ruhe bei.

Wer ca. 80 km westlich von Calgary Richtung Highway 1a abbiegt, erreicht bald das **Visitor Centre** und kann von hier, mit allem Wissenswerten präpariert, den **Montane Trail** (schöner Spaziergang, 2,2 km) begehen. Der Weg erläutert verschiedene Ausprägungen der eiszeitlich geformten Landschaft, die „glaziale Serie" genannt wird. Besonders lehrbuchmäßig sind hier die „Oser" ausgeprägt: Diese Schuttrücken wurden von Schmelzwasserströmen unter dem Gletscher geformt.

Dem Highway 1a folgend (16 km westlich der Kreuzung mit 1x) führt ein steiler Anstieg zum **Grotto Canyon**, der deshalb so imposant ist, weil man in der Talsohle steht und die steilen Wände bedrohlich senkrecht zum Himmel aufstreben sieht. Manchmal kleben akrobatisch Free-Climber an den Felswänden. Meist aber ist es ruhig hier, ein Platz, der durch seine Ausstrahlung vor rund 1000 Jahren die Ureinwohner zu Felsmalereien inspirierte. Die genauen Orte der Malereien will niemand mehr an die große Glocke hängen, weil viele Besucher leider auch viel Schaden anrichten. Wer ein Gemälde entdeckt, möge dem ernsthaften Appell Folge

» **Karte S. 122, Info S. 145–147**

SÜD-ALBERTA

leisten, mit den Augen und nicht mit den Händen zu sehen!

Der ★★**Banff National Park** bedeckt 6641 km² und ist mit dem nördlich angrenzenden Jasper National Park durch die berühmte Panoramastraße ★★**Icefields Parkway** (s. S. 138) verbunden. Bald nach Passieren des Parkeingangs ist der Ort ★**Banff** erreicht, das internationale Zentrum in den Rockies, dessen Markenzeichen der charakteristische, 2949 m hohe **Mount Rundle** ist. Im Jahr 1883 entdeckten Eisenbahnarbeiter heiße Quellen und verlangten geschäftstüchtig Eintrittsgeld. Das missfiel der Eisenbahngesellschaft, die nun selbst einen Naturpark rund um die Quellen schuf, der später um das Gebiet rund um Lake Louise erweitert wurde. Bei den Quellen entstand ein Urlaubszentrum; heute ist dieser historische Ort als **Cave und Basin Centennial Centre** im Stil von 1914 wiederauferstanden (Thermalpool und Besucherzentrum).

Puristen beklagen, dass Banff ein Rummelplatz sei und in einem Nationalpark nichts verloren habe. Das ist sicher ein Teil der Wahrheit, zur Hochsaison pulsiert in den Straßen das Leben, und auch außerhalb der Sommermonate ist Banff nur wenig ruhiger. Andererseits kann man in Fuß- oder Fahrrad-Entfernung menschenleere Plätze erreichen, und außerdem sind selbst einsamkeitsliebende Fernwanderer ganz froh, zwischendurch wieder in die Zivilisation eintauchen zu können.

In Banff kann man bereits innerhalb des Ortsgebiets wunderbare Natur bestaunen. Am besten mietet man sich ein Mountainbike und erkundet einen Tag lang den Ort: Beginnend am schlossartigen Banff Springs Hotel (1888 errichtet) führt der Weg zum Golfplatz zu den kleinen **Bow Falls** mit wunderschönem Blick ins Tal des **Bow River**. Wenn man gleich nach der Brücke in Richtung Banff Ave rechts abbiegt, gelangt man über den Tunnel Mountain Drive zum **Hoodoo Trail** (Wanderung ab Surprise

Oben: Mitten in den Rockies – die Banff Avenue.
Rechts: Wintervergnügen einmal anders – Banff Hot Springs.

SÜD-ALBERTA

Corner Viewpoint). Man kann aber auch den Tunnel Mountain Drive weiterfahren und direkt den Aussichtspunkt nahe des Campingplatzes ansteuern und sich dort ein wenig zwischen den *Hoodoos*, hoch aufragenden, erodierten Erdpyramiden, umsehen. Über die Banff Ave geht es durch das Zentrum zum **Park Museum**, das in einem viktorianischen Gebäude mit rustikaler Inneneinrichtung die Flora und Fauna des Parks beschreibt.

Das **Whyte Museum** (Bear Street) beschäftigt sich mit der Geschichte der Rockies, nicht geologisch, aber unterhaltsam und emotional aus Sicht der Pioniere, Bergsteiger und der frühen Touristen.

Über Bow Ave und Gopher Street erreicht man einen Parkplatz, an dem der **Fenland Trail** beginnt. Mit einer Broschüre ausgerüstet (am Anfang des Trail erhältlich, Weg im Uhrzeigersinn gehen!), entdeckt man zehn interessante Punkte mit jeweils besonderen Ausprägungen der Pflanzen- und Tierwelt in diesem Feuchtgebiet. Jenseits der Brücke über den Bow River (in Blickrichtung Banff Springs Hotel nach rechts) führen schöne Wege durch das Tal des **Bow River** (einige Reitställe, auch für Anfänger). Die Mountain Road geht hinauf zu den **Upper Hot Springs**. Neben einem Thermal-Außenpool bietet das Bad Erholung in diversen Dampfbädern: Die Luft mit ätherischen Ölen angereichert, hinterher in vorgewärmte Tücher gehüllt, bekommt der Körper seine Streicheleinheiten – besonders zu empfehlen, wenn man vorher den ★**Sulphur Mountain** bestiegen hat (ca. 2 Std.). Weniger Wanderfreudige bringt eine Gondelbahn auf den Aussichtsberg in 2281 m Höhe, wo drei Aussichtsterrassen und ein Gipfelrestaurant einen traumhaften Rundblick bieten. Zum nahegelegenen Samson Peak führt der Bergwanderweg **Vista Trail**.

Banff ist ein Lieblingsziel der Japaner, denen das traditionsreiche Märchenhotel ★**Banff Springs** (s. S. 32) seit der TV-Ausstrahlung einer *Soap Opera* mit Schauplatz Banff als Traumziel gilt.

Reisegruppen bleiben meist auf den

» Karte S. 122, Info S. 145-147

SÜD-ALBERTA

ausgetretenen Pfaden und gelangen beispielsweise nur selten zu den hübschen Picknick-Seen **Two Jack Lake** (Kanuverleih) und dem Lieblingsplatz der Einheimischen, **Johnson Lake**. Der **Lake Minnewanka** (Teufelsee), 11 km nordöstlich von Banff, wurde 1941 aufgestaut, sein Wasserspiegel hob sich 22 m, der See wurde 8 km länger, damit ist er auch größter See des Parks. Das Dorf Minnewanka Landing wurde überflutet, und es ist heute für Taucher ein besonderes Abenteuer, die Unterwasser-Ruinen zu erforschen. Wie so viele Seen in den Rockies wirft auch dieser die Frage auf, wieso die hiesigen Seen eine solch intensive Farbe haben. Verantwortlich sind auch hier die Gletscher: Wenn das Gletscherwasser in einen See fließt, transportiert es kleine Partikel, die sich entweder am Grund ablagern oder aber im Wasser verbleiben. Diese kleinsten Teilchen sind in der Lage, Grün und Blau aus dem Lichtspektrum zu reflektieren. Wenn der Gletscher schmilzt, also besonders viele Partikel in den See einleitet, wirkt das Wasser besonders tiefblau oder smaragdgrün.

Auf dem Weg nach Lake Louise kann man den besser ausgebauten Highway 1 oder den älteren mit der Nummer 1a wählen, letzterer streift den spektakulären Johnston Canyon. Ein gesicherter Weg führt 1,1 km zu den **Lower Falls** und weitere 2,7 km zu den **Upper Falls**. Im Canyon stürzen sieben Wasserfälle zu Tal, die Upper Falls sind mit 30 Metern die höchsten. Diese Wasserfälle entstanden, weil hier Dolomitgestein und Kalkgestein aufeinander treffen. Das Wasser schießt über die härtere Kante des Dolomits und höhlt unterhalb den weicheren Kalkstein zu immer tieferen Becken aus. Irgendwann einmal unterschneidet das erodierte Becken den darüberliegenden Dolomit, der dann nachbricht, und so bewegen sich die Wasserfälle durch rückwärts schreitende Erosion stromaufwärts.

Wer über den Highway 1 fährt, sollte einen Abstecher nach **Sunshine Village** machen. Der Skiort beendet die Saison Ende Mai mit einem „Gaudirennen", bei dem kostümierte Skigestalten am Schluss über einen Pool springen müssen und zur Freude der Zuschauer den Satz fast nie schaffen. Vom Parkplatz in Sunshine aus gerechnet ist die Bergtour zum **Rock Isle Lake** 8 km lang. Meist schmilzt der Schnee dort erst Anfang Juli, Mitte bis Ende Juli bezaubern blühende Wiesen das Auge. Man erklettert schließlich den **Rock Isle Viewing Point**, der bereits jenseits der kontinentalen Wasserscheide liegt – zwischen den Flusssystemen, die in den Pazifik bzw. ins Nordmeer abfließen. Der Blick über den See, die Wiesen im Vordergrund und die grauen Bergriesen im Hintergrund gehört mit zu den schönsten Landschaftserlebnissen in den Rockies. Die Wanderung kann man bis Standing Ridge, einem weiteren Aussichtspunkt, oder zu den Seen **Rock**, **Grizzly** und **Larix Lake** ausdehnen.

★★Lake Louise

Der türkis schimmernde ★★**Lake Louise** (1731 m) ist der bekannteste und einer der schönsten Seen der Rockies. Dieser herrlich gelegene Endmoränensee wird überragt vom Mount Victoria (3459 m), dessen Gletscher fast das Ufer erreicht.

Das Dorf Lake Louise ist nur eine Straßenkreuzung mit Tankstellen, Supermarkt und Sportgeschäft. Sehenswert ist die **Old Railway Station**, heute ein entzückendes Restaurant, das man aber untertags auch nur auf einen Drink oder Kaffee besuchen kann. Die Inneneinrichtung besteht aus dem Mobiliar der alten Schalterhalle, historischer Eisenbahnbestuhlung und nostalgischen Fotos. Die attraktive Bahnstation bildete die Kulisse für eine Szene aus dem berühmten Film „Dr. Schiwago", den Regisseur David Lean 1965 unter anderem in der Gegend um Lake Louise drehte.

Rechts: Lake Louise und sein berühmtes Hotel.

SÜD-ALBERTA

Wer Lake Louise sagt, meint meistens nicht das Dorf, sondern das Luxushotel ★**Château Lake Louise**. Der Parkplatz quillt in der Hochsaison über von Bustouristen, die einen Blick auf den Luxus erhaschen wollen. Es ist anzuerkennen, dass Kuchen auf der Terrasse oder Lunch im *Deli* nicht überteuert sind. Auch die Preise für die Abendrestaurants sind erschwinglich. Der Favorit – vor allem bei den Asiaten – ist die *Walliser Stube*, wo der Käse fürs japanische Auge ungewohnt über der Fondue-Flamme blubbert. Die meisten Gäste werden auch mit den Schweizer Wappen recht glücklich sein, wenn auch dasjenige für den Kanton Bern einen Berliner Bär zeigt.

Das Château ist Ausgangspunkt für schöne Wanderungen, Einsamkeitserlebnisse sollte man hier jedoch nicht suchen. Die Zeiten eines Walter Wilcox, der die menschenleere Gegend für die Eisenbahngesellschaft inspizierte, sind lange vorbei. Populär ist der Spaziergang entlang dem See, der normalerweise von November bis Juni zugefroren ist – Lake Louise ist die „winterlichste" Gemeinde auf den klassischen Routen durch die Rockies und ein hochkarätiges Skigebiet: zweieinhalb Monate Sommer, dann schneit es wieder. Der See ist auch im August nur 4 °C „warm"! Am Seeufer gegenüber dem Hotel gibt es Boote, die zum Hotel zurückschippern. Wer es gerne etwas sportlicher angeht, marschiert weiter zur **Plain of Six Glaciers** (warme Kleidung, nur im Hochsommer, ab Parkplatz knapp 7 km einfache Entfernung). Auf 2135 m Höhe gibt es ein Teehaus, und nach weiteren 1,5 km erreicht man einen spektakulären Aussichtspunkt. Von hier oben sind sechs Gletscher zu sehen: **Lower Victoria**, **Upper Victoria**, **Aberdeen**, **Lefroy**, **Upper Lefroy** und **Popes**.

Eine der bekanntesten Wanderungen in den Rockies führt zum **Lake Agnes**, benannt nach der Frau des ersten kanadischen Premierministers. Die ersten zwei Kilometer durchqueren dichten Wald. Bevor der Pfad eine 180-Grad-Wendung macht, tun sich fantastische Blicke über den Lake Louise auf. Vorbei am kreisrunden **Mirror Lake** geht es

» **Karte S. 122, Info S. 145-147**

SÜD-ALBERTA

zum 2038 m hoch gelegenen Lake Agnes, der Form nach wie ein natürliches Amphitheater in den Fels geschliffen. Das dortige **Tea House** war das erste seiner Art in den Rockies, 1901 erbaut. Das heutige Gebäude ist eine Rekonstruktion aus dem Jahr 1981 (meist offen Mitte Juni bis Ende Sept.).

Und noch eines der beliebtesten Fotomotive der Rockies ist von Lake Louise aus zu erreichen: Die Moraine Lake Road führt zum malerischen ★★**Moraine Lake**, der auf der kanadischen 20-Dollar-Note prangt. Vom Parkplatz aus geht es über die Brücke zu einem Aussichtspunkt: im Vordergrund der tiefblaue See, im Hintergrund die **Wenkchemna Peaks**, ein Name aus dem Dialekt der Stoney Indianer, der „zehn Spitzen" bedeutet. Ein ca. 3 km langer Pfad führt vom Aussichtspunkt zu den **Consolation Lakes**, inmitten einer gewaltigen, baumlosen Szenerie. Der Upper Consolation Lake ist nur noch mittels Kletterei über Schotter und Felsbrocken zu erreichen.

★★Kootenay und ★★Yoho-Nationalpark

Die Hauptstrecke führt geradewegs nach Norden, die Ausflugsbusse aus Banff und Lake Louise streben dem Columbia Icefield zu, und die meisten Wohnmobil-Touristen machen sich Richtung Jasper auf. Wesentlich weniger befahren, aber äußerst lohnend ist jedoch eine Rundfahrt durch den ★★**Yoho National Park** und den ★★**Kootenay National Park**, die bereits zu British Columbia gehören. Womöglich ist die Runde etwas spektakulärer, wenn man über Kootenay nach Radium Hot Springs und über Golden zurück nach Lake Louise fährt.

Wenige Kilometer nach der Abzweigung auf den Highway 93 tut sich bereits ein erster atemberaubender Blick über **Twin Lake** und **Vista Lake** auf. Kurz danach verweist ein Schild darauf, dass die kontinentale Wasserscheide und die Provinzgrenze erreicht sind.

Vom **Kootenay Parkway** ist der **Stanley Glacier** auf einer sehr schönen Wanderung (Gehzeit: ca. 4 Std.) erreichbar; am Ende des Wegs eröffnen sich herrliche Blicke in Seitentäler und das von Gletschern überformte, trogähnliche Haupttal. Die ersten 2,4 km überwinden rund 220 Höhenmeter, die restlichen 1,8 km sind weniger steil. Der Weg führt auch durch das Gebiet des gewaltigen Buschfeuers von 1968, das 2630 ha Wald vernichtet hat. Es ist überaus interessant, dass sich auf der abgebrannten Fläche etwa doppelt so viele Pflanzenarten angesiedelt haben, als zuvor bekannt waren. Andererseits ist die abgebrannte Fläche der Erosion ausgesetzt, und Lawinen richten hier große Schäden an.

Die Straße verliert rasch an Höhe, nach knapp 7 km Fahrt sollte man un-

---

Oben: Wo bitte geht's zum Matterhorn? Schweizer Naturtöne in den Rockies. Rechts: Mountain Goats (Schneeziegen).

SÜD-ALBERTA

bedingt die drei kleinen orange- und ockerfarbenen Teiche **Paint Pots** besuchen, vom Parkplatz auf einem nur 1 km langen Lehrpfad erreichbar. Nach der Hängebrücke stößt man auf die **Ochre Beds**, Tonablagerungen, die teils mit eisenhaltigem Wasser gefüllt sind. Schon die Indianer nutzten dieses Naturphänomen: Sie formten aus dem Ockerton eine Art Kuchen, buken ihn, pulverisierten das Ganze wieder, vermischten es mit Tierfetten und bemalten mit dem gewonnenen Produkt Kleidung, Tipis und Gesichter.

Um 1900 begannen Weiße, den Ocker planmäßig als Farbpigment abzubauen. Der mühsame Weg bis Calgary war unter anderem daran schuld, dass das Unternehmen bald scheiterte, und das benutzte Gerät rostet heute noch vor sich hin. Am Ende des Pfades sind die Paint Pots zu bewundern, drei mineralische Quellen, in denen das Wasser der Tonerde zu Tage tritt. Die Löcher sind kegelförmig, weil die Eisenablagerungen den Rand immer höher werden lassen. Je tiefer das Wasser steht, desto mehr Druck entwickelt es und wirkt gegen den Druck des Quellwassers im Grund. Das Quellwasser sucht sich dann einen anderen Ausgang, verlassene Löcher entstehen.

Die Vegetation passt sich nun dem trockeneren, wärmeren Klima des **Columbia Valley** an. Wer seinen Kanadatrip Mitte Mai bis Mitte Juni plant, wird Lake Louise noch mit Schnee und gefrorenem See vorfinden, aber dann in **Radium Hot Springs** mit seinen Thermalquellen in den Frühling (und ins heiße Wasser) eintauchen.

Die Rundfahrt wendet sich ab **Golden** ostwärts zum ★★**Yoho National Park**. Der Name bedeutet in der Sprache der Cree Ehrfurcht bzw. Wunder – und das erste Naturwunder sind die **Wapta Falls**, die über einen 2,4 km langen Waldspaziergang zu erreichen sind. Sie werden genährt vom **Kicking Horse River**; der gleichnamige Pass führt hinüber nach Lake Louise. Der Name hat mit der Palliser Expedition zu tun. 1858 erreichte ein Teil der Expedition, angeführt von James Hector, einem schotti-

» **Karte S. 140, Info S. 145–147**

SÜD-ALBERTA

schen Arzt und Geologen, die Gegend oberhalb der Wapta Falls. Hector stürzte mit einem Packpferd, das Tier trat ihm in die Brust und Hector verlor ob dieser rüden Behandlung das Bewusstsein. Seine Begleiter wähnten ihn tot und begannen bereits sein Grab zu schaufeln, als der Totgeglaubte blinzelnd die Augen wieder aufschlug. Trotz großer Schmerzen ritt er am nächsten Tag weiter, seither heißt der Fluss „Kicking Horse".

Field ist eine alte Eisenbahnersiedlung und heute für Touristen insofern bedeutsam, als hier das Besucherzentrum des Parks gelegen ist, auch mit Schaltern der Fremdenverkehrsämter von B.C. und Alberta. Ein hier erhältliches Informationsblatt macht Appetit auf einen der Leckerbissen des Parks, den wunderschönen **Lake O'Hara**. Der Zutritt ist nur für eine limitierte Anzahl von Personen möglich (Camping) und erfolgt nur per Shuttle-Bus (Anmeldung nötig!). Mit dieser Prozedur schützt der Park sein höchst sensibles Ökosystem und gewährt Naturfreunden ein wirklich exklusives Landschaftserlebnis. Einige der Campingplätze sind eventuell kurzfristig erhältlich, wenn man am Tag vor dem gewünschten Besuch im Zentrum anfragt.

Mehr als 530 Mio. Jahre alte Fossilien lagern in den **Burgess Shale Fossil Beds** (östlich von Field). Diese paläontologische Lagerstätte wurde 1909 entdeckt und kann nur durch Führungen besichtigt werden.

Field ist auch der Ausgangspunkt zum 10 km entfernten ★★**Emerald Lake**, einem leuchtend türkisgrünen Bergsee vor der fotogenen Gletscherkulisse der über 3000 m hohen *President Range*. Bei einem knapp 5 km langen Spaziergang lässt sich der See umrunden, auf der dem Parkplatz gegenüberliegenden Seite kann man von Mitte Juni bis etwa Mitte Juli den *Yellow Lady's Slipper* blühen sehen. Diese (geschützte!) Orchideenart (Frauenschuh) wächst in schattigen Gegenden, aber

Oben: Mit Leihkanu auf dem Emerald Lake. Rechts: Blick vom Bow Summit auf den Peyto Lake.

SÜD-ALBERTA

auch auf Schotterebenen in der Nähe von Grundwasser.

Meist erst ab Mitte Juni ist die **Yoho Valley Road** geöffnet, die ins reizvolle **Yoho Valley** und zu den imposanten **Takakkaw Falls** führt. Mit 384 m Höhe sind diese gewaltigen Wasserfälle die dritthöchsten in ganz Kanada. Takakkaw bedeutet in der Sprache der Cree: „Es ist wunderbar".

Am Anfang der Straße liegt der Kicking Horse Campground, Ausgangspunkt für einen sehr interessanten Spaziergang in die Vergangenheit des Eisenbahnbaus. Zu Beginn des **Walk in the Past** liegt eine Broschüre aus, die sechs *interpretive stops* genau beschreibt. Vorbei an verlassenen Kohledepots – 1956 kamen dieselgetriebene Eisenbahnen – geht es über die ursprünglichen Gleisrouten zu einer 1885 gebauten Lokomotive. Normalerweise konnten Eisenbahnen nur 2,2 % Steigung bewältigen, am „Big Hill" aber mussten die Eisenbahnen 4,48 % überstehen. 14 Wagen, 700 Tonnen Fracht musste eine Lokomotive über 14 km hochschieben. Dieser Gewaltakt dauerte über eine Stunde, der Fahrplan war nie einzuhalten, denn die Züge blieben aufwärts öfter auf der Strecke oder entgleisten auf dem Weg abwärts. Lawinen und Muren taten ein übriges; die Eisenbahngesellschaft CPR hatte Todesfälle und Millionenverluste zu beklagen.

Abhilfe schafften 1909 die ★**Spiral Tunnels**, zwei geniale Tunnelsysteme in Form einer Achterspirale: 1,5 Millionen C$ kostete die revolutionäre Ingenieursleistung, 1000 Arbeiter waren beschäftigt, und 700 Tonnen Dynamit wurden eingesetzt.

Die Tunnel werden *The Pretzel* („Brezel") genannt, die genaue Funktionsweise erläutert am ★**Spiral Tunnel Viewpoint** ein Modell. Außerdem ist dort das technische Schauspiel zu beobachten, wie die Lok eines endlos langen Frachtzugs bereits aus dem oberen Tunnel herausschnauft, während die letzten Wagen im unteren Tunnel noch nicht verschwunden sind. Vorbild dieser Tunnelkonstruktion waren die Bahntunnel der Gotthardbahn in der Schweiz.

» Karte S. 140, Info S. 145–147

SÜD-ALBERTA

Auf dem ★★Icefields Parkway von Lake Louise nach Jasper

Als ★★**Icefields Parkway** bezeichnet man den Highway 93, der die Nationalparks Banff und Jasper durchzieht. Erster interessanter Haltepunkt auf der 230 km langen Fahrt entlang dem Icefields Parkway ist der ★**Bow Lake**. Über die hübsche Lodge **Num-Ti-Jah** mit Souvenirshop und Restaurant kippen Busse Ladungen von Menschen aus, die allerdings nur kurz den See ablichten und dann weiterfahren. Dabei verpassen sie die Wanderung entlang dem See zu seinem Schwemmfächer: Gletscherschmelzwasser transportiert Sedimente und lässt den Schuttkegel in den See hineinwachsen.

Entlang einem Canyon führt der Weg schließlich zum Fuß des **Bow Glacier**, der bedrohlich über seinem Betrachter „hängt". Zweiter Haltepunkt ist der Bow Summit Aussichtspunkt, auch **Bow Pass** genannt (2068 m). Spektakulär ist der Blick über den ★★**Peyto Lake** auch von einem weiteren Aussichtspunkt, den man nur zu Fuß erreicht. Wenn man vom Parkplatz zum Summit wandert, fällt auf, dass oben nur noch versprengte Krummholz-Baumgruppen stehen, wegen des starken Windes.

Im weiteren Verlauf führt der Parkway zunächst durch das Mistaya-, dann durch das Saskatchewan-Tal und windet sich schließlich hinauf zum **Sunwapta Pass** (2035 m) und zum Columbia Icefield. Weiße Schneeziegen klettern in den Felsen herum. Sie sind jedoch keine Ziegen, sondern weit näher mit asiatischen Bergantilopen verwandt und von den Dickhornschafen mit ihren gedrehten Hörnern und braunem Fell leicht zu unterscheiden. Die weißen „Ziegen" sind scheuer als die vorwitzigen Schafe, die am geöffneten Wagenfenster regelrecht um Leckerbissen betteln. Man sollte widerstehen, denn Kekse an Schafe zu verfüttern ist falsch verstandene Tierliebe.

Oben: Auf dicken Reifen – Spezialbusse auf dem Columbia Icefield. Rechts: Athabasca Glacier, Höhepunkt des Icefields Parkway.

» **Karte S. 140, Info S. 145-147**

SÜD-ALBERTA

Die Berühmtheit des im Rückzug begriffenen ★**Athabasca Glacier**, Teil des Columbia Icefield, rührt von dessen leichter Erreichbarkeit her. Sinnvoll ist zuerst der Besuch des **Columbia Icefield Glacier Discovery Centre**, das interessante geomorphologische Fakten rund um die Gletscher präsentiert. Von diesem Zentrum fahren **Spezial-Busse** zum *Iceseeing* direkt auf den Gletscher. Es besteht auch die Möglichkeit, über Schotter und Moränen zum Eis zu marschieren und ein kurzes Stück der Gletscherzunge hochzuklettern (Bergschuhe, dicke Jacke mitnehmen!). Beklemmend sind die Tafeln mit Jahreszahlen, die den Rückgang des Gletschers markieren – seit dem Jahr 1870 schon 1,6 km. Das Abschmelzen beschleunigt sich, mechanische Einwirkung und die globale Erwärmung sind die Ursachen.

Das gesamte ★★**Columbia Icefield**, die Hauptattraktion des Parkway, ist mit 325 km² das größte der Rockies, die Eisdicke beträgt durchschnittlich 365 m, maximal jedoch bis zu 900 m. Touren zum gläsernen ★**Glacier Skywalk** organisiert ebenfalls das Columbia Icefield Glacier Discovery Centre.

Die Strecke nördlich des Columbia Icefield ist weniger spektakulär und führt bis Jasper ständig leicht abwärts. 60 km vor Jasper lohnt ein Abstecher zu den eindrucksvollen **Sunwapta Falls**.

Wo sich später Highway 93 und 93a teilen, liegen die **Athabasca Falls**, sehenswerte Wasserfälle, die sich in eine enge Schlucht ergießen. Mehrere Brücken und Wege führen zu guten Aussichtspunkten an diesen schönen Kaskaden.

Jasper National Park

Der berühmte, bereits im Jahr 1907 gegründete **Jasper National Park** ist mit 10 878 km² der größte Park in den kanadischen Rockies und grenzt beim Columbia Icefield an den Banff National Park an – ein Gate muss man dabei aber nicht passieren.

Der Ort **Jasper** (1058 m) ist zwar ebenfalls von hohen Bergen umgeben, aber die Weite des Tals lässt die Berge

» Karte S. 140, Info S. 145-147

SÜD-ALBERTA

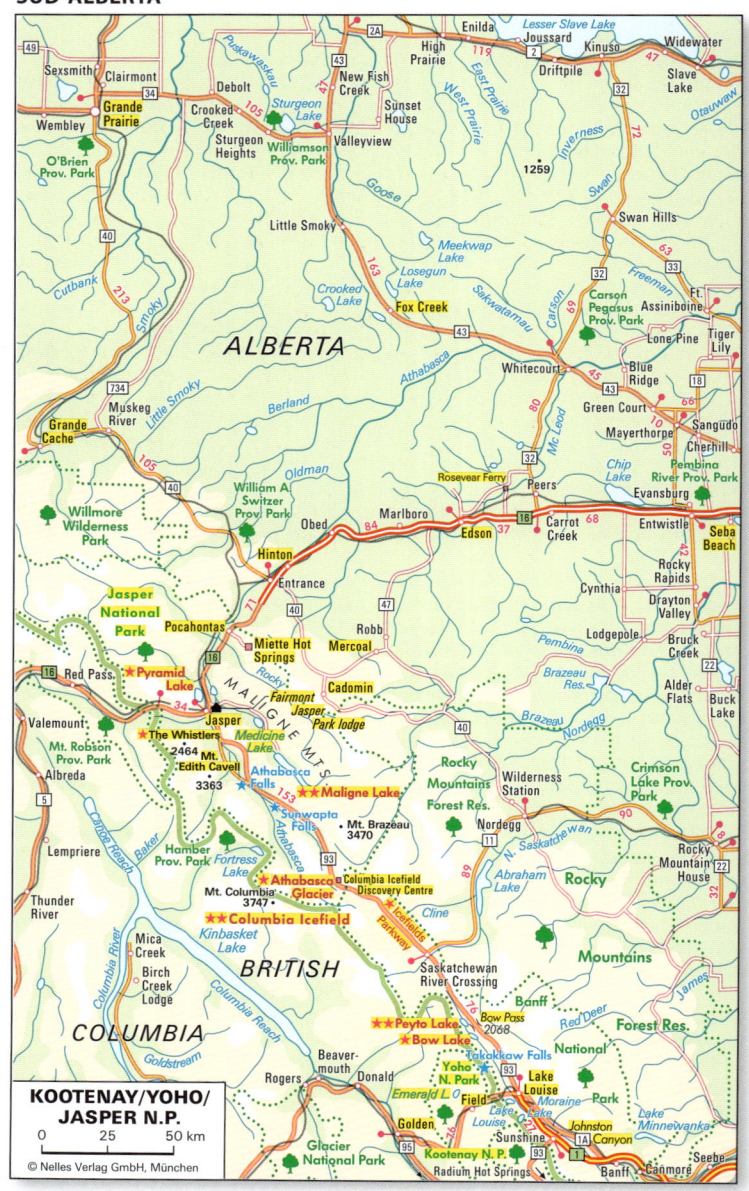

SÜD-ALBERTA

weniger bedrohlich heranrücken als in Lake Louise. Die ehemalige Eisenbahnersiedlung ist nett, aber nicht berauschend. Entlang der Hauptstraße reihen sich Shops, Restaurants und Souvenirläden aneinander. In „zweiter Reihe" fallen die vielen Kirchen des Orts auf, darunter die lutherische Kirche, mit Holzschindeln verkleidet und die katholische St. Mary, einem kleinen Schloss nachempfunden.

Dass sich Kanadakenner den Namen Jasper auf der Zunge zergehen lassen, liegt an den Landschaftsreizen rund um das Städtchen. Jasper vereint Bergerlebnis mit wunderbaren Seen.

Was die Berge betrifft, ist der 2464 m hohe Hausberg ★**The Whistlers** (benannt nach dem schrillen Pfiff der hier lebenden Murmeltiere) ganzjährig ein beliebtes Ziel. Die Seilbahn braucht für die knapp 1000 Höhenmeter sieben Minuten, und von der Bergstation führt ein 1,4 km langer Pfad zum Gipfel. So bequem gibt es selten – außer im Banff – einen so grandiosen Blick. Daher nehmen jedes Jahr ungefähr 150 000 Leute das Angebot wahr und tun der Gipfelregion dabei nicht unbedingt nur Gutes – auch hier der Appell, unbedingt auf den Pfaden zu bleiben.

Jasper ist umgeben von einer Vielzahl von Seen, jeder für sich genommen einzigartig, angefangen beim ★**Pyramid Lake**, der als Freibad von Jasper gilt. **Lake Edith** und **Lake Annette** auf dem Weg zur Jasper Park Lodge sind ebenfalls hübsche (Bade-)Seen. Lake Edith hat einen Sandstrand, am Lake Annette führt der Rundgang oder der Radrundweg durch Wald und vorbei an Wochenendhäuschen – jedes mit Seegrundstück. Wer dieses kanadische Lebensgefühl wenigstens für eine Weile genießen will, sollte sich ★einige Tage in der traditionsreichen ★**Fairmont Jasper Park Lodge** einmieten, die am malerischen **Beauvert Lake** liegt.

Die einzigartige Kombination von Bergen und Seen, Tierwelt und Pflanzen bezaubert vor allem im Juli auf den subalpinen Wiesen unterhalb des **Mount Edith Cavell**. Der 3363 m hohe Berg hieß bei den Cree „Weißer Geist" – wegen des seltsamen Lichtes, das in Mondnächten über dem schneebedeckten Gipfel lag. Der heutige Name soll an die tapfere britische Krankenschwester Edith Cavell erinnern, die im Ersten Weltkrieg alliierten Gefangenen zur Flucht verhalf und deshalb exekutiert wurde. Die Edith Cavell Road, ab Highway 93a rund 14,5 km, führt zu einem Parkplatz (für sehr große Wohnmobile zu kurvig). Dort beginnen zwei reizvolle Spaziergänge, der erste heißt **Path of the Glacier**. Faszinierend ist, wie der Angel Glacier hoch oben am Rand der Klippen des Mt. Edith Cavell klebt. Der andere Rundgang, **Cavell Meadows**, bringt den Besucher zu Heidekraut-Wiesen.

Das alles aber ist nur ein Einstieg, eine Art langsame Steigerung zu weiteren Höhepunkten: Die **Maligne** (sprich: ma-lien) **Road** gewährt Zutritt zu den großartigsten Naturschauspielen der Rockies. Im Lauf der letzten Eiszeit, der Wisconsin-Vergletscherung, schürften mächtige Talgletscher in die Haupttäler ein tiefes U-förmiges Profil; die kleineren Seitengletscher in den Nebentälern oben auf den Trogschultern konnten sich jedoch nur bis zur damaligen Oberfläche des jeweiligen Hauptgletschers eintiefen. Seit die großen Talgletscher abgeschmolzen sind, enden diese höher gelegenen Seitentäler im Nichts und scheinen nun zu „hängen". Das Maligne Valley ist solch ein Hängetal. Der Fluss stürzte einst als Wasserfall in das darunterliegende Athabasca-Haupttal, über Jahrtausende hat er sich aber eine steile Schlucht durch den Kalkstein gegraben, das Ergebnis ist nun der ★**Maligne Canyon**, einer der grandiosesten Canyons in Kanada. Es gibt mehrere Zugänge zum Canyon. Wenn man bei der sechsten Brücke (*Sixth Bridge Parking*) stoppt, hat man eine 3,7 km lange Wanderung canyonaufwärts vor sich, ab der fünften Brücke (*Fifth Bridge Parking*)

» Karte S. 140, Info S. 145–147

SÜD-ALBERTA

sind es noch 2,7 km, ab dem Hauptparkplatz *First Bridge* dauert der *Loop* nur einen kurzen Kilometer. Zumindest ab der fünften Brücke „einzusteigen" lohnt sich. Bei der zweiten Brücke erreicht der Canyon mit 55 m seinen tiefsten Punkt.

Oben beim Teehaus sind die **Potholes** (Gletschertöpfe) zu bewundern: Ein Wasserwirbel, vermischt mit Sand, beginnt, über die Jahre ein Loch herauszuschleifen. Fängt sich ein größerer Stein in dem Loch, verstärkt sich die Schleifwirkung. Wenn das Flussbett nach Jahren die Richtung ändert, bleiben diese Löcher zurück, mit Restwasser oder auch mit Erde gefüllt. Es entstehen „hängende Gärten mit Naturblumentöpfen" für Farne und Sträucher.

Nach den landschaftlichen Highlights ist das **Teehaus** ein angenehmer Platz zum Ausspannen.

Nach ungefähr 17 km ist der malerische **Medicine Lake** erreicht. Der See füllt sich bis Juli, im Herbst verschwindet er wieder – was die Indianer veranlasste, an *big medicine*, also einen großen Zauber, zu glauben. Der See entwässert in das Maligne-Karst-System, sein Wasser tritt bei der vierten Brücke des Canyons zutage oder landet in einigen der Seen rund um die Jasper Park Lodge. Bevor die Straße gebaut wurde, versuchten Bootsleute immer wieder, Touristen mit kleinen Fähren überzusetzen. Die Strömungen aber ließen Boote kentern, und die frustrierten Fährleute versuchten ernsthaft, die Löcher im Seeboden mit Zeitungen oder Matratzen abzudichten!

Schließlich nähert sich die Fahrt ihrem Höhepunkt. Kanada ist reich an malerischen Seen, jeder wunderschön und doch ist keiner vergleichbar mit dem ★★**Maligne Lake**: 22 km lang, bis zu 2 km breit, mit einer unwirklich blauen Farbe versehen, in 1673 m Höhe im reizvollen Maligne-Tal gelegen. Die typische Postkartenansicht vom See, mit **Spirit Island** im Vordergrund, erlebt man im Rahmen eines Bootsausflugs zum Südufer des Maligne Lake.

Henry MacLeod, einem Inspektor

Oben: Am Pyramid Lake. Rechts: Naturschönheit Maligne Lake mit Spirit Island.

SÜD-ALBERTA

der Canadian Pacific Railway, kam der See alles andere als perfekt vor. Als er ihn 1875 von Norden nach mühsamstem Fußmarsch erreichte, nannte er ihn den „See der entzündeten Füße" und schrieb ihn erst einmal als ein „unangenehmes Ende der Welt" ab. Die Stoney-Indianer schätzten den See hingegen schon lange. Als sich Mary Schäffer, eine weiße Entdeckerin, für das Gebiet zu interessieren begann, zeichnete Samson Beaver, ein Indianerhäuptling, eine ziemlich grobe Karte. Mary Schäffers Expedition gelang es 1908, den See zu finden, sie baute ein Boot und kartierte das Gewässer in nur drei Tagen. **Schäffers Lookout** (ca. 1 km am See entlang) ist nach dieser mutigen Frau benannt und tatsächlich der beste Punkt, um staunend über so viel Schönheit über den See zu blicken. An der kleinen Bucht führt ein Weg dann nach links und durch Wälder und Lichtungen zurück zum Parkplatz. Am Maligne Lake ist die Chance, Elche (*moose*) zu sehen, recht gut. Die scheuen Tiere mit fast 2 m Schulterhöhe tauchen oft am frühen Morgen oder am Abend am See auf.

Die meistbefahrene Route wendet sich in Jasper Richtung Westen, und selbst wenn man eigentlich zur Pazifikküste unterwegs ist, lohnt es sich, einen Abstecher bis an die östliche Parkgrenze zu machen. Die Berge treten zurück, der gewaltige **Athabasca River** bahnt sich seinen Weg durch eines der schönsten Täler der Rockies – besonders malerisch im Abendlicht.

Pocahontas, an der Miette Hot Springs Road, wurde 1908 erschlossen, als Frank Villeneuve hier Kohle entdeckte. In Erwartung einer zweiten Bahnstrecke durch die Rockies und dem daraus resultierenden Kohlebedarf für die Loks gab er dem Minengebiet den erwartungsfrohen Namen „Pocahontas" – nach einer erfolgreichen Mine in Virginia. Die Minenstadt hatte zwar bald 2000 Einwohner, aber die Eisenbahn kam nur kurz: Die Schienen wurden wegen des Stahlbedarfs im 1. Weltkrieg wieder abgetragen. Missmanagement, Grubenunglücke und ein Streik machten Pocahontas den Garaus, 1921 wur-

» Karte S. 140, Info S. 145-147

SÜD-ALBERTA

de die Mine geschlossen. Heute kann man auf einem *interpretive trail* die wenigen Reste der Mine erkunden oder einen etwas weiteren Spaziergang hinauf zum schönen Campingplatz machen.

Miette Hot Springs hat die heißesten Quellen in den Rockies, sie treten mit 54 °C zutage und werden auf 39 °C heruntergekühlt. Im warmen Wasser zu dümpeln, die Rockies im Hintergrund, hat seinen eigenen Charme, das Bad mit den Außenbecken ist herrlich altmodisch und nicht überlaufen.

Zwischen Jasper und Edmonton

Die erste größere Ansiedlung nach Jasper ist **Hinton**, eine industriell geprägte Stadt, die v. a. von der Forstwirtschaft lebt. Das **Alberta Forest Service Museum** beschäftigt sich mit diesem Wirtschaftszweig, und die **Weldwood Sägemühle** veranstaltet geführte Touren. Hinton selbst ist zwar wenig attraktiv, sein Hinterland jedoch um so mehr.

Abenteuerlustige sollten die Straße nach **Grande Cache** („Großes Versorgungsdepot") und weiter nach Grande Prairie nehmen: Wälder, so weit das Auge reicht, Flusssysteme und keinerlei menschliche Ansiedlungen. Bei Grande Cache (6 km nördlich des hübschen Orts) bildet der für Kanu- und Kajaktouren ideale **Smoky River** einen spektakulären Canyon, **Hell's Gate**. In Grande Cache gibt es Veranstalter, die den fast unzugänglichen **Willmore Wilderness Park** wie ihre Westentasche kennen: Faszinierende Rockies ohne Überkommerzialisierung! Im **William A. Switzer Provincial Park** bietet eine *adventure lodge* „Wildnis unter Anleitung".

Auch der Highway 40 nach Süden führt durch ein fast vergessenes Land: Coal Branch. Geisterstädte wie **Mercoal**, Höhlen bei **Cadomin**, traumhafte Ausblicke von der Wasserscheide zwischen Saskatchewan und Athabasca River, der **Cardinal Divide**. Und Menschen, die sich freuen, Gäste begrüßen zu können.

Für den **Yellowhead Highway** wurde eine Schneise in die schier endlosen Wälder geschlagen. **Edson** ist eine Kleinstadt. Das **Galloway Station Museum**, im alten Bahnhof, überblickt einen kleinen Park und thematisiert die Geschichte der Gegend. Im Schulhaus von 1913, **Red Brick Arts Centre and Museum**, wurde das alte Klassenzimmer restauriert, Bilder und Pioniergegenstände zusammengetragen. Man bekommt Respekt vor den Pionieren: 1910 kam die Eisenbahn mit den ersten Siedlern an, die dann mit Planwagen weiter Richtung Norden aufbrachen. Eine Ahnung von den Strapazen bekommt man auf einer Fahrt nach **Fox Creek** und nach **Grande Prairie**. Empfehlenswert ist der Abstecher zur **Rosevear Ferry** am McLeod River, einer an Kabeln befestigten Flussfähre.

Schon zum Einzugsgebiet von Edmonton gehört der **Wabamun Lake** mit dem hübschen Ausflugsort **Seba Beach** zum Baden, Bootfahren und Golfen.

Oben: Die scheuen Elche zeigen sich nur selten von ihrer Schokoladenseite.

SÜD-ALBERTA

Calgary (☎ 403)

Tourism Calgary, Suite 200, 11 Ave S.E., Calgary, Tel. 263-8510, www.tourismcalgary.com. Visitors Centres befinden sich im Calgary Int. Airport (Tel. 735-1234), im Calgary Tower (Tel. 750-2362) und in der Southcentre Mall (100 Anderson Rd, Tel. 271-7670).
Die kostenlose monatlich erscheinende Broschüre *Where Calgary* gibt es in Geschäften und Hotels.

The Red Carpet Steakhouse, edel und teuer, 6707 Elbow Dr SW, Tel. 255-1173, www.redcarpetsteakhouse.ca.
The Ranchman's, eine Institution in Calgary mit Riesensteaks, Spare Ribs und Western-Atmosphäre samt Tanzhalle, 9615 MacLeod Trail S., Tel. 253-1100. **La Chaumière**, ideenreich mit französischem Einschlag, 139 17th Ave, Tel. 228-5690, www.lachaumiere.ca. **Nellie's Kitchen**, sehr beliebt, ausgezeichnetes Frühstück, 738 B-17th Ave, Ecke 7th St SW, Tel. 244-4616.

Glenbow Museum, Mo-Sa 9-17, So 12-17 Uhr, 130 9th Ave SE, Tel. 268-4100. **Calgary Tower**, Juni-Aug. tgl. 9-22, sonst 9-21 Uhr, 101 9th Ave SW, Tel. 266-7171. **Telus Spark – The new Science Centre**, interaktives Wissenschaftsmuseum für alle Altersklassen, So-Mi 9-16, Do 9-21, Fr, Sa 9-17 Uhr, 701 11th St SW, Tel. 268-8300, www.sparkscience.ca. **Calgary Zoo, Botanical Garden & Prehistoric Park**, tgl. 9-18 Uhr, 1300 Zoo Road NE, Tel. 232-9300. **Fort Calgary Historic Park**, tgl. 9-17 Uhr, 750 9th Ave SE, Tel. 290-1875. **Heritage Park Historical Village**, Mitte Mai bis Anfang Sept. tgl. 9-17 Uhr, bis Mitte Okt. nur Sa/So, 19 Heritage Dr, Tel. 268-8500, www.heritagepark.ca. **Canada Olympic Park**, Okt.-Juni 10-16, Juli-Sept. 9-17 Uhr, Highway 1 West, Bowford Rd Exit, Tel. 247-5452.

Alberta Boot, Riesenauswahl an Cowboystiefeln, 50th Ave SE, www.albertaboot.com, Einkaufsstraße **Stephen Avenue Mall**, **Eaton Centre** und **Penny Lane Mall**.

Calgary Folk Music Festival, Ende Juli, kostenlose Mittagsaufführungen im Stephens Ave Mall, Century Park Garden und Olympic Plaza sowie Abendveranstaltungen, www.calgaryfolkfest.com.
International Native Arts Festival, in Calgary, Ende Juli, mit traditionellen Tänzen, Musik und Kunstgewerbe der Ureinwohner Nordamerikas und der ganzen Welt, Jazz Festival in der dritten Juniwoche.

Calgary Stampede, 2. Juliwoche, dauert 10 Tage (Beginn: freitags mit einer großen Parade); beliebtes Cowboy-Festival im Stampede Park. Infos und Ticketbestellung: **Calgary Exhibition & Stampede**, Box 1860, Station M. Calgary ABT2P 2L8, Tel. 261-0101, www.calgarystampede.com.
Calaway Park, Entertainment-Park, 2, Juni-Sept. tgl. 10-19, Mai-Okt. nur Sa/So 11-18 Uhr, Eintritt 32 C$, 10 km westl. auf Hwy 1, Ausfahrt Springbank, Tel. 240-3822.

Spruce Meadows, 5 km südwestlich von Calgary, berühmtes Zentrum für Pferdezucht, -training, -unterricht und Turniere. Täglich 9-17 Uhr Besichtigung. Anfang September findet das einzige internationale Springreitturnier Nordamerikas statt: **The Masters**, Tel. 974-4200.

Busbahnhof von Greyhound: 877 Greyhound Way SW, Tel. 260-0877. Der Luxusbus **Red Arrow Motorcoach** verkehrt zwischen Calgary und Edmonton, Terminal Fording Place, 205 9th Ave SE, www.redarrow.ca.
Eine schöne **Bahnfahrt** verspricht die Zweitages-Tour (mit Übernachtung in Kamloops) von Calgary nach Vancouver mit der privaten Eisenbahngesellschaft **Rocky Mountaineer Vacation**, Tel. 1-800-665-7245.
Calgary hat das **LRT-Train System**, auch C-Train genannt, das den Nordwesten, Nordosten und Süden der Stadt mit dem Zentrum verbindet. Sinnvoll ist es, das Auto an einer der Vorortstationen stehenzulassen und mit der Bahn ins Zentrum zu fahren. Der LRT-Verbund ist Downtown auf der gesamten Strecke zwischen City Hall und 7th Ave SW Ecke 10th St SW kostenlos nutzbar!

DIE ROCKIES (☎ 403)

Trail of the Great Bear, Broschüre für eine Route vom Yellowstone National Park in

SÜD-ALBERTA

Montana bis Jasper, erhältlich über die Touristen-Info der meisten Anrainergemeinden.

MIETTE HOT SPRINGS: Mineralbad, Anf. Mai-Mitte Okt. tgl. 10.30-21, Ende Juni- Anf. Sept. 8.30-22.30 Uhr, Jasper, Tel. 780-866-3939.

BOOTSTOUREN / KANU / ANGELN: Cruises am Waterton Lake, mit Fotostopps, Tel. 859-2362, Waterton Shoreline Cruises. Bootsfahrten auf dem **Lake Minnewanka**, Infotel. in Banff 762-3473, Transport ab Banff ist möglich, auch für Angler. Auf dem **Athabasca River** bei Jasper, Kanutrips in ruhigem Wasser mit *interpretive-program*; **Jasper Raft Tours**, Tel. 780-852-2665.
RAFTING: **Glacier Raft Company**, Whitewater Rafting am Kicking Horse River, auch Mehrtagestouren sind möglich, PO Box 428, Golden, Tel. 250-344-6591. **Wild Water Adventures**, Château Lake Luise Hotel, Lake Louise, Tel. 522-2211. **Banff Adventures Unlimited**, unterschiedliche Tourangebote, 211 Bear St, Banff, Tel. 762-4554. **Kootenay River Runners**, Raften auf Kootenay und White River, Abholservice ab Banff, Radium und Golden, Banff, Tel. 762-5385. **Whitewater Rafting**, verschiedene Raftingtours rund um Jasper, Jasper, Reservierung: Avalanche Esso, 702 Connaught Dr, Tel. 780-852-7238 oder über Fairmont Jasper Park Lodge, Tel. 780-852-3301.
SNOWCOACH: **Columbia Icefield Snowmobile Tours Ltd**, P.O Box 1140, Banff, Tel. 762-6700, www.brewster.ca.
BERGBAHNEN: **Sulphur Mountain Gondola**, Juni-August tgl. 7.30-21 Uhr, sonst kürzer, Banff, Tel. 762-2523, www.banffgondola. com. **Lake Louise Summer Sightseeing Gondola**, im Skigebiet, zur Whitehorn Lodge, Mitte Mai-Sept. 9-16.30 Uhr, Tel. 522-3555, www.lakelouisegondola.com. **Jasper Tramway**, Anfang April-Ende Okt., Box 418 Jasper, Tel. 780-852-3093.
HELI-RUNDFLÜGE: **CMH Heli-Skiing**, P.O. Box 1660, Banff, Tel. 762-7100, www.canadianmountainholidays.com.
REITEN: **Holiday On Horseback**, 1-2 Stunden-Ritte für Anfänger rund um Banff, Tagesritte, Ritte zu Outdoor-Camps, Box 2280, Banff, Tel. 762-4551. **Skyline Trail Rides**, Drei- und Viertagesritte, Jasper, Tel. 780-852-4215. **Sunrider Stables**, 1-2-Stunden-Ritte um Lake Annette, beide über Fairmont Jasper Park Lodge, Tel. 780-852-3301.
MOUNTAINBIKING: **Banff Adventures Unlimited**, organisierte Touren in den Rockies und Mountainbikeverleih, 211 Bear St, Banff, Tel. 762-4554.
MOUNTAINBIKE-VERLEIH: **Freewheel Cycle**, auch Tipps für Touren rund um Jasper, 618 Patricia Street, Jasper, Tel. 780-852-3898.

PARKS: Banff National Park, Banff Information Centre, 224 Banff Ave, Banff, Tel. 403-762-1550, www.pc.gc.ca **Lake Louise Visitor Centre**, Tel. 522-3833. **Jasper National Park**, Visitor Information Centre, Jasper, Tel. 780-852-6176. **Peter Lougheed Provincial Park**, Tel. 591-7226, 9-17 Uhr. **Waterton Lakes Nationalpark**, Visitor Centre, Entrance Rd und Prince of Wales Rd, www.pc.gc.ca/pn-np/ab/waterton. **Yoho National Park** Visitor Centre Tel. 250-343-6783, **Lake O'Hara** Reservationsnummer Tel. 250-343-6433, 8-16 Uhr.

Medicine Hat

Tourism Medicine Hat, Ecke Trans Canada Hwy/Southridge Drive, Tel. 527-6422, www.tourismmedicinehat.com.

Clay Industries National Historic District, Di-Sa 10-16 Uhr, 713 Medalta Ave SE, Tel. 529-1070.
The Esplanade Arts and Heritage Centre, Museum, Galerie und Theater, 401 First St SE, Tel. 502-8580.

Eine *self-guided-tour* führt vorbei an den Gebäuden der Jahrhundertwende, Broschüre erhältlich beim Tourist Centre.

Lethbridge

Chinook Country Tourist Ass., 2805 Scenic Dr MM, Lethbridge, Alberta, Tel. 320-1222, 1-800-661-1222, Infos für das gesamte Gebiet zwischen amerikanischer Grenze (S), der Grenze zu BC (W), bis Calgary (N) und Taber, Vauxhall (O).

Nikka Yuko Japanese Garden, Mai-Okt. tgl. 9-17 Uhr, Mayor Magrath Dr Ecke 7th

Ave, Henderson Park, Tel. 328-3511, www.nikkayuko.com.

Fort McLeod

Tourist Office, 23th Street, Tel. 553-4425.

Fort Museum, Mai-Juni tgl. 9-17, Juli-Aug. 9-18 Uhr, 219 25th St, Tel. 553-4703, www.nwmpmuseum.com. **Head-Smashed-In-Buffalo Jump**, supermodernes Interpretive Center, Mitte Mai bis Mitte Sept. 9-18 Uhr, übriges Jahr 10-17 Uhr, 18 km auf Hwy 785 nordwestlich von Fort McLeod, Tel. 553-2731.

Waterton

Cobblestone Manor, deftige amerikanische Küche, selbstgebackene Kuchen, historisches Haus (1889) aus Felsstein und Holz, antike Möbel, 173 7th Ave W, Cardston, 40 km östl. auf Hwy 5, Tel 653-2701.

Banff und Umgebung

Bumper's The Beef House, Spezialität: Alberta-Steaks und Prime Ribs, üppige Portionen, 603 Banff Ave, Tel. 762-2622. **Grizzly House**, die Institution in Banff, 40 Sorten Fondue in einer urigen Stube, 207 Banff Ave, unbedingt reservieren unter Tel. 762-4055, www.banffgrizzlyhouse.com.

Park Museum, Naturhistorisches Museum, Mai-Sept. 10-18, sonst 13-17 Uhr, 91 Banff Ave, Tel. 762-1558.
Wythe Museum, Ausstellungen zur Geschichte; Bücherei und Gemäldesammlung, 111 Bear St, Tel. 762-2291, tgl. 10-17 Uhr, www.whyte.org.

Banff Upper Hot Springs, Ende Mai-Mitte Okt. 9-23 Uhr, sonst tgl. 10-22 Uhr, Tel. 762-1515, www.hotsprings.ca.

Kootenay / Yoho

Park Visitor Centre in Radium Hot Springs, 7556 Main St East, Tel. 250-347-9505, www.pc.gc.ca.

Lake Louise

Lake Louise Visitor Information Centre, Samson Mall, Tel. 522-2744.

Lake Louise Station, Dinner im historischen Bahnhof, 200 Sentinel Rd, Tel. 522-2600. **Post Hotel**, der Gourmettreff in West-Kanada, Tel. 522-3989.

Jasper

Coco's Café, bestes Café am Platz, 608 Patricia St, Tel. 780-852-4550. **Truffles & Trout**, Cappuccino, Edelsandwiches, im Marketplace Ecke Patriza/Hazel St, Tel. 780-852-3152.

Edson

Edson & District Chamber of Commerce, 5433-3 Ave, Edson, Tel. 780-723-4918, www.edsonchamber.com.

Galloway Station Museum, Mitte Mai-Aug. tgl. 10-16.30 Uhr, 4818 7 Ave, Tel. 723-5696.
Red Brick Arts Centre & Museum, Mitte Mai-Aug. Mo-Fr 9-16.30 Uhr, Sa/So 12-16 Uhr, 4818 7th Ave, Tel. 723-3582.

Okotoks

Happy Valley Restaurant, bodenständige Mahlzeiten, 1500 Village Lane, Tel. 938-0122.

Wildwood

Wildwood Hotel, ein originelles Panoptikum aus Hotel, Pub, Waschsaloon und Restaurant, rustikale Gerichte, 4830 51 Ave, Tel. 780-325-2000.

Crowsnest

Frank Slide Interpretive Centre, Geschichte des verheerenden Bergsturzes von 1903, Crowsnest Pass, Tel. 562-7388. **Crowsnest Museum**, Geschichte des Orts, Di-Sa 9-17 Uhr, 7701 18 Ave, Crowsnest Pass, Tel. 563-5434.

NORD-BRITISH COLUMBIA

Oben: Auf dem Berg Lake Trail zum Mount Robson, 3954 m, dem höchsten der kanadischen Rockies.
Rechts: Fototermin im Barkerville „Living Museum".

NORD-BRITISH COLUMBIA

Mount Robson Provincial Park

Von Jasper kommend, erreicht man über den 1066 m hohen **Yellowhead Pass** den **Mount Robson Provincial Park** als ersten Park von Nord-British Columbia. Der **Fraser River** erweitert sich hier zum lang gestreckten **Moose Lake**, an dessen sumpfigem Ostufer im kurzen Sommer oft *moose* (Elche) äsen. Etwa 80 km westlich von Jasper ist der höchste Berg der kanadischen Rockies, der ★**Mount Robson**, erreicht. Er ist 3954 Meter hoch und wirkt deshalb so gigantisch, weil er unvermittelt fast 3000 m senkrecht aufsteigt. Es empfiehlt sich, erst das Besucherzentrum aufzusuchen und dort Broschüren mit Wandertipps mitzunehmen. Das Zentrum hält eine Broschüre für den herrlichen, 22 km langen ★**Berg Lake Trail** bereit, der so beliebt ist, dass es Zugangsbeschränkungen gibt; man muss Tage vorher ein *Permit* beantragen.

Viel begangen ist auch der 5 km-Weg zum **Kinney Lake**. Die Vegetation trägt hier Züge des Küsten-Regenwalds: Ursache dafür sind die hohen Niederschläge, die entstehen, weil sich am Gipfel des Mt. Robson häufig die Wolken stauen.

1,5 km östlich des Besucherzentrums beginnt der Weg zu den **Overlander Falls**. Er wurde nach den Goldsuchern benannt, die im Jahr 1862 als erste den „Überland"-Weg zu den Kamloops-Goldfeldern gewagt hatten.

Wells Gray Provincial Park

Wer Richtung Süden nach Kamloops unterwegs ist, sollte den vom Vulkanismus geprägten **Wells Gray Provincial Park** besuchen. Der Park ist schwer zugänglich: bei **Blue River** führt eine ungeteerte Straße bis zu einem Parkplatz; von hier ist es ein Spaziergang von 2,5 km bis zum grünblauen **Murtle Lake**. Von **Clearwater** aus ist der Park ebenfalls zu erreichen. Das Besucherzentrum in Clearwater hält Tipps für Wanderer bereit und auch für Kanuten, denn Wells Gray ist ein wahres Paddler-Paradies. Auch weniger sportliche Naturen können die Attraktionen des Parks auf guten Pfaden erreichen.

Noch außerhalb des Wells Gray, im **Spahats Creek Provincial Park**, sind die **Spahats Falls** und der 122 m tiefe Canyon beliebte Fotomotive. Im eigentlichen Wells Gray Park stürzen die kleineren, 18 m hohen **Dawson Falls** und die gewaltigen 137 m hohen **Helmcken Falls** in die Tiefe – letzterer immerhin doppelt so hoch wie die Niagarafälle!

Prince George

Richtung Nordwesten zieht sich der **Yellowhead Highway** durch das Fraser Valley 266 km bis Prince George. Der Verkehrsknotenpunkt **Prince George**

NORD-BRITISH COLUMBIA

ist durch die Holzwirtschaft groß geworden und auch bekannt durch das ★**Fort George** mit gleichnamigem Park am Ufer des Fraser River. Über dem betonierten Patio des Civic Centre ertönt klassische Musik, was daran erinnert, dass Prince George ein eigenes Symphonieorchester hat. Treffpunkt der Stadt ist der **Connaught Hill Park**: Auf diesem Hügel sonnt sich die Stadtjugend im Gras, flanieren Liebespaare, und Büroleute genießen ihre Mittagspause. Die Stadt lässt sich auf einem *heritage walk* erkunden.

Abstecher nach ★Barkerville

Von Prince George kann man einen lohnenden Abstecher nach Süden auf dem **Cariboo Highway** am Fraser River entlang nach **Quesnel** machen. Das Städtchen, eine Gründung aus der Goldsucherzeit, trägt den Titel *Gold Pan City*. Ein alter Hudson's Bay Trading Post wurde originalgetreu instandgesetzt. Auf dem Hwy 26 (Gold Rush Trail) erreicht man nach 90 km das Museumsdorf ★**Barkerville**, eines der lohnendsten „lebenden" Museen Kanadas. Dieses typische Goldgräberstädtchen, malerisch umrahmt von den Cariboo Mountains, entstand im Jahr 1862, nach Billy Barkers Goldfund hier im Williams Creek, quasi über Nacht. Bis 1868 galt Barkerville als die größte Stadt westlich von Chicago.

Unter den insgesamt 125 historischen Gebäuden findet man Barbershops, Druckerei, Hotel, Saloon und auch das **Theatre Royal**, das Vorführungen in der *Music-Hall*-Tradition bietet.

Von Ende Juni bis Anfang September beleben historisch Kostümierte das Straßenbild; Pferdewagen der *Pioneers* und Postkutschen rumpeln in dieser Zeit über die Hauptstraße.

Der weiter östlich gelegene ★**Bowron Lake Provincial Park** gilt als ein Paradies für Kanufahrer; sehr beliebt ist ein etwa 5-10-tägiger Rundkurs über 116 km, der siebenmal *Portage* (Kanu-

Foto: Herbert Monath

tragen) erfordert. Kanuverleih und Permits – es gibt nur 50 pro Tag – im **Visitor Centre**.

Der Ursprung des Goldrausches lag in **Horsefly** weiter südlich, wo man im örtlichen **Jack Lynn Museum** interessante Einblicke in die damalige Zeit bekommt.

Abstecher nach Fort St. John

Erster Stop auf dem ★**John Hart Highway** (Hwy 97) nach Norden sollte der **Bear Lake** sein, ein traumhaft gelegener See mit Sandstränden und einem wunderschönen Campingplatz – so schön, dass auch die Moskitos sich besonders wohl fühlen! Kleinere Provinzparks mit ansprechenden Seen reihen sich wie Perlen entlang dem Highway 97, die Landschaft erinnert sehr an Alaska.

McLeod Lake ist ein „ungeheuer historischer Platz": Es handelt sich um die erste Siedlung westlich des Hauptkamms der Rockies und nördlich von San Francisco! Schon 1805 errichtete

NORD-BRITISH COLUMBIA

Simon Fraser hier einen Handelsposten, heute besteht der historische Schauplatz nur aus einem Trucker-Treff und *Hangout* für Indianer aus dem benachbarten Reservat. Über den 933 m hohen **Pine Pass** führt die Route nach **Chetwynd**, einer von der Holzindustrie geprägten Stadt.

Nach einer landschaftlich schönen Strecke auf dem Hwy 29 ist **Hudson's Hope** erreicht, eine Gemeinde, die sich in sympathischer Weise um den Tourismus bemüht: Die Gemeindecampingplätze sind gratis, eine kleine Spende sollte aber selbstverständlich sein. Kopierte Zettel beschreiben die Sehenswürdigkeiten, eine rührige Gemeinschaft von Freiwilligen kümmert sich um Museum, Kirche und geführte Spaziergänge durch den Ort. Über den Namensursprung streiten sich die Heimatforscher: Die einen sagen, er sei ironisch gemeint und beziehe sich auf die tapferen Bemühungen der Hudson's Bay Company, hier in der Wildnis Anfang des 19. Jahrhunderts einen Posten zu bauen. Andere sehen den Ursprung im Altenglischen: *hope* steht dort für „kleines Tal". Das **Heimatmuseum** im ehemaligen *General Store* der Hudson's Bay Company sammelte akribisch Diverses von prähistorischen Funden und Trapper-Ausrüstungen über alte Waffeleisen bishin zu einem Bild von Marga MacDoughall. Diese vom Elend der Ureinwohner sehr betroffene Frau

NORD-BRITISH COLUMBIA

verteilte dann um 1940 Vitamintabletten an unterernährte Indianerkinder und brachte den Indianerfrauen das Stricken bei – und das in einer Zeit, als Kontakte zu Indianern alles andere als schicklich waren. Die romantische **St. Peter's Church** nebenan besteht aus einer Blockhausstruktur, gebaut Ende der 1930er-Jahre.

Hudson's Hope liegt malerisch am **Peace River**, und es lohnt ein Spaziergang vom **Alwin Holland Park** aus zu diesem gewaltigen, mäandrierenden Fluss mit Inseln und Stromschnellen. Eine schöne Wanderung führt zum **Cameron Lake** (Karten und Tipps im Tourist Info Center). Der gewaltige Fluss dient aber auch zur Energiegewinnung,

Peace Canyon Dam (5 km südlich des Ortes) und **W. A. C. Bennett Dam** (24 km westlich von Hudson's Hope) sind gewaltige Bauwerke, die auch interessierten Besuchern offenstehen. Ein unterirdisches Kraftwerk mit riesigen Turbinen und Generatoren sowie eine Ausstellung sind am W.A.C Bennett Dam zu besichtigen.

Die Strecke auf dem Highway 29, der nun weiter nach **Fort St. John** führt, gehört zu den wohl schönsten in Westkanada; atemberaubend sind beispielsweise die Blicke über das Tal des tief eingeschnittenen Peace River. (Beschreibung von Fort St. John und der Weiterreise auf dem Alaska Highway nach Yukon: siehe S. 227)

» Karte S. 150-151, Info S. 158-159

NORD-BRITISH COLUMBIA

Auf dem Yellowhead Highway zum Pazifik

Die Holzstadt **Vanderhoof** hat ein hübsches kleines **Heritage Museum**, bestehend aus einigen Gebäuden und einem Café, das nach traditionellen Rezepten kocht und bäckt. Vanderhoof ist Ausgangspunkt für einen Abstecher zum nördlich gelegenen ★**Fort St. James**, hübsch am Stuart Lake gelegen, das 1806 vom Entdecker Simon Fraser gegründet wurde. Es lässt den Pelzhandel zu Zeiten der Hudson's Bay Company um 1896 wiederaufleben: Die Beschäftigten erläutern in Originalkostümen Fakten und erzählen Anekdoten aus den rauen Pionierzeiten, und es gibt nach Indianerart geräucherten Lachs.

Fort Fraser am Hwy 16 hat eine nette kleine Kirche, die allerdings weniger frequentiert zu sein scheint als der Pub. Dort hört man Anglerlatein erster Güte,

Oben: Anknüpfen an alte Traditionen – in der Ksan-Holzschnitzerschule. Rechts: „Langhaus" im Ksan Historical Village.

denn schließlich befindet man sich jetzt am Eingang zum **Lake Country**. Am Ostende des **Fraser Lake** lädt der **Beaumont Provincial Park** mit seinen Sandstränden ein. Die Route führt nun durch Ranchland und erreicht den Ort **Burns Lake**, nicht viel mehr als eine Hauptstraße mit allen wichtigen Geschäften. Von Burns Lake sollte man südlich zum **Tchesinkut Lake** und zum **François Lake** fahren. François Lake hat eine Fähr-Anlegestelle, von der aus mehrmals am Tag eine kostenlose Fähre Autos auf die andere Seeseite nach **Southbank** bringt.

Am **Uncha Lake** und am **Takysie Lake** gibt es Unterkunftsmöglichkeiten (Lodge, Cabins, Camping). Hier dreht sich alles ums Angeln. Wer weniger ein Petrijünger als ein Abenteurer ist, kann auf einem fünftägigen *Tweedsmuir Boat Trek* eines der größten Outdoor-Abenteuer in West-Kanada bestehen. Vom **Ootsa Lake** aus geht es mit Booten in den fast unzugänglichen **Tweedsmuir Provincial Park**: Übernachtungen in rustikalen Hütten, Bootstransporte auf Schienen über Land und nichts als pure Einsamkeit!

Weiter westwärts auf dem Yellowhead Highway zweigt in Topley eine Straße nach **Granisle** am **Babine Lake** ab. Im Museum sind Kopien von Knochen eines Mammuts zu sehen, das 1971 vor Ort gefunden wurde.

Houston ist eine Gemeinde, bei der man sich des Eindrucks nicht ganz erwehren kann, dass sie mangels echter Attraktionen welche schafft. Im Zentrum ragt die größte Angel der Welt auf. Außerdem schmückt sich der Ort damit, dass hier der größte *steelhead*, ein Prachtexemplar einer heimischen, besonders kämpferischen Forellenart, gefangen wurde. Zudem bezeichnet sich Houston offiziell als *Forestry Awareness Community* und offeriert Führungen durch *demonstration forests* und eine Sägemühle.

Telkwa, in der Creesprache „wo sich die Flüsse treffen", ist dagegen ein hüb-

NORD-BRITISH COLUMBIA

sches und gepflegtes Dorf, dessen Gebäude aus dem Jahr 1908 stammen. Der Ort stimmt auf Smithers ein, eine ebenfalls sehr propere Stadt. Die Kleinstadt **Smithers** wurde im Chalet-Stil gebaut, die Hauptstraße, quer zum Highway, bietet als ansprechende Flaniermeile eine Reihe von Geschäften und Restaurants. Die Lage des Orts mit den Bergen im Hintergrund rundet den positiven Eindruck ab. Smithers ist im Sommer wie im Winter ein gutes Pflaster für Bergfexe: Bergsportgeschäfte, Bergsteiger- und Skischulen sind vorhanden. Das Fremdenverkehrsamt assistiert ebenfalls bei der Routenplanung und hat aus einem ausgezeichneten Wanderführer (s. Info) einige Vorschläge ausgekoppelt.

Moricetown bietet einen spektakulären Ausblick, bevor es nach **Hazelton** (einschließlich South und New Hazelton) weitergeht. Beim Restaurant Humming Bird bieten sich traumhafte Ausblicke zu den **Seven Sisters Peaks**. Der kleine, mustergültig restaurierte Ort wirkt wie ein lebendiges Museum, die eigentliche Attraktion aber ist ★★**Ksan Historical Village**.

In den 1950er-Jahren war die indianische Kunst der *Gitksan*-Indianer, der ersten *natives* an der Westküste, fast völlig verloren gegangen. Sie feierten zwar weiter hinter verschlossenen Türen ihre traditionellen Zeremonien, aber kaum jemand beschäftigte sich noch mit bildender Kunst. Dann initiierte ein Stammesangehöriger 1959 ein Museum für Kunstgegenstände, um die eigene Kultur vor dem Untergang zu bewahren. Die Resonanz war gewaltig, fast jede Familie steuerte künstlerisch wertvolle Objekte ihrer Vorfahren bei. 1970 entstand das Ksan Village, das seitdem ständig erweitert wurde. Es zeigt traditionelle Langhäuser aus Lebensbaumplanken, in denen jeweils mehrere Familien zusammenlebten. In einem ist nun eine **Holzschnitzerschule** untergebracht: Jeweils von Oktober bis April dauert das Semester; die Ausbildung dauert vier Jahre.

Ein weiteres Langhaus dient als **Museum**, die ausgestellten Gegenstände

NORD-BRITISH COLUMBIA

strahlen auch noch hinter Glas mystische Kraft aus. Ungewöhnlich sind die *bent boxes*, Holzkästen aus Thujenholz, die sehr vielseitig verwendet wurden: zum Aufbewahren von Gegenständen, als Särge, zum Kochen und sogar als Trommeln!

In einem Park ragen **Totempfähle** in den Himmel. Die Gitksan höhlten Pfähle aus, um sie für den Transport leichter zu machen und schnitzten Figuren, Gesichter und Tierfratzen in das Holz der Red Cedar. Die Pfähle waren 3 bis 21 m hoch, je nach der Bedeutung des jeweiligen Clanchefs. Sie sind in etwa mit europäischer Heraldik vergleichbar, symbolisierten den Clan, gaben das Verhältnis von Mensch und Tier wieder oder dienten als eine Art Denkmal für einen Verstorbenen. Sie waren nie Marterpfähle, wie das die ersten Europäer annahmen. Originale stehen heute entweder in den Museen oder verfaulen in den unzugänglichen Regenwäldern der Westküste. Nur wenige sind noch an zugänglichen Originalplätzen zu sehen wie z. B. 15 thematisch unterschiedlich gestaltete Pfähle in **Kispiox**. Ein besonders schönes Exemplar ist der berühmte Pfahl *Hole in the Sky* in **Kitwancool**. Er ist der älteste, der noch an seinem ursprünglichen Platz steht.

Kitwanga ist Ausgangspunkt für eine interessante Rundfahrt; erstes Ziel könnte die Missionskirche **St. Paul's** sein, deren Blockhausstrukturen von 1893 stammen. **Gitwangak Battle Hill** bezeichnet einen Siedlungsplatz der Tsimshian-Indianer, die auf einem Erdhügel in einem Palisadendorf lebten. Wen es nun nicht nach Alaska zieht, der biegt 35 km nach dem Kitwancool Lake bei **Cranberry Junction** nach Westen ab und setzt die Rundfahrt über eine ungeteerte Straße (Straßenzustand und Öffnungszeiten in Hazelton erfragen) nach **New Aiyansh** fort. Hier gibt es ein Besucherzentrum, das detaillierte Broschüren und Karten über den **Nisga'a Memorial Lava Bed Provincial Park** bereithält, eine ökologisch sensible Gegend, die nach einem Vulkanausbruch vor ca. 300 Jahren entstand. Die Legende besagt, dass übermütige Indianerkinder einen Lachs fingen und ihm brennende Hölzchen in den Rücken steckten. Daraufhin begann die Erde zu beben, Rauch und Flammen stiegen über dem Tal auf, und der mächtige Gott *Gwa Xts'agat* schickte Lavaströme in das Tal. Zahlreiche Ortschaften in der Region um New Aiyansh wurden von der Verwaltung umbenannt und tragen heute als Hommage an die Kultur der Ureinwohner indianische Namen.

Bei Terrace erreicht man wieder den Yellowhead Highway. **Terrace** ist ein wenig eindrucksvoller Ort, einladend ist aber der **Heritage Park**, der neun Blockhäuser aus der Zeit von 1910 bis 1935 bewahrt. Sehenswert ist auch das indianische **Kitsumkalum Village** mit einer Reihe beeindruckender Totempfähle. Terrace ist mit allen wichtigen Geschäften (und Tankstellen!) ausgestattet – denn die 132 km bis Prince Rupert durch das Tal des gewaltigen, lachsreichen **Skeena River** (einst wichtiger Verkehrsweg für Indianer und Siedler) blieben weitgehend verschont von jeder Zivilisation.

Wer die Region besser kennenlernen will, mache einen Abstecher nach **Kitimat**, an einem Pazifikfjord inmitten des Regenwalds gelegen. 100 km südöstlich wurden 317 000 Hektar borealer Regenwald unter Schutz gestellt (Camps buchbar). Der Wald liegt im Stammesgebiet der Haislaa, die die Region in ihrer Sprache als *Husduwachsdu*, „Quelle milchig-blauen Wassers", bezeichnen. Der Ort Kitimat ist Zentrum diverser Industrieanlagen, die von Interessierten besucht werden können, z. B. Eurocan Pulp & Paper (Papier) oder Alcan (Aluminiumhütte).

Auf dem Weg nach Prince Rupert ist der **Prudhomme / Diana Lake Provincial Park** zum einen ein guter Pick-

---

Rechts: Bear Watching vom Boot aus im Khutzeymateen Grizzly Bear Sanctuary.

NORD-BRITISH COLUMBIA

nickstop, zum anderen bietet er zwei hübsche, kurze Wanderwege: den 2 km **Diana Creek Trail** und den 2,5 km langen **MacDonald Trail**, der zu einem Aussichtspunkt führt, der beide Seen überblickt. Vor Prince Rupert lohnt ein Abstecher nach **Port Edward**, um dort die alte Fischfabrik im **North Pacific Historic Fishing Village** zu besichtigen. Dieses Industriedenkmal zeichnet ein beklemmendes Bild von den Zuständen in den Fabriken um 1900: Zu Hungerlöhnen wurde hier gearbeitet; in feuchten Massenlagern vegetierten ethnisch voneinander getrennt Europäer, Indianer und Chinesen oft jahrelang.

Prince Rupert und ★Grizzly Bear Sanctuary

Sollte es in **Prince Rupert** regnen, wäre das nicht ungewöhnlich: Die üppige Vegetation des *Coastal Rain Forest* lebt von den Regenwolken, die an den Küstengebirgen abregnen. Faszinierendes Beispiel ist die Region rund um das **Khutzeymateen Inlet**, ein verwunschen anmutendes Regenwaldgebiet (geschützt als Provincial Park), das als ★**Grizzly Bear Sanctuary** dient. Unvergessliche *Bear Watching Tours* zu den Grizzlies starten in Prince Rupert.

Auch im Stadtgebiet von Prince Rupert sind Riesen-Lebensbäume zu bewundern: Von Port Edward kommend, gibt es kurz vor dem Industriegebiet einen Parkplatz. Links der Straße führt ein Weg zu den **Tall Trees** und weiter zum **Mount Oldfield**. Rechts der Straße kann man zum **Morse Basin** wandern und am **Butze Rapid Viewpoint** eine Reihe von Stromschnellen beobachten, die ihre Richtung mit Ebbe und Flut ändern. Über die **Grassy Bay** geht es zurück zum Parkplatz.

Die Wohnviertel Prince Ruperts schmiegen sich an die Küste, recht hübsch anzusehen, wohingegen die Innenstadt eher enttäuschend ist. Wenn man die Straße zur alten Eisenbahnstation hinunter geht, kann man dort die kleine **Kwinitsa Station** besichtigen, das die Zeit der großen Eisenbahntransporte und des betriebsamen Hafens um

» Karte S. 150-151, Info S. 158-159

NORD-BRITISH COLUMBIA

1900 wieder aufleben lässt. Eisenbahntycoon Charles M. Hays war der große Förderer der Stadt. Eine Eisentreppe führt hinauf zum Zentrum, wo ein **Gedenkpark** von den vielen erzählt, die im Meer umkamen: Backstein für Backstein – jeder trägt einen Namen – wurde hier eine Mauer aufgeschichtet. Das Gebäude des Besucherzentrums beherbergt das ★**Museum of Northern B. C.**, das die 10 000-jährige Siedlungsgeschichte der Nordwestküste mit indianischen Kultgegenständen, Pionierzeit-Fundstücken, alten Fotos und Dokumenten erhellt. Nicht weit vom Museum finden im **Longhouse** Veranstaltungen der Gwisamiikgigol Dancers statt, die mit ihren Tänzen und Bühnenaufführungen die Traditionen ihres Stammes fortführen (Infos über Termine im Museum).

Wer sich für die Kultur der Küstenindianer interessiert, sollte auch einen Besuch der **Two Rivers Art Gallery** einplanen, die allein schon wegen ihrer Architektur auffällt.

Die ★★Inside Passage

Die ★★**Inside Passage**, der Wasserweg durch die Fjordlandschaft der Westküste, der von **Prince Rupert** südwärts nach **Bear Cove** bei **Port Hardy** führt, ist ein Höhepunkt jeder West-Kanada-Reise und alles andere als ein Geheimtipp: In der Hochsaison muss die Fähre mindestens zwei Monate im voraus gebucht werden, damit das Auto oder Wohnmobil Platz findet. Fahrradfahrer und Fußgänger können kurzfristig buchen. Die **B.C. Ferries** sind gepflegt, das gastronomische Angebot ist sowohl in der Cafeteria als auch im Restaurant gut und preiswert. So manchen zieht es gar nicht zum Essen, denn die 15 Stunden kann man auch staunend an Deck zubringen: Das Schiff stampft durch eine schmale, fjordartige Fahrrinne zwischen bewaldeten Inseln. Weißkopf-Seeadler kreisen über den Gipfeln, manchmal sind Grauwale zu sehen. Bis vor einigen Jahren legte das Schiff in Bella Bella an, einem Ort mit teils indianischen Bewohnern, der an Dörfer der skandinavischen Schäreninseln erinnert.

An diesen Fjorden lebten schon vor 10 000 Jahren Jäger und Sammler, die 500 km bis Port Hardy sind nur ein Teil der 20 000 km langen Küstenlinie. Ins Bewusstsein der Europäer gelangte die Gegend erst, als George Vancouver die Region kartierte und wirtschaftliche Interessen in den Vordergrund traten: Pelzhändler kamen, die den Indianern für wertlose Tauschobjekte Felle abnahmen und diese verschifften. Vor hundert Jahren waren es die Goldsucher, die den geschützten Seeweg zu den Goldfeldern am Klondike nutzten. Dann entdeckte man das Potenzial des Fischreichtums und gründete die ersten Dosenfabriken wie in Port Edward.

Ab 1900 kamen Gruppen von skandinavischen „Utopisten", die hier versuchten, in christlichen Gemeinden der Industriegesellschaft zu entfliehen. Die meisten scheiterten am schlechten Boden, dem Klima und der isolierten Lage. Selbst **Port Hardy** auf Vancouver Island war noch in den 1920ern eine undurchdringliche Wildnis aus Regenwald.

★★HAIDA GWAII (QUEEN CHARLOTTE ISLANDS)

Lohnend ist ein mehrtägiger Abstecher von Prince Rupert zu den **Haida Gwaii (Queen Charlotte Islands)**, zu erreichen per Fähre (6 Std.) oder Wasserflugzeug. Die mehr als 150 Inseln sind Vogelparadiese und nebelverhangene Regenwald-Oasen mit Traumstränden, doch stellenweise hat hier die Forstindustrie böse Wunden geschlagen.

Graham und **Moresby** sind die größten Inseln der Gruppe. Auf Graham Island befindet sich der Fährhafen **Skidegate**. 500 m östlich des Fährhafens liegt mit dem ★★**Haida Heritage Centre** ein aus zahlreichen Gebäuden be-

Rechts: Eine landschaftlich eindrucksvolle Seefahrt – die Inside Passage.

NORD-BRITISH COLUMBIA

stehendes Indianerdorf mit Restaurant und **Haida-Gwaii-Museum**, das über die 12 000-jährige Geschichte der Ureinwohner Auskunft gibt. Es beschäftigt sich nicht nur mit der Kultur der Haida-Indianer, sondern auch mit der Flora und Fauna des Küstenregenwaldes.

Es ist möglich, die Ostküste entlang zu fahren. **Tlell** ist eine agrarisch geprägte Gemeinde, die vom legendären *Mexican Tom* 1904 gegründet wurde, der hier aller Wetterunbill zum Trotz eine Ranch errichtete. Von hier aus geht es in den mehr als 700 km² großen **Naikoon Provincial Park**, was auf Haida „lange Nase" bedeutet: Er ragt im Norden wie eine Nase in den Ozean hinein (Rose Spit). Im Park kann man inmitten des Küstenregenwalds wandern, z.B. von der Tlell River Bridge zum malerischen Wrack der *Pesuta*, einem Holzschiff, das hier 1928 kenterte. In **Port Clements** gibt das **Port Clements Museum** Aufschluss darüber, wie mühselig Forstwirtschaft und Fischerei auf solch isolierten Inseln sind. **Juskatla** ist ein schmerzlicher Beweis dafür, wie der Respekt vor alten Kulturen und deren Naturglaube wirtschaftlichen Interessen untergeordnet wird. Hier herrscht Kahlschlag à la MacMillan Bloedel, und da hilft es auch wenig, dass ein Haida-Kanu, das beim Holzfällen entdeckt wurde, an seinem Fundplatz verbleiben konnte, denn rundum sind leider nur traurige Baumstümpfe zu sehen.

Ganz im Norden liegt die größte Siedlung der Inseln, **Masset**. Das Indianerreservat Old Masset mit 600 Haida-Indianern wurde als **Haida Heritage Village** restauriert; dort führen Haida-Künstler ihre Schnitzfertigkeit vor.

Von Skidegate kann man zur südlichen Nachbarinsel **Moresby Island** übersetzen. Dort ist **Sandspit** Ausgangspunkt für eine Fahrt (Vorsicht wegen der Holztransporter!) südwärts zur **Gray Bay** mit ihren einsamen Sandstränden. Der ★★**South Moresby/Gwaii Haanas National Park** besitzt mit dem indianischen Siedlungsplatz **Ninstints** auf **Anthony Island** eine Attraktion, die zum UNESCO-Welterbe zählt.

» **Karte S. 150–151, Info S. 158–159**

NORD-BRITISH COLUMBIA

NORD-BRITISH COLUMBIA
(☎ 250, 604 Großraum Vancouver)

Bowron Lake Provincial Park, Info: Tel. 778-373-6107.

Clearwater Visitor Information Centre, 425 East Yellowhead Hwy, Clearwater, Tel. 674-2646, Informationen zu den **Wells Gray** und **Spahats Creek Provincial Parks**, Infos und Broschüren für Wanderer und Kanuten.

Prince George Visitor Information Centre, 1300 First Ave, Tel. 562-3700.

Hudson's Hope Visitor Centre, 9555 Beattie Dr, Tel. 783-9154.

Nördliches British Columbia, mehrere regionale Zusammenschlüsse, www.bcadventure.com/adventure/explore/north.html und www.nbctourism.com. **BC Circle Tours**, Vorschläge für insgesamt 15 Rundtouren durch British Columbia, www.bcadventure.com/adventure/mbike/index.html und www.travel-british-columbia.com/tours/tours_drives.aspx.

Smithers Chamber of Commerce, 411 Court St, Tel. 847-5072.

Nisga'a Memorial Lava Beds, Infos über B.C. Parks, Skeena District, Smithers District Chamber of Commerce, Tel. 847-5072.

INSIDE PASSAGE: buchbar über BC Ferries, 1112 Fort St, Victoria, am besten schon zu Hause reservieren, Tel. 386-3431, www.bcferries.com, Ende Mai bis Ende Sept., in beide Richtungen alle zwei Tage.

HOLZINDUSTRIE: **Pulpmill/Sawmill Tours**: Eine ganze Reihe von Holzverarbeitungsbetrieben bietet Informationstouren durch ihre Fertigungsstätten an und stellt sich durchaus kritischen Fragen.

Canfor, der größte Holz verarbeitende Betrieb von B.C., bietet Touren durch Aufforstungszentrum und Produktion in Prince George an, Tel. 962-3500, www.canfor.com. **Babine-Augier Tour**, 54 km *self guided interpretive tour* mit neun Stops, Broschüre über Burns Lake Infocentre, Tel. 692-3773. **Houston Forestry Tours**, Infos über Houston Chamber of Commerce, Tel. 845-7640. **Kitimat Industrial Tours**, über Travel Info Centre, Box 214, Tel. 632-6294. **Chetwynd, Forestry Capital of Canada**, Ridge Hiking Trail mit Erklärungen im Gemeindewald, Besichtigung von Canfor und Canadian Forest Industry, zu arrangieren über das Infocenter, Tel. 788-3345. **Pacific Western Brewing**, Besichtigungstouren durch die Brauerei mit Bierprobe, 641 N. Nechako Rd, Prince George, Tel. 562-2424, www.pwbrewing.com.

KANU: **Ecosummer Expeditions**, auch Ausritte, Mountainbiking, Hundeschlittentouren, Rafting, Wandertouren, POBox 177, Clearwater, Tel. 674-0102, www.ecosummer.com. **Interior Whitewater Expeditions**, Rafting von Mitte Mai-Sept., Clearwater, 73 W Old Thompson Hwy, Tel. 1-800-661-7238, www.interiorwhitewater.bc.ca.

REITEN: **Stoecker's Wilderness Guest Ranch**, rustikale Ranch mit Blockhausunterkünften, RR 2, Burns Lake, Tel. 695-6640, www.ohwy.com/bc/s/stoecwgr.htm.

Wanderrouten empfehlen die lokalen Fremdenverkehrsämter. Für die Region um **Smithers** (Burns Lake bis Kitimat) eignet sich der hervorragende Führer von *Elmar Blix: Trails to the Timberline*, Fjelltur Books, z. B. in der Buchhandlung **Mountain Eagle Bookstore** in Smithers zu erwerben.

Wells Gray Provincial Park

Wells Gray Chalets & Wilderness Adventures, geführte Kanutouren, PO Box 188, Clearwater, Tel. 1-888-754-8735, info@skihike.com, www.skihike.com.

Prince George

China Sail Restaurant, für Fans der chinesischen Küche, 4288 5th Ave, Tel. 564-2828. **BX Neighbourhood Pub**, Pub im Jahrhundertwendestil, 433 Carney St/5th Ave. **Prince George Keg**, gute Steaks und Salate, 582 George St. **Papaya Grove Restaurant**, jeden Mittag wird ein Lunch-Buffet angeboten, der Sonntagsbrunch mit Lachs, Riesenschrimps und verlockenden Nachtischen könnte opulenter kaum sein, Esther's Inn, 1151 Commercial Crescent, Tel. 562-4131, www.esthersinn.com.

Capricorn Strings, Folklore-Musikinstrumente, 1769 Nicholson St.

NORD-BRITISH COLUMBIA

Eine besondere Art des Wanderns, mit einem Pack-Lama! **Strider Adventures**, Tel. 963-9542, www.strideradventures.ca.

Hudson's Hope

Lookout Café, populäres Lokal mit großer Auswahl von kleineren Gerichten, Tel. 783-5771.

Burns Lake

China Moon Restaurant, schmackhafte fernöstliche Gerichte, 117 Hwy 16, Tel. 692-7411. **Teddy's Family Restaurant**, deftige amerikanische Küche mit guten Brathähnchen, 261 Hwy 16, Tel. 692-3588.

Hazelton

Infocentre, 4070 Churchill St, Tel. 842-6071. Die Gemeinden entlang dem Hwy 16 informieren auf der Webpage: www.hiway16.com.

Humming Bird Restaurant, wunderbare Küche, Traumlage mit Aussicht, 2720 Hwy 62, Tel. 842-5628.

Ksan Historical Village, Hwy 62, 5 km südlich von Hazelton, Tel. 842-5544, www.ksan.org.

Prince Rupert

Infocentre, Mo-Sa 9-20, So 9-17 Uhr, neben dem Museum of Northern BC, 215 Cow Bay Rd, Tel. 624-5637.

Cow Bay Café, eine der besten Küchen der Stadt, 205 Cow Bay. **Smile's Seafood Cafe**, erst leckeres Seafood, dann die köstlichen Kuchen, 113 Cow Bay Rd.

Museum of Northern B.C., auch Touren u. Bootsfahrten, Mo-Sa 9-20, Juni-Aug. auch So bis 17 Uhr, 100 1st Ave, Tel. 624-3207, www.museumofnorthernbc.com.

Touren ins **Khutzeymateen Valley**: *Per Flugzeug*: **North Pacific Seaplanes**, Tel. 627-1341. *Per Boot*: **Ecotours by Sunchaser Charters**, 4, 6 oder 10 Tage, Bärenbeobachtung, sensibler Umgang mit der Natur, Tel. 624-5472.

Mcleod Lake

Mac Kenzie Junction Café, amerikanische Kost, 50070 Hart Hwy, Tel. 750-4454.

Terrace

Coast Inn of the West, solide „continental cuisine", Dining Room, 4620 Lakelse Ave, Tel. 638-8141.

Port Edward

North Pacific Historic Fishing Village, Mitte Mai-Mitte Sept ca. 10-17 Uhr, 1889 Skeena, Tel. 628-3538.

Barkerville

Ehemalige Goldgräberstadt (Museumsdorf), ganzjährig geöffnet, Vorführungen Ende Mai-Sept. tgl. 8-20 Uhr, Tel. 1-888-994-3332, www.barkerville.ca.

QUEEN CHARLOTTE ISLANDS

Infocentre, Queen Charlotte City, 3220 Wharf St, Tel. 559-8316, www.qcinfo.ca.

Fährverbindungen nach Queen Charlotte: **BC Ferries**, 1112 Fort Street, Victoria, Reservierungen unter Tel. 386-3431, Juni-Sept. 4-6-mal, sonst 3-mal wöchentl. ab Prince Rupert, Wasserflugzeuge verkehren mehrmals die Woche. Bei **Autotouren** auf den **Queen Charlotte Islands** bestehen teils Einschränkungen auf Holzwirtschaftsstraßen zwischen 7-17 Uhr. Infotelefon: 637-5436 (Moresby), 557-4212 (Graham).

Im **Gwaii Haanas N. P.** ist **Anthony Island** wegen der Indianersiedlung Ninstints ins Weltkulturerbe der UNESCO aufgenommen worden und nur per Boot oder Flugzeug ab Sandspit erreichbar. Infos und Reservierung für Individualreisende: Parks Canada, Tel. 559-8818; Haida Gwaii Watchman, Tel. 559-8225.

Im Museumsdorf Fort Steele ist die Bäckerei noch in Betrieb

SÜD-BRITISH COLUMBIA

SÜD-BRITISH COLUMBIA

DIE TÄLER IM SÜDEN VON BRITISH COLUMBIA

COLUMBIA VALLEY
OKANAGAN VALLEY
SIMILKAMEEN UND TULLAMEEN VALLEY
NICOLA VALLEY

British Columbia („B.C.") ist die Provinz der Columbia-Mountains-Hochgebirge, der Schneemassen und endlosen Wälder, mit der man zunächst Wintersport und Bergsteigen assoziiert, nicht aber Badeseen, Sandstrände oder gar Weinbau. Der Süden von B.C. wird von drei Längstälern durchzogen, die von der amerikanischen Grenze zwischen 150 und 200 km nordwärts ins Innere der Provinz vordringen. Und hier, im sogenannten *Interior B.C.*, herrscht durch die geschützte Lage inmitten von vier Bergketten (von Ost nach West: Rockies, Purcell Mountains, Selkirk Mountains und Monashee Mountains) ein fast mediterranes Klima, am ausgeprägtesten im Obst- und Weinbaugebiet Okanagan Valley.

COLUMBIA VALLEY

Von Radium Hot Springs nach Fort Steele

Ein verblüffender Kontrast: Wer im Frühsommer aus den Rockies kommend südwärts durch den Kootenay National Park fährt, wird, je weiter er nach Süden vordringt, von winterkahlen Bäumen zu immer üppigerem Grün gelangen. ★**Radium Hot Springs** bedeutet ein plötzliches Eintauchen in den Sommer: Nicht nur die Quellen sind heiß, sondern meist auch das Wetter. Kurzbehoste Menschen mit knappen Leibchen sitzen in Straßencafés und löffeln Eis. Der Ort an der Kreuzung von Highway 95 und 93 besteht aus altmodischen Motels und Restaurants im Alpenlook. Gegenüber dem „Old Salzburg Restaurant" steht eine Mischung aus Pippi-Langstrumpf-Villa und Palisadenburg. Burgherr ist Rolf Heer: Er schnitzt bizarre Skulpturen und betreibt einen Souvenirshop wider den tierischen Ernst. Das **Thermalbad** selbst liegt etwas talaufwärts und und zeigt, dass die Jahre nicht spurlos an der Einrichtung vorübergegangen sind. Mondäner Kurbetrieb herrscht hier keiner, aber es ist sehr angenehm, sich im Außenpool zu entspannen.

Das weite Tal des **Columbia River**, das besonders in den Frühlings- und Herbstfarben bezaubert, hat sich neben den hervorragenden Wassersportmöglichkeiten auch als Golferparadies profiliert; die „Großen Fünf" im Tal stehen auf Beliebtheitslisten der besten **Golfplätze** Kanadas weit oben (siehe Feature „Golf", S. 22).

Die Landschaft des Columbia Valley ist auch von Radium Hot Springs nach Süden hin von faszinierender Schönheit: Der Fluss bahnt sich in Mäandern seinen Weg und verbreitert sich zwischen Invermere und Canal Flats zum

Links: Thermalbad Radium Hot Springs.

» Karte S. 164-165, Info S. 177-179

SÜD-BRITISH COLUMBIA

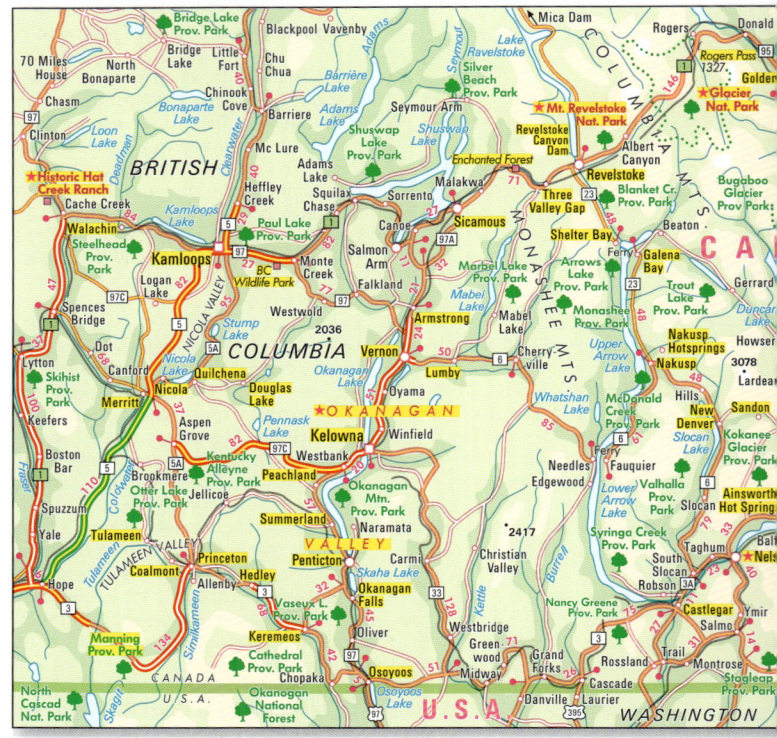

Lake Windermere und **Columbia Lake**. Die schneebedeckten Rockies malerisch im Hintergrund bilden einen verblüffenden Kontrast zur Südspitze des Sees (**James Chabot Provincial Park**, Badestrand), wo Bikinischönheiten über die Straße flanieren, Beachboys ihre Windsurfbretter schleppen und womöglich jemand mitten im Ort seine Taucherausrüstung ordnet.

Der hübsche Ort **Invermere** zeigt eine Mischung aus Strandleben, Western- und Pionierzeit und Alpenfolklore. An die Pionierzeit erinnern will das **Windermere Valley Museum**, das mit sieben Gebäuden das Leben zur Pionierzeit porträtiert. Im Zentrum hingegen prunken Schilder mit Aufschriften wie *Alpen- Meats & Delicatessen* oder *European Sausage*.

In **Windermere** ist neben der entspannten Atmosphäre eines Badeorts und dem restaurierten **General Store** die **Stolen Church** eine Attraktion: Celina Kimpton zog von Donald nach Windermere und vermisste ihre Kirche. Ihr Mann Rufus trug die Kirche ab und baute sie in Windermere wieder auf.

Auf dem Weg nach **Fairmont Hot Springs**, einem Thermalbad mit mehreren Becken 35 °C und 48 °C warmen Wassers, wirkt die Landschaft ziemlich europäisch, man fühlt sich an die Alpen erinnert. Die Straße quert den **Dutch Creek**, direkt an der Straße erheben sich schön ausgeprägte **Hoodoos**, Erd-

SÜD-BRITISH COLUMBIA

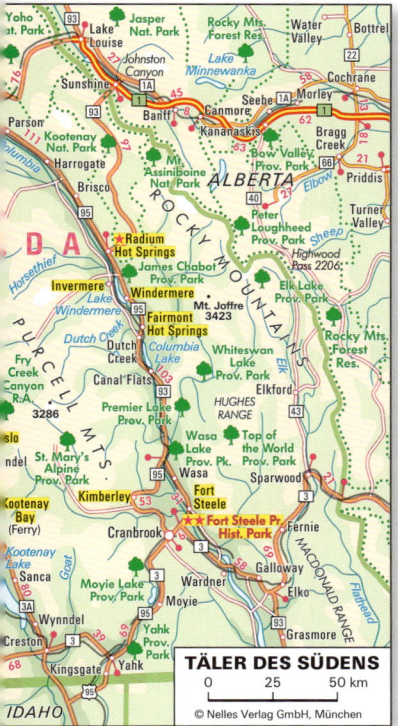

Der **Top of the World Provincial Park** bietet Wildnis-Erlebnis pur: Die Zufahrtsstraße ist auch bei trockenen Verhältnissen im Hochsommer ein Abenteuer, der Park ist schwer zugänglich und nur mit einem zweistündigen Fußmarsch ab dem Parkplatz am Ende der Zufahrtspiste zu erreichen. Dann aber erreicht man den **Fish Lake**, einen Bergsee von atemberaubender Schönheit, und der spektakuläre **Mount Morro** (2912 m) ist zum Greifen nah.

Mit **Kimberley** ist der skurrilste Ort der Rockies erreicht: Als im Jahr 1972 die örtliche Mine schließen musste und das Dorf Gefahr lief, durch Abwanderung zu einem Geisterdorf zu werden, hatten findige Touristiker die Idee, ein **Bavarian Village** zu gründen. Der Bereich um das „Platzl" besteht aus einer Mischung aus bayerischen Elementen, Schweizer Fonduestuben, Schwarzwaldfolklore und Restaurants. Dass die Kanadier den Begriff „bayerisch" sehr weit fassen, zeigt die Speisekarte im „Gasthaus am Platzl". Neben Gulasch tauchen dort Spezialitäten wie Rheinischer Sauerbraten und Wiener Schnitzel, Kassler Rippchen und Bratwurst auf.

Von Kimberley lassen sich Ausflüge in die malerischen **Purcell Mountains** machen, der **St. Mary's Alpine Park** eignet sich zum Wandern.

Östlich von Kimberley liegt **Fort Steele**, ein hervorragend restaurierter ehemaliger Außenposten der *North West Mounted Police*. 1864, als der Goldrausch das Gebiet der Kootenay-Indianer am Wildhorse Creek erfasste, entstand diese Siedlung. Den Namen Fort Steele bekam sie erst 1888 zu Ehren von Superintendent Samuel Steele, der durch Diplomatie Indianeraufstände verhindern konnte. 1898 ließ die Eisenbahn das Fort links liegen und zog eine Streckenführung durch Cranbrook vor: Fort Steele wurde zur Geisterstadt, erst das Engagement der Provinzregierung machte 1961 den ★★**Fort Steele Provincial Historic Park** daraus, mit einem Freilichtmuseum und Häusern im

pyramiden, wie man sie beispielsweise auch in Banff sehen kann.

Kurz nach Canal Flats zweigt eine Straße zum **Whiteswan Lake Provincial Park** ab, wo die idyllischen, naturbelassenen **Lussier Hot Springs** aus der Erde sprudeln. Fast jeder der kanadischen Besucher des Parks hat seine persönliche Bären-Story parat, und mit steigendem Bierkonsum an den Campingplatz-Lagerfeuern werden die Bären immer größer und gefährlicher.

Geschichten über Riesenfische und Bären kann man auch im **Premier Lake Provincial Park** (Abfahrt bei Skookumchuck) hören, ebenfalls ein malerischer Park, den hauptsächlich die Einheimischen besuchen.

SÜD-BRITISH COLUMBIA

viktorianischen Stil sowie Mitarbeitern in historischen Kostümen, die zu einem Ausflug in die Geschichte animieren.

Über 60 Gebäude auf dem weitläufigen Areal wurden restauriert: die Schmiede, das Windsor Hotel, das Theater, der Prospector Print Shop und die Kirchen. In der Bäckerei kann man die Brotlaibe direkt ab Holzofen kosten, im International Hotel wird viktorianische Küche serviert. Man spaziert auf Holzplanken an Pionierzeitfassaden entlang und versetzt sich mit Leichtigkeit in das Leben des 19. Jahrhunderts: Das Schild von Dr. Watt, der *Painless Dentistry* versprach, sieht jedenfalls nicht sehr vertrauenserweckend aus!

Von Radium Hot Springs über Golden nach Revelstoke

Eine wunderschöne Fahrt führt von Radium Hot Springs durch das Columbia Valley nordwärts. Eine Häufung von Fotomotiven breitet sich aus: der gewundene Flusslauf des Columbia Valley, Bergriesen und als Farbtupfer die roten Wagen der Güterzüge.

Golden ist kein besonders spektakulärer Ort, aber ein guter Ausgangspunkt für Wanderer, Angler und Rafter. Informationen über Wanderungen – z. B. zum hübschen **Gorman Lake** – hält das District Office bereit. Interessant und erholsam ist eine Bootstour auf dem Columbia River. Wer sich für die Geschichte der Region interessiert, besuche das **Golden Museum**, das allerhand über Schweizer Bergführer, Bergbau und das Leben in der Pionierzeit zu berichten weiß. Die Museumsgesellschaft rettete auch ein altes Schulhaus aus Brisco und restaurierte die alte Eisenbahnstation – alles eher bescheiden, aber sympathisch, weil das ehrliche Engagement der Menschen dahinter zu spüren ist.

Von Golden besteht die Möglichkeit, westwärts Richtung Revelstoke zu fahren. Gerade hier in der unzugänglichen Wildnis der Columbia Mountains wird

Oben und links: Zweimal Abenteuer bei Golden – River Rafting und der Abbott's Ridge Trail im Glacier National Park.

>> Karte S. 164-165, Info S. 177-179

SÜD-BRITISH COLUMBIA

wieder einmal klar, welch übermenschliche Anstrengung es gewesen sein mag, den Eisenbahn- und Straßenbau voranzutreiben. Erst im Jahr 1881 gelang es Major A.B. Rogers, so weit nach Westen in die **Selkirk Mountains** vorzudringen auf der Suche nach einer Route für die Eisenbahn. Deshalb wurde er Namensgeber für den **Rogers Pass** (1327 m), auf dessen höchstem Punkt ein Besucherzentrum über die feindliche Natur Auskunft gibt. Zahllose Lawinen verschütteten im 19. Jh. die Eisenbahn; heute fährt sie in einem 8 km langen Tunnel unter dem Bergmassiv durch. Hier im ★**Glacier National Park** sind 12 % des Gebietes mit Eis bedeckt, rund 140 Gletscher schieben ihre Zungen weit talwärts, und das Wetter ist oft ebenso abweisend wie die Gletscherregion selbst.

Im ★**Mount Revelstoke National Park** ist – mehr noch als im Glacier National Park – die Regen- oder Schneewahrscheinlichkeit extrem hoch. Der schön gelegene Ort **Revelstoke**, eingebettet zwischen die Selkirks und die Monashee Mountains, ist eine Gründung der Canadian Pacific Railway. Für Abwechslung ist im Ort reichlich gesorgt. Es gibt mehrere Museen zu Themen wie Forstwirtschaft, Feuerwehr, Eisenbahn, Geschichte und mechanische Musikinstrumente. Im Einzugsbereich von Revelstoke kann man sich außerdem in zwei **Warmwasserfreibädern** vergnügen und zwei außerhalb gelegene Staudämme besichtigen. Am schönsten ist aber natürlich die traumhafte Naturszenerie mit den beiden östlich gelegenen Nationalparks. Sollte das Wetter gut sein, lohnt sich die Fahrt entlang der ★**Summit Road** auf den 1938 m hohen **Mount Revelstoke**, um von dort aus Wanderungen zu unternehmen; Ende Juni bis August bezaubern dort traumhafte Blumenwiesen.

Von Revelstoke zum Kootenay Lake

Die **Selkirks-Region** zwischen den Purcell und Monashee Mountains ist eine relativ isolierte Gegend, raue Gebirgslandschaft wechselt sich ab mit

SÜD-BRITISH COLUMBIA

landwirtschaftlichen Flächen, besonders der Süden zwischen Nelson und Trail ist agrarisch geprägt. Viele der Farmen in den **Kootenays** im Südosten werden noch von *Dukhobor* (Duchoborzen) betrieben. Die Dukhobor sind eine religiöse Gemeinschaft, die den Wehrdienst und – damals – den Treueschwur auf den Zaren von Russland ablehnte. Sie wurden Ende des 19. Jh. verfolgt und flohen zu Tausenden nach Kanada, wo sie ein eigenes Gesellschaftssystem mit kommunalem Besitz aufbauten. Die alte Generation versucht, überlieferte Werte und ihre Sprache zu bewahren. Über diese besondere Glaubensgemeinschaft informiert das **Doukhobor Discovery Centre** in **Castlegar**.

Die Kootenay-Region liegt abseits der touristischen Hauptrouten und weit weg von kanadischen Wirtschaftsinteressen: Die blühenden Zeiten des Silberbergbaus sind längst vorbei.

Einige der ehemaligen Bergbaustädtchen am Westbogen des Columbia River versanken nicht nur im Dunkel der Geschichte, sondern wurden von den Wassermassen des **Arrow Lake** Staudammprojekts überflutet. Wasser regiert ohnehin das Leben in dieser Region: Reizvoll für Touristen sind die vielen romantischen Fähren anstelle sonst üblicher Brücken. Von **Shelter Bay** setzt eine Fähre nach **Galena Bay** über, die Weiterfahrt führt zum Landstädtchen **Nakusp**. Nakusps Nachbarort **Nakusp Hot Springs** hat zwei Thermalbecken (39 °C und 44 °C). Von Nakusp gibt es eine Verbindung hinüber ins Okanagan Valley, indem man von Fauquier nach Needles den Arrow Lake per Fähre überquert und dann dem Hwy 6 durch herrlich wilde, einsame Landschaft folgt.

Von Nakusp südostwärts gelangt man auf dem Hwy 6 nach **New Denver**, einem verschlafenen Ort, der eine authentische Kulisse für einen Film über die Pionierzeit abgeben würde. Aber es bedarf einiger Fantasie, sich heute die Saloons und die Schießereien unter den abenteuerhungrigen Bergleuten vorzustellen. In **Sandon** (über eine ungeteerte Straße zu erreichen) fällt diese Vorstellung noch schwerer: Man sieht nur noch Fundamente, Schutthaufen und eine wild wuchernde Natur, die sich ihr Reich zurückerobert. Dabei war Sandon 1886 eine Stadt mit über 5000 Einwohnern und mit Elektrizität, während in vielen anderen Orten die Leute froh waren, wenn ihre Petroleumlampen funktionierten! Um die Geschichte des Ortes vor dem Vergessen zu bewahren, gibt es ein kleines **Museum** mit faszinierenden alten Fotos.

Der Highway 6 führt südwärts bis **Slocan**. Von hier aus ist der **Valhalla Provincial Park** am besten zu erreichen: Diese 50 000 Hektar Wildnis sind ideal für Backpacker, die zu abgelegenen Zeltplätzen wandern und Natur pur genießen wollen.

Am Westarm des Kootenay Lake, den die **Big Orange Bridge** überspannt, liegt ★**Nelson**, ein aufstrebender Urlaubsort mit **Badestrand**, der teils sein Ortsbild aus der Zeit um 1900 bewahrt hat: Viele viktorianische Gebäude wurden restauriert, besonders entlang der **Baker Street**. Etliche Kunsthandwerker leben in Nelson und bieten ihre Werke in den örtlichen Galerien an. Zu dem für Pulverschneereichtum bekannten **Whitewater-Skigebiet** sind es 20 km.

Wer von New Denver auf der 31A ostwärts fährt, kommt nach **Kaslo**, wo die **S.S. Moyie**, ein historischer Schaufelraddampfer, heute als **Museum** für die Geschichte der Region dient. Jeden August findet mit dem **Kaslo Jazz Etc Festival** eine Veranstaltung statt, die in der ganzen Region bekannt und beliebt ist.

Ein anderes Schiff verkehrt noch heute 36 km südlich auf dem **Kootenay Lake**: die Fähre zwischen Balfour und Kootenay Bay. Zwischen Kaslo und dem Fähranleger liegt **Ainsworth Hot Springs**, einst ein mondänes Thermalbad, das nach wie vor Charme besitzt.

Rechts: Nelson – Badestrand am Kootenay Lake und „Big Orange Bridge" von 1957.

SÜD-BRITISH COLUMBIA

★ OKANAGAN VALLEY

Viele, die sich mit Auswanderer-Fantasien tragen, würden gerne auf Vancouver Island oder aber im Okanagan Valley leben. Klimatisch ist dieses Tal ein begnadetes Fleckchen Erde: Die Winter sind nur mäßig kalt; mehrere Skigebiete sind innerhalb einer Stunde problemlos erreichbar. Der Frühling kommt verlässlich im April, Regenfälle beschränken sich meist auf den Juni. Dann erinnert das Tal drei wundervolle Monate lang an Andalusien: Heiße, trockene, sonnige Sommer mit Temperaturen über 30 °C lassen auf den Bergrücken nur eine karge Vegetation zu. Es wachsen Pflanzen wie Ponderosa-Kiefern und *Sagebrush*, nordamerikanischer Beifuß, die mit Trockenheit gut zurechtkommen. Im September und Oktober malt der *Indian Summer* herrliche Farben, die Weinernte, Erntedankfeste und Gourmetfestivals bringen nochmals Leben ins Tal, bevor es in seinen kurzen Winterschlaf versinkt. Mehrere klare, warme Seen prägen das landschaftliche Bild: Osoyoos Lake, Skaha Lake und Okanagan Lake durchziehen auf 120 km Länge das Tal; sie bieten Sandstrände und vielfältige Wassersportmöglichkeiten sind garantiert.

Vor vielen Jahren lebte im Tal ein weiser Indianer, der die Tiere liebte und *Old-Kan-He-Kan* hieß. Eines Tages kam der heimtückische *Kel-Oni-Won*, der vom Teufel besessen war, und tötete den Alten. Die Menschen im Tal nannten es fortan „Okanagan" in Erinnerung an den alten Mann und baten die Götter um Rache. Diese ließen *Kel-Oni-Won* über seinen Sünden schmoren, bis er schließlich in die garstige Seeschlange *Ogopogo* verwandelt wurde.

Das Obst- und Weinanbautal (von den drei Dutzend Weinkellereien in B.C. befindet sich ein Großteil im Okanagantal) war im späten 18. Jh. zunächst ein Getreideanbaugebiet. Das „Gold" des Tales wurde erst auf Packpferde gehievt, dann auf Kanus verladen und mühsam aus dem Tal zu den Absatzgebieten transportiert. Als die Eisenbahn kam, verlegten sich die Farmer

» **Karte S. 164–165, Info S. 177–179**

SÜD-BRITISH COLUMBIA

auf den Obstanbau, weil man diese leicht verderbliche Ware nun schneller transportieren konnte – außerdem gab es Getreideanbau auch anderswo, sonnenbedürftiges Obst jedoch wuchs nur hier. Zwischen Juni und Oktober reifen Kirschen, Aprikosen, Pfirsiche, Birnen, Äpfel, Pflaumen und Trauben. *U-Pick*-Schilder weisen zur Erntezeit auf „Selbstpflücker"-Plantagen.

Keremeos, vor dem Haupttal, wenn man von Westen kommt, ist für seine Obststände bekannt, vor allem aber für die hölzerne, mit Wasserkraft betriebene **Grist Mill** aus dem Jahr 1877. Sie ist eine der letzten historischen Getreidemühlen in Kanada und gut erhalten. Die Mühle liegt in einem schönen Park, in dem Schau-Getreidefelder und Obstgärten zu sehen sind. Das **Teehaus**, mit Terrasse und einem netten Souvenirshop, bietet altenglischen Charme und feines Gebäck.

Ca. 25 km nördlich von Keremeos liegt **Hedley** am Rand der Chuchuwayha Indian Reservation. Die Ortschaft entwickelte sich nach der Entdeckung von Gold zu einem renommierten Bergbauzentrum. Zu den außergewöhnlichsten Bergwerken in ganz Nordamerika zählt die von 1936 bis 1949 in Betrieb befindliche **Mascot Gold Mine**, weil sie auf 2130 m Höhe in einer schroffen und steilen Bergflanke hoch über dem Similkameen Valley liegt (Touren tgl. Anf. Mai-Anf. Sept.). Die Mine ist Teil des **Snaza'ist Discovery Centre**, in dem man Einzelheiten über die indianischen Bergleute erfährt, die schon Jahrtausende vor den Weißen in diesem Gebiet nach Mineralien schürften.

Im **Hedley Heritage Museum** (http://www.hedleymuseum.ca) kann man sich von kostümierten Führern die meist historischen Ausstellungen erklären lassen.

Osoyoos ganz im Süden erinnert ein wenig an das mexikanische Hochland: Kakteen gedeihen in der Trockenheit des **Ecological Reserve**, 8 km nördlich

---

Oben: Penticton – der Heckraddampfer S.S. Sicamous dient heute als Museum. Rechts: Ein Relikt der Wirtschaftsgeschichte – Keremeos Grist Mill.

» Karte S. 164-165, Info S. 177-179

der Ortschaft. Solche Wüstenvegetation findet sich aber auch an manchen Südlagen weiter nördlich im Tal. Das Ortsbild des Städtchens, hübsch auf einer Halbinsel im angenehm warmen **Osoyoos Lake** gelegen, kommt einem tatsächlich recht spanisch bzw. mexikanisch vor.

In **Okanagan Falls** zweigt an der Brücke eine Straße zu **Hawthorne Mountain Vineyards** ab: Die Terrasse dieses hervorragenden Weinguts bietet einen der schönsten Ausblicke im ganzen Tal (Weintouren-Infos s. S. 177).

Penticton (in der Sprache der Salish-Indianer der „Ort zum Bleiben") ist das touristische Zentrum im südlichen Teil des Tals. Die Stadt genießt über 10 Sonnenstunden pro Tag im Juli und August und liegt ganz pittoresk zwischen zwei beliebten Badegewässern: dem Skaha- und dem Okanagan-See. Die Hauptpromenade befindet sich am **Okanagan Lake**; Motels und Restaurants säumen den **Sandstrand**, und ein Heckraddampfer von 1914 hat hier festgemacht: Die **S.S. Sicamous** war früher das einzige Verkehrsmittel über den See. Sie ruht heute in wohlverdienter „Rente", kann aber besichtigt werden. Die **Penticton Art Gallery** stellt vorwiegend Bilder einheimischer Künstler aus. Viele der Bilder wirken sehr beschwingt – kein Wunder bei der Lebensqualität dieser Region. Eine umfangreiche Sammlung zur Geschichte der Region und den hiesigen Indianerstämmen zeigt das **Penticton Museum**. Penticton war 1874 die Keimzelle des Pfirsichanbaus im Tal.

Nach Norden führen an beiden Seiten des Okanagan-Sees Straßen; am Ostufer gelangt man zum **Okanagan Mountain Provincial Park**, der bei Mountainbikern und Wanderern beliebt ist.

Die Straße am Westufer folgt der felsigen Steilküste, die **Provincial Parks** entlang des Ufers haben die Größe von Picknickplätzen – und dafür sind sie auch vorgesehen. Die Gemeinde **Summerland** schmiegt sich inmitten von Obstbäumen an die Steilküste; am Lakeshore Drive South kann man eine Forellen-Aufzuchtstation besichtigen und

SÜD-BRITISH COLUMBIA

Interessantes zum Lebenszyklus der Regenbogen-Forelle erfahren. **Peachland** ist ein kleiner, von Pfirsichplantagen umgebener Ort, bei dem sowohl der Hafen als auch die Einkaufspassage recht winzig ist.

Kelowna

Kelowna ist die nächste größere Stadt am See; man merkt das zur *rush hour* am Stau auf der „schwimmenden Brücke" von **Westbank** zur Innenstadt. Bevor man die Brücke überquert, besteht, links vom Highway abzweigend, im Viertel **Lakeview** die Möglichkeit, **Butterfly World** und nebenan **Parrot Island** zu besuchen: In Gärten und Gewächshäusern mit Tropenflora fliegen farbenprächtige Schmetterlinge und Papageien.

Kelowna heißt bei den Insidern auch *tiny town*, und diese Insider stellen ein gemischtes Publikum dar: reiche Jachteigner auf der einen Seite und eine Aussteiger-Szene auf der anderen, die hier den Sommer mit Beachparties und Gelegenheitsjobs verbringen. Kelowna hat einen sehr schönen **City Park**, sein Kernstück bildet der **Veedam Park**, der 1986 als Anerkennung für die niederländische Partnerstadt entstand. An der *Waterfront* gibt es einen Spielplatz für Kinder und einen Sandstrand.

Unweit der Kreuzung von Abbott und Bernard Street ankertn die **M. V. Fintry Queen**, ein Schaufelraddampfer, der neben der **Kelowna Princess II** Restaurant-Rundfahrten auf dem Okanagan-See anbietet. Man kann entlang des Ufers weiterschlendern, am Jachthafen vorbei, hinüber zum neuen Komplex des **Grand Okanagan Hotels**, dessen Restaurants auch für Nicht-Hotelgäste ein Vergnügen sind. Es schließen sich die architektonisch gelungenen Appartementhäuser an, die Kelownas „Skyline" dominieren.

Über die Cawston Ave erreicht man in Höhe der Ellis Street das **Orchard Industry Museum**, das alles Wissens-

Oben: Kelowna – Wein- und Obstbau prägen das Okanagan Valley. Rechts: Badestrand in Kelowna.

SÜD-BRITISH COLUMBIA

werte zum Obstanbau erläutert. An der Kreuzung der Queensway Ave und Ellis Street gilt es das **Okanagan Heritage Museum** zu besichtigen, das indianisches Kunsthandwerk ausstellt, aber auch einen Handelsposten von 1861, der komplett mit allem ausgestattet ist, was die Pioniere brauchten. Die **Art Gallery** befindet sich im gleichen Haus. Über die Bernard Street, die Hauptstraße der Stadt, geht es zurück zum City Park.

Östlich des Highway 97 gibt es Campingplätze und kleinere Strände. **Guisachan Heritage Park & House** ist zu erreichen, wenn man am Krankenhaus links abbiegt. In diesem Herrenhaus, das im indischen Kolonialstil gehalten ist, lebten der Earl und die Countess of Aberdeen und schufen wunderschöne Gärten, welche die zweitgrößten in der Provinz B.C. darstellen – nach den berühmten Butchart Gardens in Victoria.

Wenn man dem Highway 97 durch die Stadt folgt und nach der Orchard Park Mall links abbiegt, ist bald darauf **Father Pandosy's Mission** erreicht.

Wo bereits Indianer dem Zyklus der Natur folgend eine Art Fruchtwechselwirtschaft betrieben, sicherte sich 1860 Father Pandosy Vorkaufsrecht und begann hier mit erfolgreicher Farmarbeit. Er lernte Siedler an und hielt katholische Messen ab. Heute kann man die kleine Kirche, das original erhaltene Blockhaus und einige Farmgebäude besichtigen.

Von Vernon zum Three Valley Gap

Vernon, im Norden des Tales, ist gleich von drei Seen umgeben: **Okanagan Lake**, **Swan Lake** und **Kalamalka Lake**. Aus dem Süden kommend, trifft man am südlichen Stadtrand auf den **Polson Park**, eine Garten-Oase, die sogar eine Blumenuhr besitzt.

Auch Vernon ist stolz auf seine Geschichte: Besucher können spannende Lokalgeschichte im **Vernon Museum & Archives** (im City Center) und in der **Historic O'Keefe Ranch** (12 km nördlich) nachvollziehen. Im Museum sind Kleidung und Gebrauchsgegenstände der Pioniere zu sehen; am eindrucks-

SÜD-BRITISH COLUMBIA

vollsten wirken die alten Fotografien. Auf der Ranch lebten bis 1977 noch die Nachfahren der Pionierfamilie O'Keefe, die 1867 mit Viehzucht begann. Wer an Naturwissenschaften interessiert ist, kann sich im **Okanagan Science Centre** über erstaunliche Naturgesetze informieren.

In Vernon sieht sich die **Okanagan Springs Brewery**, eine der wenigen kleinen Brauereien, dem bayerischen Reinheitsgebot verpflichtet – inzwischen schätzen dies auch die Kanadier.

22 km nordöstlich von Vernon liegt der **Silver Star Provincial Park**, ein ca. 90 km² großes Naherholungs- und Skigebiet (Silver Star Mountain Resort). Wer weiter nach Norden strebt, kann in **Armstrong** die **Village Cheese Company** besuchen und von Mo bis Sa (8-17 Uhr) an Führungen mit *cheddar cheese*-Kostproben teilnehmen.

Von Vernon lässt sich über **Lumby** ein Abstecher zum **Mabel Lake** machen. Dieser See schmiegt sich in ein liebliches Tal, wo man wandern, baden, fischen und die Ruhe genießen kann.

Sicamous am **Shuswap Lake** nennt sich stolz „Hauptstadt der Hausboote".

Nach Osten geht es über **Revelstoke** (siehe S. 167) in Richtung Rockies. Zwischen Sicamous und Revelstoke stellt **The Enchanted Forest** eine skurrile, sehenswerte Mischung aus Naturlehrpfad, Märchenwald, Gartenzwerg-Versteck, Kinderspielplatz und Miniaturland dar. Sportliche Besucher können in einem Baumhangelgarten ihre Fitness testen (www.enchantedforestbc.com).

Ebenfalls ungewöhnlich präsentiert sich **Three Valley Gap**: Die Familie Bell baute in den 1950ern am Ostende des Lake of Three Valleys direkt am Seeufer ein kleines Motel, das später zu dem großen Hotel **Three Valley Lake Chateau** erweitert wurde, aber mittlerweile etwas in die Jahre gekommen ist. Neben dem Hotel liegt die Geisterstadt **Heritage Ghost Town**, die die Zeit um 1880 wieder aufleben lässt. Der **Golden Wheel Saloon** mit Pianospieler war damals eine Attraktion und ist es bei den

Oben: Erdhörnchen im Manning Provincial Park.

SÜD-BRITISH COLUMBIA

heutigen Besuchern noch immer: Man fühlt sich wie ein Statist in einem Wildwestfilm.

Von Three Valley Gap führt überdies eine abenteuerliche Schotterpiste zum Mabel Lake.

SIMILKAMEEN UND TULAMEEN VALLEY

Der **Manning Provincial Park** bedeckt 65 884 Hektar in den Cascade Mountains. Er besteht aus Hochgebirgsregionen, subalpinen Wiesen und aus zwei großen, wilden Flüssen: dem **Skagit**, der in den Pazifik fließt, und dem **Similkameen**, der in den Columbia River mündet. Der Park ist bekannt für seine große Population von **Erdhörnchen**. Man durchfährt ihn auf dem Weg von Vancouver in das Okanagan Valley. Es gibt im Manning Provincial Park sehr gute Wandermöglichkeiten, Routen für abenteuerliche *back country trail rides*, Mountainbike-Wege und Wildwasserkanu-Routen. Im Gegensatz zu den bekannteren Rocky Mountain Parks ist dieser mehr etwas für echte Outdoor-Fans. Es gibt dennoch auch leichte Kurzwanderungen; Broschüren für diese *self-guided trails* verteilt das **Visitor's Centre**.

Durch das **Similkameen Valley** geht es nach **Princeton** mit seinen hübschen Pionierzeitfassaden. Wer sich für die Geschichte dieser Farm- und Bergwerksregion interessiert, besuche das 1958 eröffnete, kleine **Princeton Museum**, das von alten Farmgeräten bis hin zu geologischen Exponaten viel zu zeigen hat. Zudem hat Princeton etwas Außergewöhnliches zu bieten: „Princeton Castle", eine Ruine mit ganz eigener Geschichte. Dieses „Schloss" war zunächst eine Zementfabrik, die 1908 in einer Zeit optimistischen Glaubens an den industriellen Fortschritt entstand. Neun Jahre später war der Traum zu Ende. Einige Historiker glauben, dass ein Mangel des Rohmaterials „Kalkstein" zum Untergang der Fabrik geführt habe. Andere nehmen an, dass wegen des Kriegsbedarfs dem Werk nicht genügend Kohle zur Verfügung stand. Kurz nach der Schließung tauchte ein Mr. George Edwards auf, der sowohl die Damen des Orts von seinen Qualitäten als Tänzer zu überzeugen wusste als auch die Männer als beherzter Reiter. Er lebte abgeschieden nahe der Fabrik und niemand ahnte, dass dieser Freund aller Bewohner der berüchtigte Eisenbahnräuber Bill Miner war! Miner bereitete sich auf einen großen Coup in Kamloops vor, und tatsächlich gelang der Eisenbahnüberfall. Die Fabrik verfiel und nahm über die Jahre das Aussehen einer irischen Schlossruine an. Heute ist das „Schloss" von Pflanzen überwuchert, man kann darin herumspazieren und in romantischen Bildern schwelgen. Nebenan ist eine Art Motel mit hölzernen Chalets entstanden, das **Princeton Castle Resort**, direkt an dem kleinen See Rainbow Lake. Der Eisenbahnverkehr wurde 1974 eingestellt, der ehemalige Bahndamm dient heute als als Wanderweg und Mountainbike-Trail.

Für den Weg nach Merritt sollte man die Nebenstrecke durch das **Tulameen Valley** wählen. Über diese kurvige, landschaftlich reizvolle Route zogen einst schon die Goldsucher und die ersten Siedler. **Granite City** war um 1885 die drittgrößte Stadt von B.C.! Über 2000 Goldsucher buddelten nach *nuggets*, aber bereits um die Jahrhundertwende waren die Goldadern erschöpft. Die Glücksritter verschwanden, die Gebäude verfielen; in der Geisterstadt stehen nur mehr wenige Grundmauern. **Coalmont** war ein Bergwerkstädtchen, dessen letzte Kohlengrube 1940 schließen musste. Das altehrwürdige **Coalmont Hotel** aber hat bis heute eine große Anziehungskraft; es ist eine Attraktion wie aus einem Wildwest-Bilderbuch. Auch **Tulameen** war zu Zeiten des *Granite Creek Goldrush* eine pulsierende Stadt mit Hotels und Saloons, leichten Mädchen und Spielern. Heute leben

» **Karte S. 164-165, Info S. 177-179**

SÜD-BRITISH COLUMBIA

nur noch etwa 250 Menschen hier. Weiter geht es zum **Otter Lake Provincial Park**, einem hübschen Platz zum Baden und Picknicken.

Merritt liegt an einem wichtigen Kreuzungspunkt des **Coquihalla Highway** mit dem Highway 97c. Seine Sehenswürdigkeit ist das historische **Coldwater Hotel** von 1908.

NICOLA VALLEY

Nördlich von Merritt beginnt das **Nicola Valley**, eine der schönsten kleinräumigen Landschaften in B.C.

Die **Douglas Lake Ranch** ist eine der größten Rinderfarmen in B.C. und liegt in einer hügeligen, unwegsamen Gegend. Vor Jahren gab es hier eine Blockade durch Indianer, die auf ihre traditonellen Jagdrechte hier nicht verzichten wollten. Direkt hinter dem Golfplatz von Quilchena steigt die Ranch als verwunschene Wildnis auf,

Oben: Postkutschenfahrt zum Indianerlager auf der Hat Creek Ranch.

die nur erfahrenen Outdoorkennern zu empfehlen ist. **Quilchena** besteht aus einem historischen **General Store** und dem charmanten **Quilchena Hotel** von 1900. Es erinnert an eine englische Villa; Pub und Dining Room würden selbst einem englischen Landhaus schmeicheln. Alle Outdoor-Aktivitäten sind hier zu buchen, u. a. Mountainbikes für die Schotterpiste zum malerischen **Douglas Lake**. Beliebt ist auch der hübsche **Golfplatz** mit Wohnmobil-Park.

Die Stadt **Kamloops** am **Thompson River**, eine Gründung der Hudson's Bay Company von 1812, ist heute ein Verkehrsknoten, hat 85 000 Einwohner und dient als Versorgungszentrum des umliegenden Ranchlands mit einem sehr großen Einzugsbereich. Die Hauptflaniermeile ist die **Victoria Street** mit vielen Restaurants und Geschäften.

Kamloops liegt im Gebiet der Shuswap- und der Salish-Indianer: Das hervorragend konzipierte **Kamloops Museum and Archives** wurde auf einem 2400 Jahre alten Siedlungsplatz errichtet, eine Rekonstruktion eines

Dorfes der Secwepemec-Indianer. Das Museum beschäftigt sich auch mit den frühen Pelzhändlern der Region, dem Goldrausch, der Entwicklung der Viehzucht und dem Eisenbahnbau, denn all das trug in 19. Jh. dazu bei, Kamloops zu einem hartgesottenen Vorposten an der Zivilisationsgrenze zu machen.

Für viele ist die nostalgische ★**Kamloops Heritage Railway** ein Grund, die Stadt zu besuchen. In der warmen Jahreszeit können sich Eisenbahnfans in zum Teil offenen Waggons von einer Dampflok durch die Landschaft fahren lassen. Besonders interessant sind die Ausflüge an den Kamloops Railway Days im September, mit inszenierten Überfällen auf die Touristenbahn.

Mit über 65 Tierarten (einige von ihnen bedroht) wie Sibirischen Tigern, Pumas, Zwergeulen und Wölfen bietet der **British Columbia Wildlife Park** ein stadtnahes Schutzgebiet. Vor allem die Grizzlybären gehören zu den Publikumslieblingen. Auf dem Gelände verkehrt eine **Mini-Eisenbahn**.

Durch künstlich beregnete Obstbaugebiete am **Kamloops Lake** geht es in ein trockenes Tal bei **Walachin**. Was neben dem Highway wie verrottetes Holz aussieht, sind Überreste eines kühnen Plans: Der Marquis von Anglesey wollte 1907 hier eine bewässerte Oase für Angehörige der englischen Oberklasse schaffen. Nachdem aber viele der männlichen Neusiedler in den 1. Weltkrieg ziehen mussten, endete der Traum 1922.

Die ★**Historic Hat Creek Ranch** von 1860 liegt 11 km nördlich von Cache Creek an der ehemaligen Cariboo Waggon Road. Dies war in der Goldrauschzeit eine große Raststätte für Postkutschenreisende, Spediteure und Goldgräber, später eine Rinderfarm. Man kann u. a. Saloon und Schmiede besichtigen und mit der Postkutsche zum Indianerlager fahren – authentisch Kostümierte lassen dabei die Pionierzeit wieder aufleben. Mit Souvenirshop und Burger-Restaurant.

SÜD-BRITISH COLUMBIA

SÜD-BRITISH COLUMBIA (☎ 250)

Columbia Valley Chamber of Commerce, Invermere, Tel. 342-2844, www.cvchamber.ca. **Kamloops Chamber of Commerce**, 1290 West Trans-Canada Hwy, Tel. 372-7722, www.kamloopschamber.ca. **Kootenay Country Tourist Association**, 610 Railway St, Nelson, Tel. 352-6033, www.resdir.kics.bc.ca. **Penticton Chamber of Commerce**, 553 Railway St, Tel. 493-4055, www.tourismpenticton.com. **Thompson Okanagan Tourism Association**, 2280 D Leckie Rd, Kelowna, Tel. 860-5999. **Revelstoke Info**, 204 Campbell Ave, Revelstoke, Tel. 837-5345.

WEINTOUREN: Informationen über die Weine des **Okanagan Valley**, mit Weinrouten-App und Beschreibungen der Weingüter: **BC Wine Institute**, 1726 Dolphin Ave, Kelowna, https://explore.winebc.com/tripplanner, Tel. 762-9744. Touren und Aktivitäten in Weingütern und Gourmet-Veranstaltungen koordiniert **BC Wine Trails**, 2250 Camrose St, Penticton, Tel. 492-6036, www.winetrails.ca; z. B. Penticton: **Hillside Estate Winery**, tgl. 10-18 Uhr, 1305 Naramata Rd, Tel. 493-6274.

OBSTTOUREN: **Harker's Fruit Ranch**, am Hwy 3, Cawston, Tel. 499-2751. **Summerland Sweets**, 6202 Canyon View Dr, Summerland, Tel. 494-0377. **Appleberry Farms**, Di-So 10-17.30 Uhr, Juni-Aug. tgl., 3193 Dunster Rd, Kelowna, Tel. 868-3814.

OUTDOOR-AKTIVITÄTEN: Das **Columbia Valley** (auch Windermere Valley genannt) bietet sowohl im Sommer als auch im Winter vielfältige Freizeitmöglichkeiten, Infos unter http://adventurevalley.com.

BOOTSVERLEIH, HAUSBOOTE UND SEGELBOOTE: **Sicamous Chamber of Commerce**, das Büro hat eine Liste aller Anbieter von Hausboot-Ferien, Box 346, Sicamous, Tel. 836-3313. **Get Wet Rentals**, Mai-Sept. tägl. Leihstelle für zahlreiche unterschiedliche Wassersportgeräte und Bootstypen, Mervyn Rd, Sicamous, Tel. 836-3517, www.getwetrentals.com. **Shuswap Houseboats**, Hausbootvermietung, Sicamous Creek Marina am Mara Lake, 10 Mervyn Rd, Sicamous, Tel. 836-4611.

» Karte S. 164-165, Info S. 177-179

SÜD-BRITISH COLUMBIA

Housebooting am **Shuswap Lake**, Info: Shuswap Lake Tourism, Box 618, Salmon Arm, Tel. und Fax 832-2230, www.shuswap.bc.ca.
ORGANISIERTE BOOTSTOUREN: **Alpine Rafting**, Wildwassertouren, 1416 Goldenview Rd, Golden, Tel. 344-6778, www.alpinerafting.com. **Captain's Village Marina**, Touren zu Wasser und Verleih von Wassersportausrüstung, 1054 Wharf Rd, Scotch Creek, Tel. 955-2424.
HELI-RUNDFLÜGE: **Aberdeen Helicopters**, Prince George Base, 6150 Tasa Crt, Prince George, Tel. 962-5566, www.aberdeenheli.com. **Canadian Helicopters**, Penticton Base, Tel. 492-0637.
RAFTING: Toby Creek und Kootenay River: **Fairmont Mountainside Villa Recreation Centre**, 5247 Fairmont Creek Rd, Fairmont Hot Springs, Tel. 345-6341, www.mountainsidevillas.com.
MOUNTAINBIKE-VERLEIH: **D R Sports**, Invermere, Tel. 342-3517. **The Bike Barn**, 300 Westminster Ave West, Penticton, Tel. 492-4140.
REITEN: **Apex Mountain Resort**, Tages- und Mehrtagesritte entlang der alten *gold rush trails*, auch Mountainbiking, Tel. 292-8222.
Apex Mountain Guest Ranch, Tages- und Mehrtagesritte auf Westernpferden, westlich Penticton, Green Mountain Road, Tel. 492-2454.
Top of the World Guest Ranch, herrlich gelegene Ranch, Reiten, Kanus, Angeln, Box 29, Fort Steele, Tel. 426-6306, www.bcadventure.com/topoftheworld.
Mistaya Country Inn, am Hwy 6 in Silverton, südl. New Denver, Tel. 358-7787, http://mistaya-resort.com

Radium Hot Springs

Old Salzburg Restaurant, trad. österr. Küche, 4943 Hwy 93, Tel. 347-6553.

Radium Hot Springs, Mitte Mai-Mitte Okt. 12-21, Fr/Sa bis 22 Uhr, Kootenay Hwy Radium, Tel. 347-9485.

Golden

Whitetooth Mountain Bistro, gute Pasta und Steaks, Live Bands im Packer's Place, 429 9th Ave N, Tel. 344-5951.
The Turning Point Restaurant, Suppen, Salate, Steaks und Geflügelgerichte für den kleinen und großen Hunger, 906 11th Ave, Golden, Tel. 344-2566.

Revelstoke

Revelstoke Chamber of Commerce, 204 Campbell Ave, PO Box 490, Revelstoke BC, Canada V0E 2S0, Tel. 837-5345, Fax 837-4223, www.revelstokechamber.com.

112 Restaurant & Lounge, Mo-Sa Lunch und Dinner mit guten Steaks und frischem Seafood, 112 First St E., Tel. 837-2107, www.regentinn.com.
The Ol' Frontier Family Restaurant, im Westernstil ausgestattetes Familienrestaurant, in dem man bei schönem Wetter auch auf der Terrasse essen kann, Hwy 1 und Hwy 23, North Revelstoke, Tel. 837-5119.

Invermere

Myrtle's, verfeinerte Küche, historisches Haus mit Garten, 1321 7th Avenue, Tel. 342-0281.
The Lakeside Pub, Pub und Kneipe mit Terrasse und Seeblick, Tel. 342-6866.
Strand's Old House Restaurant, Steak, Seafood, Lamm, raffiniert zubereitet, 818 12th St, Tel. 342-6344.

Penticton

Theo's, sehr gutes griechisches Lokal, 687 Main St, Tel. 492-4019.
Earl's, gute Salate und leckere Pasta, 1848 Main St, Tel. 493-7455. **Zia's Stonehouse**, Küche mit mediterranem Einschlag, 14015 Rosedale Ave, Tel. 494-1105, www.ziasstonehouse.com.
Il Vecchio Deli, italienische Kost zu unschlagbaren Preisen, 317 Robinson St, Tel. 492-7610.
Granny Bogners, Fine Dining in historischem Ambiente, die Küche zählt zu den besten im Okanagan-Tal, 302 Eckhardt Ave, Tel. 493-2711.

Penticton Art Gallery, Di-Fr 10-17, Sa, So 12-17 Uhr, 199 Marina Way, Tel. 493-2928.
Penticton Museum & Archives, Di-Sa 10-17 Uhr, Juli/Aug auch Mo, 785 Main St, Tel. 490-2451.

Mitte August einwöchiges **Peach Festival** mit Sportveranstaltungen, Musik, Tanz und einer Parade am Samstag, www.peachfest.com. Ende August **Ironman-Triathlon**, einer der härtesten der Welt. **Okanagan Wine Festival** mit Weinproben, Traubenstampfen, Back-Wettbe-

SÜD-BRITISH COLUMBIA

werb, Tanz, viermal jährlich, Tel. 861-6654, Daten unter www.thewinefestivals.com.

Kelowna

Christopher's, Salatbar und irisches Seafood, 242 Lawrence Ave, Tel. 861-3464.
Mekong, sehr gutes vietnamesisches Restaurant, 223 Bernard Ave, Tel. 763-2238.
Yellow House, charmantes, altes renoviertes Haus, feine Küche, Wild, 526 Lawrence Ave, Tel. 763-5136.

Father Pandosy Mission, Ostern-Mitte Okt. 8 Uhr-Dämmerung, 3685 Benvoulin Rd, Tel. 860-8369.
Okanagan Butterfly World, April-Okt, 10-16 Uhr, 1190 Stevens Rd, Kelowna, Tel. 769-4408.
Parrot Island, März-Okt. 10-17 Uhr, 5090 MacKinnon Rd, Tel. 767-9030, www.parrotisland.net.

Sicamous

Mara Lake Inn, gemütliches Lokal in schöner Lage am See, Tel. 836-2126.

Princeton

The Apple Tree, exzell. Restaurant, 255 Vermillion Ave, Tel. 295-7745.

Kamloops

Kamloops Museum and Archives, Exponate zur lokalen Geschichte, Di-Sa 9.30-16.30, Do/Fr 13.15-16 Uhr, 207 Seymour St, Tel. 828-3576.
Kamloops Heritage Railway, 70-minütige Ausflugsfahrt mit einer alten Dampflok oder Ganztagesfahrt über 140 km, Pioneer Park, 510 Lorne St, Tel. 374-2141, www.kamrail.com.
B. C. Wildlife Park Kamloops, Jan.-April, Okt.-Dez. tgl. 9.30-16, Mai-Sept. bis 17 Uhr, 17 km östl. von Kamloops am Hwy 1, 9007 Dallas Dr, Tel. 573-3242, www.bczoo.org.

Summerland

Shaughnessy's Cove, So Brunch, Livebands, Traumlage am See, Tel. 494-9448.

Forellenzucht, tgl. 10-14, Juli-Aug. bis 15 Uhr, 13405 Lakeshore Dr, Tel. 494-0491.

Vernon

Swiss Hotel Silver Lode Inn, Lokal im rustikalen Schweizer Stil mit Spezialitäten wie Fondue, 146 Silver Lode Lane, Tel. 549-5105.

Vernon Museum, Mo-Sa 10-17 Uhr, 3009 32nd Ave, Tel. 542-3142.
O'Keefe Historic Ranch, mit Wildwest-Show, Mai-Sept. 10-17 Uhr, 12 km nördlich Vernon am Highway 97, Tel. 542-7868.

Far West Factory Outlet ist ein renommierter Hersteller von Gore Tex-Bekleidung. 2900 48 Ave, Tel. 545-9048.

Okanagan Springs Brewery, Führungen Tel. 542-2337.
Cruise Okanagan, auch Nacht-Touren auf dem Lake Okanagan, Tel. 545-8388, www.cruiseokanagan.com.

Fort Steele

Fort Steele Heritage Town, 9.30-17/13 Uhr, Eintrittsgebühr nur für Wildwestshows Mai-Ende Sept., 3 km südwestl. auf Hwy 93/95, Tel. 417-6000.

Keremeos

The Grist Mill and Gardens, tgl. 9.30-16 Uhr, 2691 Upper Bench Road.

Edgewater

Edgewater Market (ausgeschildert), Farmermarkt, Produkte aus eig. Anbau und handgem. Souvenirs, Sa 10-13 Uhr.

Hat Creek Ranch

Historic Hat Creek Ranch, Raststätte aus der Goldrauschzeit und ehemalige Rinderfarm; Besichtigungstouren, Restaurant, Pony-Reiten, Goldwaschen etc.; nahe der Kreuzung Highway 97 und 99 (11 km nördlich von Cache Creek, Mai bis Oktober 9-17 Uhr Touren, Postkutschenfahrten 10-17 Uhr, Womo-Stellplätze, http://www.historichatcreek.ca.

Endlos scheinen die Weizenfelder in Manitoba (Gilbert Plains)

SÜD-MANITOBA

SÜD-MANITOBA

DIE PRÄRIEPROVINZEN

**SÜD-MANITOBA
SASKATCHEWAN
ZENTRAL-ALBERTA**

Mit Namensdeutungen tun sich die Kanadier schwer. Und so finden Spötter auch die Suche nach einer nationalen Identität eher komisch – bei einem Land, das nicht einmal den Ursprung seines Namens kennt. Der wahrscheinlichsten Erklärung zufolge soll Cartier 1535 auf die Frage nach dem Landesnamen von den Huron-Irokesen *Kanata*, also „Hütten" als Antwort erhalten haben. Ganz ins Reich der Legende gehört eine Deutung aus dem Jahr 1811, als die französischsprachigen Siedler nur ein Bier am Tag trinken durften und die zynischen Engländer das mit *A can a day* kommentierten. Daraus sei der Name entstanden. Kein Wunder, dass die Namensgebung der einzelnen Provinzen ebenfalls im Dunkeln bleibt: Saskatchewan stammt wahrscheinlich von dem Cree-Wort *Kisiskatchewan*, „eilig strömendes Wasser". Die schönste der Manitoba-Deutungs-Varianten ist eine Verballhornung zweier Cree-Worte: *Manitou Napa*, „das Land des Großen Geistes" – nicht der schlechteste Name für ein Land endloser Weite. Die Kanadier nennen das *Big Sky*: ein flacher Streifen Land, der sich am Horizont verliert und fast demütig einem kanadablauen Himmel Platz macht, über den dramatisch hohe Wolken jagen. Manitoba, Saskatchewan und weite Teile von Alberta entlocken tiefe Stoßseufzer und rufen bei Europäern Begeisterung hervor: so viel Platz …

Der Ausdruck „Prärieprovinzen" ist heute eher irreführend: Echte Grasprärie besitzt nur noch der Grasslands National Park im Süden Saskatchewans; „Prärie" wird mittlerweile auch als Sammelbegriff für Getreidefelder verwendet, die bis zum Horizont reichen.

SÜD-MANITOBA

Winnipeg

Das Weizenhandelszentrum **Winnipeg**, Hauptstadt der Provinz Manitoba und achtgrößte Kanadas, ist eine freundliche Stadt, trotz knapp 700 000 Einwohner überschaubar, multikulturell (u. a. Briten, Deutsche, Ukrainer, Franzosen, Chinesen) und – für kanadische Verhältnisse – geschichtsträchtig: Im Gebiet der Cree- und Assiniboine-Indianer tauchte 1738 der frankokanadische Trapper Pierre Gaultier de La Vérendrye auf, der einen Pelzhandelsposten (Fort Rouge, das spätere Upper Fort Garry) am Zusammenfluss von Red River und Assiniboine gründete. Erstmals wagte es jemand, das Monopol der Hudson's Bay Company zu brechen. 1763 fiel Neufrankreich im Vertrag von Paris an die Briten. Schottische Pelzhändler aus

Links: West Edmonton Mall – größtes überdachtes Einkaufs- und Freizeitzentrum Nordamerikas.

>> **Karte S. 188–189, Stadtplan S. 184, Info S. 193**

SÜD-MANITOBA

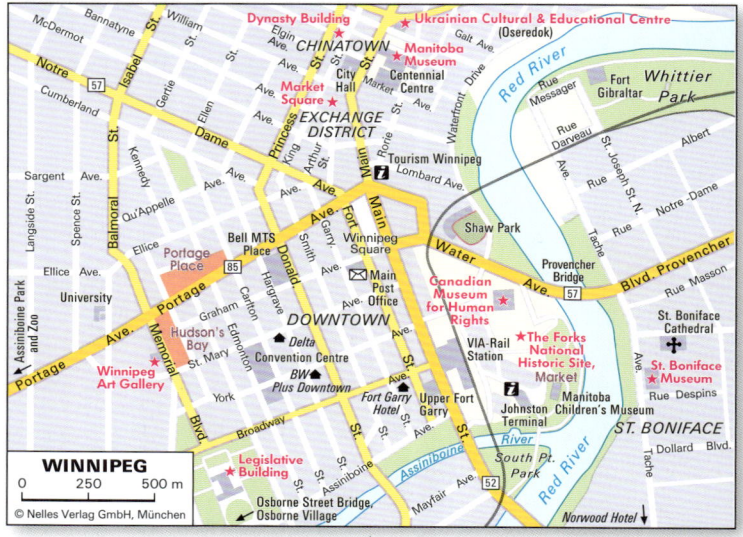

Montréal gründeten daraufhin eigene Handelsposten und schlossen sich zur North West Company zusammen, die aber 1821 auf Druck der britischen Regierung in der Hudson's Bay Company aufging. Das war auch bitter nötig, denn seit 1812 siedelte der Earl of Selkirk, Vertreter der Hudson's Bay Company, mittellose Schotten und Iren an. In der Folge gab es ständig Reibereien zwischen beiden Handelsorganisationen. Und noch jemand kämpfte um Rechte: die halbnomadischen Métis, Mischlinge aus Indianern und Franzosen, die ihre traditionelle Lebensweise bedroht sahen.

An diesem Zusammenfluss der großen Ströme Red River und Assiniboine River, hier beim indianischen *Win Nipi* (in der Cree-Sprache: „schlammiges Wasser"), liegt heute eine der geschichtlichen Bedeutung entsprechende Örtlichkeit: ★**The Forks** („Zusammenfluss"), zur **National Historic Site** erklärt, ist ein rund 22 ha großer historischer Park (östlich der Main Street und des Westufers des Red River) und stellt den besten Einstieg in einen Stadtrundgang durch Winnipeg dar. Er umfasst bunte Markthallen mit allerlei Imbissständen, Restaurants mit Tischen im Freien und das **Johnston Terminal** mit Geschäften und einer Ausstellung zu allen Regionen Kanadas. Auf dem Gelände befindet sich auch das **Manitoba Children's Museum**, ein Ort für die Fantasie, didaktisch und zugleich spielerisch bis hin zu einem Kinder-Fernsehstudio.

An der Main St 400-269 steht das im Jahr 2014 eröffnete ★**Kanadische Museum für Menschenrechte** mit seiner außergewöhnlichen Architektur (Entwurf: A. Predock), das u.a. Indianer- und Judenverfolgung thematisiert.

Wer die Nacht zum Tag machen will, hat in den Glücksspielpalästen **McPhillips Station Casino** (484 McPhillips St) und **Club Regent Casino** (1425 Regent Ave West) die Gelegenheit dazu.

Ein Spaziergang entlang des Ufers

Rechts: Pride Festival vor dem Menschenrechtsmuseum in Winnipeg.

SÜD-MANITOBA

führt zum **Upper Fort Garry**, das vom Städtebau der Moderne und dem gewaltigen Komplex des Hotel Fort Garry ziemlich eingeengt dasteht, aber eine Vorstellung über die Winzigkeit dieses ersten Handelspostens in der Endlosigkeit der Prärien gibt. Der **Riverwalk** zieht sich weiter entlang des Assiniboine River bis zum Regierungsgebäude, dem 1920 erbauten ★**Legislative Building** mit seinem charakteristischen Kuppelturm über schlanken Säulen. Die Treppe im Eingangsbereich wird von zwei Bisons flankiert, dem Wappentier Manitobas. Die 5 t schwere Statue des *Golden Boy* grüßt von der 72 m hohen Kuppel als Wahrzeichen der Stadt. Er blickt nach Norden, wo Manitobas hoffnungsvolle wirtschaftliche Zukunft liegen soll. Die Fackel in seiner rechten Hand symbolisiert den Fortschritt, die Weizengarbe in der linken die Wirtschaftsbasis der Provinz. Am Südufer des Assiniboine River liegt der älteste Park Winnipegs, der **Assiniboine Park**, mit einem Zoo und englischen Gärten.

Über die Balmoral Street gelangt man zu Winnipegs hervorragender **Art Gallery**, die zeitgenössische kanadische Kunst, internationale Kunst ab dem 16. Jh., eine hervorragende Inuit-Sammlung, Fotografien und Porzellan gleichermaßen präsentiert. Vor allem hat dieses Museum nichts Verstaubtes an sich: Programme zum Mitmachen, Filmvorführungen und Veranstaltungen für Kinder bringen Spannung und Lebendigkeit in dieses Kunstmuseum.

Über Portage Avenue und Kings Street geht es weiter zum **Exchange District**, benannt nach **ICE Futures Canada** (früher Winnipeg Commodity Exchange), vormals größte Weizenbörse der Welt. Die Zuschauergalerie ist von 9.30 bis 13.15 Uhr geöffnet. Der ★**Market Square** (Kings Street/Bannatyne Ave) mit Bars und Restaurants ist das lebhafte Zentrum des Börsenviertels.

Frei nach dem Motto: „Das Klima Manitobas besteht aus sieben Monaten arktischem und fünf Monaten kaltem Wetter", lassen eisige Stürme und Minustemperaturen unter 30 °C Winnipegs Lebenslust gefrieren. Dann weichen die

» Stadtplan S. 184, Info S. 193

SÜD-MANITOBA

Bewohner auf die unterirdischen Einkaufsgänge aus (Eingang Portage Ave, Ecke Main St).

Absolutes Muss auch für Museumsmuffel ist das geniale ★**Manitoba Museum** im Centennial Centre (Main St/Rupert Ave). Aufwändige Präsentationen lassen die Landschaften Manitobas aufleben, per Bild, Ton und – Geruch! Schließlich sammeln sich alle Besucher staunend vor der **Nonsuch**, einer Kopie des Schiffes, das sich 1668 von England aufmachte, die Nordwestpassage zu finden. Der Nachbau wurde 1970 zum 300-jährigen Jubiläum der Hudson's Bay Company gebaut und legte 14 000 Meilen, bis sie hier im Museum vor Anker ging. Ebenso interessant ist das am Flughafen gelegene **Western Canada Aviation Museum**, das zweitgrößte Luftfahrtmuseum Kanadas.

Kings Street und Rupert Avenue markieren Winnipegs kleine **Chinatown**, die dennoch ein eigenes Kulturzentrum, das ★**Dynasty Building**, besitzt. Eingang ins Chinesenviertel ist das **Chinesische Tor** von der Logan Ave zur James Ave Nicht weit entfernt liegt das wegen seinem ukrainischen Volkskundemuseum besuchenswerte ★**Ukrainian Cultural & Educational Centre** (184 Alexander Ave East).

Jenseits des Red River dehnt sich das frankokanadische Viertel **St. Boniface** aus. 1890 wurde die französische Sprache in Schule und Verwaltung untersagt. Obwohl Winnipeg die größte französischsprachige Gemeinde westlich von Quebec hat, wurde erst 1980 die Zweisprachigkeit auch gesetzlich festgelegt. Die Geschichte des Stadtteils erläutert das ★**St. Boniface Museum**, dessen Blockhausstruktur aus Eichenholz von 1844 stammt. St. Boniface zeigt mit Stolz seine Tradition, sein katholisches Hospital der Grey Nurses ist das älteste Westkanadas. Auf dem Friedhof der katholischen **St. Boniface Cathedral** (im Jahr 1818 erbaut, mehrmals zerstört und wieder aufgebaut) ruht Louis Riel, Vorkämpfer für die Rechte der Métis. Louis' Geburtshaus, das **Riel House**, im Süden der Stadt (330 River Rd) wurde im Stil seines Hinrichtungsjahres 1885 restauriert und kann besichtigt werden.

Eine charmante Einkaufsstraße und Treffpunkt für Studenten und Bohémians ist das **Osborne Village** südlich der Osborne Street Bridge.

Freiwillige in historischen Kostümen versetzen Besucher im rekonstruierten historischen **Fort Gibraltar** ins 19. Jh. und lassen am Ufer des Red River die Geschichte der französischen Voyageurs wieder aufleben (Juli-Sept.).

Tagesausflüge von Winnipeg

Manitoba hat einige Regionen mit mennonitischer Besiedlung. Die Mennoniten, kalvinistisch geprägte Christen, suchten nach neuer Heimat, weil sie ohne Militärdienst leben wollten. Ab 1874 kamen die ersten Mennoniten aus der Schweiz, Holland, Nordwestdeutschland und der Ukraine nach Manitoba und wanderten teilweise von dort bis nach Mexiko und Paraguay weiter. Sie haben die Landwirtschaft mit ihrem hohen Qualitätsanspruch geprägt.

In **Steinbach** südöstlich von Winnipeg bietet ein hervorragendes Freiluftmuseum, das **Mennonite Heritage Village**, Einblick in das Leben der Gemeinschaft. Ausgestellt sind Exponate zum Leben der Mennoniten, vom alten Piano bis hin zum überdachten Schlitten für die Kinder. Eine alte Scheune ist zum Restaurant umfunktioniert. Dort gibt es ein mehrgängiges Mennoniten-Menü, aber auch kleinere Gerichte wie Borschtsch, eine russisch-ukrainische Gemüsesuppe mit roten Rüben.

Im Präriestädtchen **Morris**, südlich von Winnipeg, ist alljährlich Mitte Juli die Hölle los: Dann findet das zweitgrößte Rodeo-Spektakel Kanadas statt, die *Manitoba Stampede*.

Rechts: Im Mennonite Heritage Village in Steinbach.

SÜD-MANITOBA

Fährt man Richtung Norden, lohnt es, an der Kreuzung River Road und des Highway 410 einen Abstecher zur Missionskirche **St. Andrew's** zu machen, die ihre Blütezeit unter Reverend James Hunter von 1855 bis 1865 hatte. Hunter und seine Frau lehrten den Cree-Indianern die Bibel, brachten ihnen aber auch Fertigkeiten wie Landwirtschaft, Spinnen oder Weben bei.

Bei Selkirk wurde **Lower Fort Garry** mustergültig renoviert. Nachdem eine Flutkatastrophe 1826 die Siedlung Win Nipi und das Upper Fort Garry zerstört hatte, ließ Governor George Simpson diese neue, steinerne Festung rund 30 km stromabwärts bauen. Er berücksichtigte aber nicht, dass der Lebensmittelpunkt der Leute am Zusammenfluss der Ströme lag und niemand zum Einkaufen und Handeln den weiten Weg nach Norden auf sich nehmen wollte. Simpson reaktivierte daraufhin zwar 1837 das Upper Fort, aber durch den ständigen Zustrom an Siedlern und deren Bedürfnisse wurde Lower Fort Garry, Basis der Hudson's Bay Company, doch wieder zum Versorgungszentrum (Bootsbau, Brauerei, Schmiede, Mühle). Es sicherte sich eine Monopolstellung und blockierte den freien Handel. 1870 wurde das Fort wurde Trainingscamp der Royal Canadian Mounted Police und 1885/86 psychiatrische Anstalt.

Heute lässt man hier die Zeit zwischen 1832 und 1870 wieder aufleben. Im Eingangsbereich schildert eine Ausstellung mit mannshohen Figuren die Tücken des frühen Pionierlebens. Über einen gewundenen Pfad geht es am malerischen Ufer des **Assiniboine River** vorbei hinauf zum Fort. Auf dem Weg dorthin sind die typischen *York Boats* zu sehen, jene Boote, mit denen die Hudson's Bay Company schwere Ladungen auf reissenden Flüssen von den Rockies und der Arktis zum Red River transportierte. Die kostümierten Herrschaften im Pelzlager, im *General Store*, beim Arzt oder beim Schmied sind oft Studenten.

Die schnurgerade Straße 67 führt westwärts, der staubige Sandweg 220 biegt ab und vermittelt genau das Ge-

» Karte S. 188–189, Info S. 193

SÜD-MANITOBA

genteil von dem, was nun folgt: **Oak Hammock Marsh**, ein renaturiertes Feuchtgebiet. Rundum ist alles für die Landwirtschaft drainiert, im Zweiten Weltkrieg war die Gegend sogar Testbomben-Abwurfgebiet.

Das **Besucherzentrum** (www.oakhammockmarsh.ca) schmiegt sich in die Landschaft. Die Wände sind aus dem Kalkstein der Umgebung erbaut, und wenn man genau hinsieht, sind überall eingeschlossene Fossilien zu entdecken. Oak Hammock Marsh beschäftigt sich schwerpunktmäßig mit Wasserfauna. Das Projekt wird gemeinsam von der Regierung von Manitoba und *Ducks Unlimited* betreut, einer einflussreichen Organisation, die sich um den Erhalt der Wasservögel bemüht.

Das Zentrum gliedert sich in mehrere Bereiche, im ersten Gang gibt die allgemeine Ausstellung eine Einführung. *St. Andrews Bog* oder schlicht *The Bog* hieß diese Ehrfurcht gebietende Region bei den ersten Siedlern. Es war ein mystisches, angsteinflößendes Gebiet, das sie aber doch immer wieder betreten mussten, weil sie im Moor Gras schnitten, um für den Winter überhaupt Heizmaterial zu haben. Im nächsten Gang erfährt der Interessierte alles über Enten und Gänse, und es ist auf jeden Fall ratsam, einen der netten *Interpreter* zu befragen. Der weiß beispielsweise über Schneegänse zu berichten, die Ende September / Anfang Oktober hier Station machen.

Im letzten Raum kommen Leute mit ausgeprägtem Spieltrieb voll auf ihre Kosten. Auch wenn der Saal mehr für Kinder gedacht ist, die Malaufgaben und die Ratespiele sind so einfach nicht. Fesselnd ist es, mit *Touch-Screen*-Technik am Computer selbst flugtaugliche Vögel zu „erschaffen". Am Eingang weist eine Tafel auf die Aktivitäten des Tages hin. Vom grasbewachsenen Dach aus findet mehrmals täglich *Birdwatching* statt. Neben diesen Vogelbeobachtungen sind Fahrten mit dem Kanu durch das Feuchtgebiet am eindrucksvollsten.

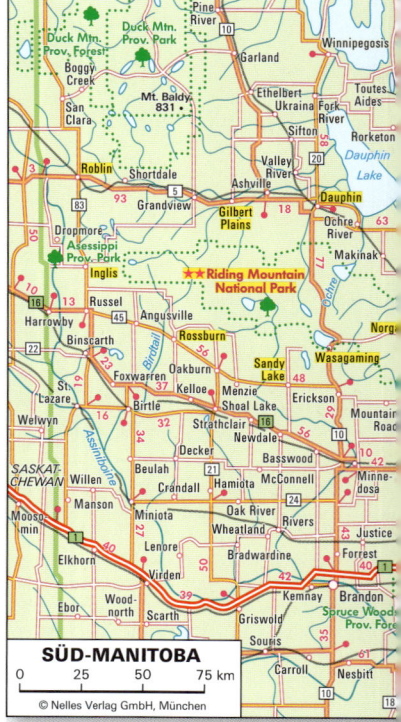

Man wird mit Paddel und Schwimmweste ausgerüstet, und ein Mitarbeiter erklärt Paddel-Laien den richtigen Einsatz des Geräts und zugleich Flora und Fauna. Das Kanu gleitet lautlos durch das Wasser, ein Fischotter kreuzt den Weg, der Wind kräuselt das Wasser und der charakteristische Schrei der *Loons*, einer Wasservogelart, durchschneidet die Luft – ein Erlebnis, das man nicht verpassen sollte.

Von Selkirk zieht sich der Highway 9 hinauf zum gewaltigen **Lake Winnipeg**, im **Winnipeg Beach Provincial Recreation Park** finden Wassersportler alles, was das Herz begehrt, und den besten Surfwind bläst es einem hier ebenfalls um die Nase. In **Gimli** findet der Besu-

» **Karte S. 188–189, Info S. 193**

SÜD-MANITOBA

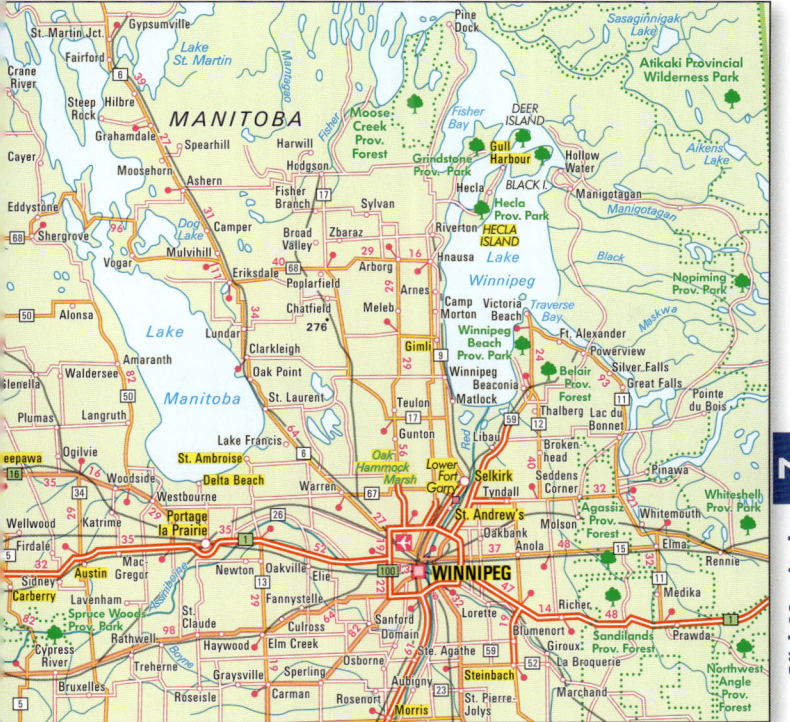

cher die größte isländische Gemeinde außerhalb von Island. Der restaurierte Hafen und der Sandstrand lassen völlig vergessen, dass man sich an einem See und nicht am Meer befindet. Das Gefühl, in Skandinavien auf einer Schäreninsel gelandet zu sein, beschleicht einen auf **Hecla Island**, von isländischen Einwanderern nach einem isländischen Vulkan benannt. Die gesamte Insel wurde zum Provincial Park erklärt; sie weist herrliche Wälder auf, vielerlei Wildtiere und Vögel (u. a. Weißkopf-Seeadler), eine spektakuläre Küstenlinie und das reizende, bunte Städtchen Hecla. Auf der Insel, die bis 1972 nur per Fähre erreichbar war, ehe der Damm gebaut wurde, wachsen viele essbare Beerenarten wie etwa Himbeeren und wilde Erdbeeren. Ein Fotomotiv ist das **Gull Harbour Lighthouse** aus dem Jahr 1926.

Ziele westlich von Winnipeg

Wer seine Reise in Winnipeg beginnt und westwärts strebt, der bekommt nun seine Klischeevorstellungen im Übermaß erfüllt. Ein schnurgerader Highway 1, vorbeidonnernde *road trains*, riesige LKWs, und endlose Güterzüge. **Portage la Prairie** besitzt ein Fort, das von de la Vérendrye erbaut wurde. Das **Fort La Reine** (heute ein Museum) stellt u. a. den originalen Salonwagen von William Van Horne, einem der führenden Kräfte der Canadian Pacific Railway, aus.

» Karte S. 188–189, Info S. 193

SÜD-MANITOBA

Etwas südlich von **Austin**, an der Straße Nr. 34, zeigt das **Manitoba Agricultural Museum and Homesteaders Village** eine umfassende Sammlung von alten, noch funktionstüchtigen Farmgeräten. Teilweise wirkt das auf Technikignoranten mehr wie Gerümpel, das der Bauer hinterm Haus gehortet hat. Aber in Kanada ist eben alles, was auch nur ansatzweise *historic* ist, ausstellenswert. Einen Abstecher zum **Lake Manitoba** macht man am besten bei **St. Ambroise**, denn dort bietet ein Provinzpark angenehme Strände, Campingmöglichkeiten und organisierte Vogelbeobachtungen. Nahe **Delta Beach** liegt eine der ausgedehntesten Sumpfmarschen Nordamerikas, der Zugang ist jedoch stark beschränkt (Informationen über die *Research Station*).

Bei **Carberry** (kleine Galerie mit Arbeiten und Hinterlassenschaften des Autors und Malers Ernest Thompson Seton) wendet sich der Highway 5 südwärts, und nach ca. 30 km ist der Eingang zum **Spruce Woods Provincial Park** erreicht, der Wälder, hügelige Prärie, Wasserläufe und Quellen umfasst. Außerdem gibt es hier ein seltenes Phänomen: die **Spirit Sands** der Bald Head Hills. Das sind quadratkilometergroße Wanderdünen, eiszeitliche Relikte, die allmählich von der Vegetation erobert werden. Mit ihren Kakteen vermitteln sie Wüsten-Feeling mitten im grünen Kanada.

Bevor man sich in den Park aufmacht, sollte man auf jeden Fall das **Besucherzentrum** ansteuern. Dort gibt es Broschüren und gute Tipps. Den Park durchziehen schöne Wanderwege. Für Konditionsschwache ist zu bedenken, dass in den Dünen die Hitze nicht zu unterschätzen und das Gehen auf Sand mühsam ist. Spruce Woods ist auch einzigartig, weil sich hier sowohl Koniferen, die Flora der Prärien als auch Pflanzen mit großem Wasserbedarf wohl fühlen. Überaus interessante Reptilien finden hier ein Zuhause: Die *hog-*

Oben: Idyllischer Campground im Riding Mountain National Park. Rechts: Schwarzbären kreuzen im Riding Mountain Park manchmal den Wanderweg.

» Karte S. 188-189, Info S. 193

SÜD-MANITOBA

nose snake, eine ungiftige Schlange, ist nur hier anzutreffen. Sie gibt vor, giftig zu sein, indem sie die Backen aufbläht, so als würde sie gefährliche Giftzähne besitzen. Hilft das nichts, stellt sie sich tot. Der *northern prairie skink* ist eine Eidechsenart, die – ungewöhnlich für Reptilien – Brutpflege betreibt. Wird sie angegriffen und festgehalten, kann sie den Schwanz abwerfen, der später wieder nachwächst. Weitere Attraktionen sind **The Devils Punch Bowl**, eine 30 Meter tiefe Senke, die mit grünlichem Grundwasser gefüllt ist, und die Wanderwege jenseits des Flusses beim Kiche Manitou Lake.

★★Riding Mountain National Park

Für den Weg nach Norden gibt es verschiedene Varianten. Im hübschen Ort **Neepawa** (kleines, windschiefes **Beautiful Plains Museum** in der alten Eisenbahnstation) muss man sich entweder für die klassische Anfahrtsroute über Minnedosa und Erickson entscheiden oder für die abenteuerlichere Variante: 40 km nördlich von Neepawa führt bei **Norgate** eine ungeteerte Straße in den ★★**Riding Mountain National Park**, und zwar durch das fotogene **East Gate** von 1933. Die Route sollte man nur bei trockener Witterung befahren, weil es stellenweise recht steil aufwärts geht und die Straße ansonsten sehr schlüpfrig werden kann. Diese Route entführt den Besucher in die Landschaftsvielfalt des Parks: tiefblaue, kalte Seen, abgestorbene Bäume, die wie Mahnmale in den Himmel ragen, Espenwälder – und Stille. Vielleicht sind dort bereits Elche oder Schwarzbären zu sehen. Um die Bisonherde des Parks auszumachen, bedarf es allerdings eines kundigen Führers.

Nach viel Gerüttel und Geschüttel ist **Wasagaming** erreicht, das zwar alle Infrastruktur (inkl. 18-Loch-Golfplatz und Tennis) bietet, aber ein liebenswerter, baulich ansprechender Ort geblieben ist. Der große Vorteil liegt in dieser unschlagbaren Kombination von Zivilisation und wilder Natur – nach 15 Gehminuten scheint die Zivilisation Lichtjahre

》 **Karte S. 188–189, Info S. 193**

SÜD-MANITOBA

entfernt zu sein. Im **Besucherzentrum** erfährt man viel Interessantes.

Für die Weiterfahrt kommen zwei Varianten in Frage: Die erste ist die Nordroute durch den Park über **Dauphin**, eine ukrainisch geprägte Stadt. Hier findet Anfang August Kanadas *National Ukrainian Festival* mit viel Tanz, Trachten und Speisen statt.

Auf dem Weg nach Westen passiert man **Gilbert Plains**, umgeben von fruchtbaren Weizenfeldern.

Nahe **Roblin** wurde das **Asessippi Village** ein Opfer der Routenführung der Eisenbahn: Als die Bahn eine andere Strecke wählte, zogen die Siedler weiter, Zeuge davon sind die Ruinen des Dorfes an der Ostgrenze des **Asessippi Provincial Parks**.

Der **Duck Mountain Provincial Park**, nördlich von Roblin, ähnelt in seiner Vegetation Riding Mountain. **Baldy Mountain**, der höchste Berg hier, ist mit 832 m zugleich auch Manitobas höchste Erhebung und verspricht mit seinem **Aussichtsturm** wunderbare Rundumblicke.

Die zweite Route verlässt den Riding Mountain National Park Richtung Süden. Der Tourist entdeckt das ländliche Manitoba mit kleinen Farmorten und hat ein Bild vor sich, das sich auf dem Weg bis Alberta wiederholt: Das Sonnenlicht spielt mit den goldenen Turmspitzen ukrainischer Kirchen. Die ukrainische Besiedlung zieht sich als Band bis in die Region um Edmonton hin.

Bei **Sandy Lake** stehen zwei schöne Kirchen; und eine kleines Museum erzählt vom beschwerlichen Weg von der Ukraine über den Atlantik bis ins heutige Manitoba.

Die Landschaft rund um **Rossburn** ist leicht hügelig, das Tal des **Birdtail River** gefällig, einzige Dominante jedes Ortes sind die *grain elevators*, jene Getreidespeicher entlang der Bahnlinien, die das Bild dieser Weizenregion prägen.

Gut erhalten ist eine Reihe historischer **Getreidespeicher** in **Inglis**, 25 km nördlich von Russell.

Oben: In Inglis ist noch eine ganze Reihe historischer Grain Elevators (Getreidespeicher) erhalten.

SÜD-MANITOBA

SÜD-MANITOBA (☎ 204)

Spruce Woods Prov. Park, Infos u. a. zu Kutschfahrten und Winterloipe Tel. 1-800/214-6497 o. Visitor's Centre 827-8850.

Winnipeg

Travel Manitoba, 21 Forks Market Rd, Tel. 1-800-665-0040, www.travelmanitoba.com. **Destination Winnipeg**, 259 Portage Ave, Tel. 943-1970, www.destinationwinnipeg.ca.

D'8 Schtove, traditionelle mennonitische Rezepte, 1842 Pembina Hwy (über Ramada Inn), Tel. 275-2294.
Alycia's, ukrainische Küche und nette Atmosphäre, 559 Cathedrale Ave, Tel. 582-8789.
Branigan's Restaurant, bester Platz zum Sehen und Gesehenwerden, hervorragender Caesar's Salad, 1 Forks Market Rd, Tel. 948-0020.
In **Chinatown** findet man authentische, schummrige Chinalokale, an der **Corydon Ave** liegen italienische Restaurants.
Osborne Village (Osborne St und Seitenstraßen) ist ein In-Viertel für Studenten und Bohemians mit Delis, Cafés, Tea Rooms.

Art Gallery, Di-So 11-17 Uhr, Do 11-21 Uhr, 300 Memorial Boulevard, Tel. 786-6641.
Centennial Centre, Komplex mit Theaterzentrum und dem **Manitoba Museum**, tgl. 10-18 Uhr, Sept.-Mitte Mai Di-Fr 10-16, Sa/So 11-17 Uhr, 190 Rupert Ave, Tel. 956-2830, www.manitobamuseum.mb.ca. **St. Boniface Museum**, Mo-Fr 9-16.30, So 12-16 Uhr, Okt.-Mai Sa geschl., 494 Taché Ave, Tel. 237-4500. **Riel House**, täglich 10-18 Uhr, Mitte Mai-Sept., 330 River Road, St Vital, Tel. 257-1783. **Ukrainian Cultural Center**, Mo-Sa 10-16, Juli/Aug. So 13-16 Uhr, 184 Alexander Ave East, Tel. 942-0218.

Die Broschüre *Where Winnipeg* enthält eine Liste mit allen **Outlets**.

Es gibt **self guided walking tours** durch die Stadt; Infos beim Tourist Centre. **Paddlewheel River Rouge Tours** (Tel. 942-4500) bietet Boots- und Busrundfahrten durch Winnipeg. Der **Prairie Dog Central Railway** (nostalgischer Zug der Jahrhundertwende) fährt Juni-Sept. So 11 u. 15 Uhr nach Grosse Island u. zurück (58 km); Abfahrt: CNR St James Station, Info Tel. 832-5259, www.pdcrailway.com.
Touren zum Überseehafen **CHURCHILL**: Manitoba hat einen großen Küstenanteil an der Hudson Bay. Churchill erhielt 1769 seinen Namen von John Churchill, Herzog von Marlborough, der astronomische Studien durchführte; er war fasziniert von der *Aurora Borealis* (Nordlicht), wie auch die heutigen Besucher, die aber v. a. zum *polar bear watching* kommen. **Fort Prince of Wales** (von Churchill per Boostransfer zu besichtigen), Besichtigung nur im Juli und August zu wechselnden Öffnungszeiten. Zugverbindung Winnipeg-Churchill mit *The Hudson Bay*: **VIA Rail**, 123 Main St, Winnipeg, Tel. 1-888-842-7245 (früh buchen! Pauschalarrangement mit Ausflügen und Essen), www.viarail.com.

Hecla Provincial Park

Lake Winnipeg Visitor Centre, Gimli, 1 Centre St, Tel. 642-7974.

Wasagaming

Wigwam, einfaches, rustikales Lokal mit unkomplizierter Küche, 123 Wasagaming Dr, Tel. 848-7752.

Neepawa

Mr. Ribs Family Restaurant, gute Fleischgerichte, 15 Hwy & 16 Stamp, Tel. 476-8881.

Steinbach

Mennonite Heritage Village, Mai, Juni und Sept. 10-17, Juli, Aug. 10-18, Okt.-Apr. 10-16 Uhr, Tel. 326-9661.

Selkirk

Lower Fort Garry, Mitte Mai-Sept. tgl. 9-17 Uhr, Tel. 785-6050.

SASKATCHEWAN

SASKATCHEWAN

Über Yorkton zum Prince Albert National Park

In **Yorkton**, einer typischen und staubigen Landstadt mit multikultureller Bevölkerung (vor allem ukrainischer Abstammung), kann man eines der insgesamt vier **Western-Development-Museen** besichtigen. Jedes hat ein Schwerpunktthema; hier geht es um die Menschen: wie die westkanadischen Immigranten lebten, dargestellt z. B. anhand eines Pionierheims mit lebensgroßen Figuren. Auf dem Freigelände finden Vorführungen statt. Der Stolz des Museums ist ein gigantischer Gas-Traktor aus dem Jahr 1916, einer von Zweien in ganz Amerika.

Über Ebenezer und Gorlitz (Highway 9) geht es zum pappelbestandenen **Good Spirit Lake Provincial Park**. Was sich hier am Ende der Welt auftut, ist, neben einer kleinen Ansiedlung mit einer Kombination aus Tankstellen, Telefon und *General Store*, ein höchst ungewöhnlicher Süßwasser-See, der von bis zu 5 m hohen Sanddünen umgeben ist. Besonders faszinierend wirkt der **Good Spirit Lake** im Frühjahr, wenn das Wasser noch gefroren ist, aber die Dünen unter dem dunkelblauen Himmel südlichere Gefilde vorgaukeln.

Es lohnt sich, ab Buchanan irgendeine Nebenroute nordwärts durch das hügelige *real Saskatchewan* auszuwählen: Ranchland mit Kühen oder Pferden und Sandpisten, die sich irgendwo im Nichts verlieren und ahnen lassen, wie groß die dazugehörige Ranch sein mag. Gegenverkehr ist eher ungewöhnlich, es sei denn, irgendwo streben die Gläubigen einer der zahllosen *charismatic churches* zu, wo ein begeisterter *Reverend* Jesus anpreist wie daheim Marktschreier ihre Gemüseschäler.

Weiter in nordwestlicher Richtung, im **Greenwater Provincial Park** mit seinen Rottannen und Silberespenwäldern, tauchen nur selten europä-

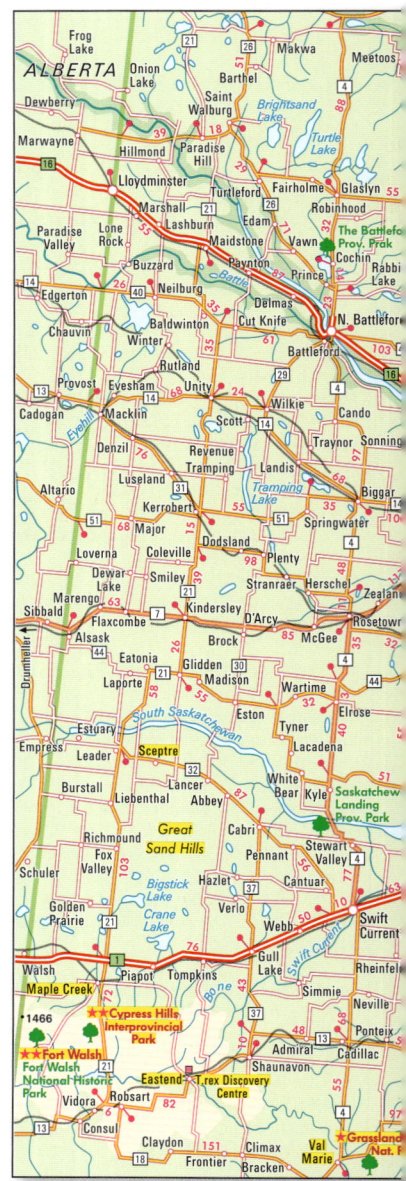

» Karte S. 194–195, Info S. 206–207

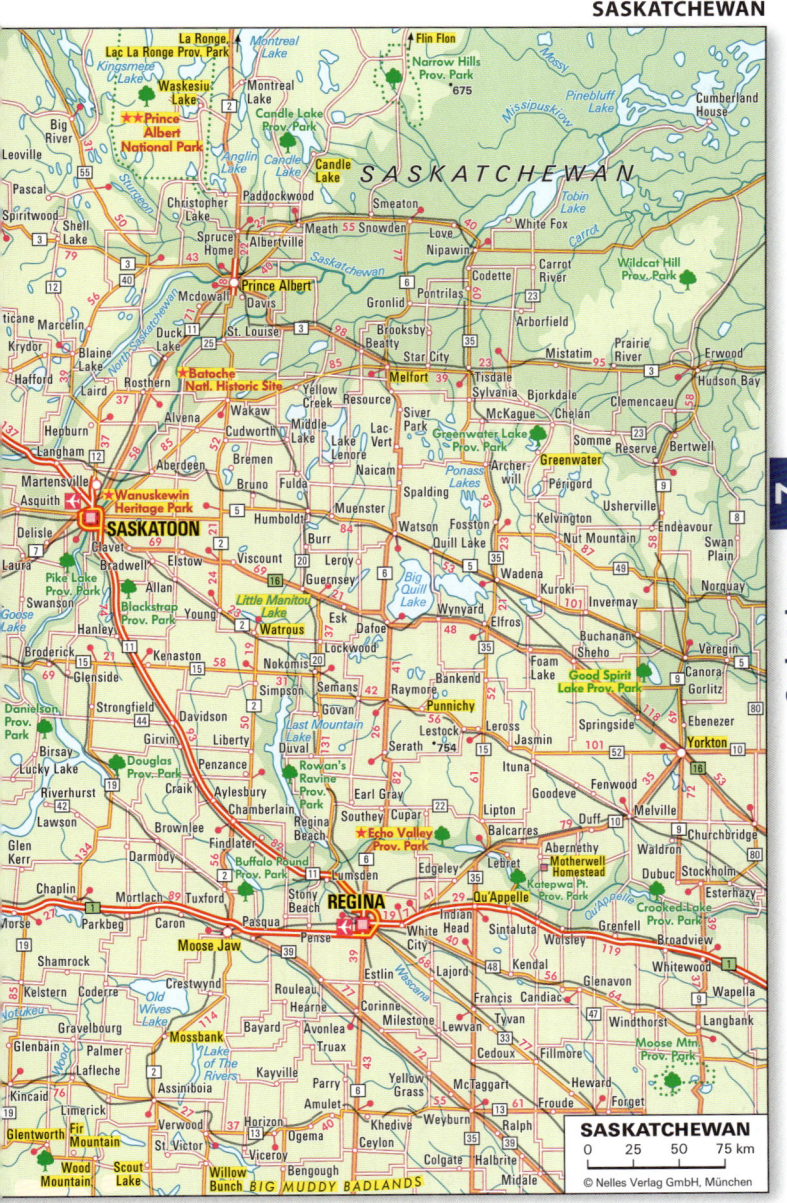

SASKATCHEWAN

ische Touristen auf. In **Fishermann's Cove** treffen sich schrullige Angler, *kids* vor dem Fernseher im Hockeyfieber, schweigsame Bärenjäger, Kanuten, Parkranger und der Dorfpolizist. Südlich des Parks weist ein Schild zu den **Crawford Studios**, die eine beeindruckende Ausstellung historischer Fotografien der Gegend bieten.

Das gut 5200 Einwohner große **Melfort** trägt mit Stolz den Beinamen „The City of Northern Lights", weil häufiger als sonstwo in der Gegend das Polarlicht beeindruckende Shows an den Himmel zaubert. Außerhalb des Ortes liegt ein Gebiet, in dem nach Diamanten geschürft wird.

Von Melfort führt der Highway 3 nach **Prince Albert**. Das Städtchen ist Versorgungszentrum für die nördlich gelegenen Parks; nicht gerade aufregend, aber recht hübsch an den Saskatchewan River geschmiegt. Prince Albert war bereits 1776 Handelsposten und ab 1866 eine Missionssiedlung. Drei kanadische Premierminister, Diefenbaker, William Lyon MacKenzie King und Sir Wilfred Laurier, lebten zeitweise in Prince Albert. An ersteren erinnert das **John G. Diefenbaker House** (249 19th Street W). Es wird von der Stadt als historische Stätte unterhalten, weil Prince Albert im Wahlkreis des ehemaligen Premiers lag.

Das hübsche **Historical Museum** im alten Feuerwehrhaus gibt Aufschluss über die Geschichte der Stadt. Außerdem ist allein die Café-Terrasse über dem Saskatchewan River einen Besuch wert. Prince Albert lebt heute von der Holzwirtschaft, aber auch von der Fleisch verarbeitenden Industrie und vom Bergbau. **Weyerhaeuser Pulp & Paper Mill** ist eine der weltweit größten Papierfabriken.

45 Minuten Fahrt trennen die Stadt vom gleichnamigen Nationalpark, der als einer der Höhepunkte in Westkanada gilt. Wer den ★★**Prince Albert National Park** als nördlichstes Ziel anstrebt, hat die Wahl, für den Hinweg den High-

Oben: Am Waskesiu Lake im Prince Albert National Park.

SASKATCHEWAN

way 2 zu wählen und auf dem Rückweg die malerische Route durch den Park nach Tweedsmuir zu nehmen oder umgekehrt. Ausgangspunkt für Aktivitäten ist der Touristenort **Waskesiu Lake**, der sich perfekt in die Natur einpasst. Im **Nature Centre** finden Ausstellungen statt, und die Förderer des Parks veranstalten Vorträge.

Der Park ist in mancherlei Hinsicht mit dem Riding Mountain National Park zu vergleichen: Die Vegetation ausgedehnter Espenwälder ist ähnlich; beide Parks dienten auch als Arbeitsbeschaffungsprogramme, mit denen während der Weltwirtschaftskrise Männer in Camps zusammengefasst wurden, um Straßen zu bauen, Wanderwege anzulegen oder Gebäude zu errichten. Für einen Dollar am Tag „durften" sich Singles – in Riding Mountain auch Strafgefangene bei Zwangsarbeit – abrackern, Familienväter wurden abgelehnt. Beide Parks waren auch Wirkungsstätte von Grey Owl, einem Engländer und Naturschützer der ersten Stunde, der vorgab, Indianer zu sein. Eine der schönsten Wanderungen im Park führt zu seinem Blockhaus, **Beaver Lodge**, am **Lake Ajawaan** (20 km). Es besteht auch die Möglichkeit, mit einem Boot über den Kingsmere Lake überzusetzen. Über solche und andere Aktivitäten wissen die Angestellten im Informationszentrum Bescheid. Dort gibt es auch *Wolf Country*, ein interessantes Magazin über den Nationalpark. Das Zentrum informiert über geführte Wanderungen zu Plätzen, an denen man besonders gut Tiere beobachten kann. Prince Albert beheimatet neben Elchen und Wapitis auch eine große Population Karibus, und im Park äst eine Herde von Weißschwanz-Bisons. Die Tiere stehen im Nationalpark unter besonderem Schutz, da sie Ende des 19. Jh. in Nordamerika fast ausgerottet waren. Heute werden sie vielerorts wieder gehegt. Die Pelikane, die am **Lake Lavallée** nisten, bilden die zweitgrößte Kolonie in Kanada.

Die mitreißende Begeisterungsfähigkeit für ihr Land macht die Bewohner Sasakatchewans besonders liebenswert. Die Ranger leben ihren Job 24 Stunden am Tag, ziehen privat nach Dienstschluss wieder los, um beispielsweise Wilddiebe zu stellen. Sie müssen immer wieder grausame Funde von Bären machen, deren Pfoten abgetrennt wurden – ein hochbezahltes Souvenir in Teilen Asiens!

Teils innerhalb, teils außerhalb des Parks liegt das Landschaftsjuwel **Anglin Lake**. Der See besteht aus einer Kette von sechs Gewässern, die über Wasserwege miteinander verbunden sind und für aktive Wassersportler ein zivilisationsfernes, naturverbundenes Freizeitparadies bilden. In **Jacobson Bay**, einem Örtchen das aus Wochenendhäuschen besteht, betreiben die Jacobson Bay Outfitters ein hervorragendes Café und einen *General Store*, vermieten wunderschöne Blockholzhütten und organisieren Boots- und Kanutouren. Vor einigen Jahren wurde am Anglin Lake ein Skelett gefunden. Zuerst spekulierte man über Mord, stellte aber bald fest, dass das Skelett 500 Jahre alt war und transferierte es zur Nationalparkbehörde. Diese fand heraus, dass es sich um eine ca. 18-27-jährige Indianerin handelte, die dann von ihrem Stamm feierlich am Anglin Lake beigesetzt wurde. Geladen waren auch die Jacobson Bay Outfitters. Dies war ein ein Schritt in eine positive Richtung echten Zusammenlebens zwischen *natives* und Weißen.

Der Norden Saskatchewans

Hinter der Parkgrenze von Prince Albert beginnt schließlich das, was echte Wildnis-Fanatiker als Einsamkeit gelten lassen. Der **Lac La Ronge Provincial Park** ist ein Dorado für Angler und Kanuten. Mit seinen Tausenden von baumbestandenen Inseln, Wasserfällen und reissenden Stromschnellen ist der **Churchill River** so gewaltig, dass er manchmal eher wie eine Seenplatte wirkt. Alles dreht sich hier ums Angeln,

» **Karte S. 194-195, Info S. 206-207**

SASKATCHEWAN

Kanufahren, Campen und Wandern. Daneben ist der Ort **La Ronge**, im Süden des Parks, auch der Ausgangspunkt für Flüge in völlig isolierte *fly-in-fishing-camps*, die nur per Flugzeug erreicht werden können.

Eine Empfehlung für Freunde der Einsamkeit ist die Strecke über **Candle Lake** und den **Narrow Hills Provincial Park** nach Flin Flon (Manitoba). Der Candle Lake hat seinen Namen von einer indianischen Legende: Millionen von Kerzen tanzen darin über den See – nüchtern betrachtet sind das jedoch Sumpfgase, die sich entzünden. **Narrow Lake** ist im Winter ein beliebtes Ziel der Snowmobil-Enthusiasten. Bis **Flin Flon** zieht sich die Straße durch unendliche Seensysteme. Außer einigen Campingplätzen gibt es hier keinerlei Zivilisation.

Rund um Saskatoon

Im Jahr 1882 gründete der Methodistenpfarrer John Lake die Siedlung **Saskatoon**. Er wollte sie ursprünglich „Minnetonka" nennen, aber als er die roten *misaskwatomin*-Beeren der Erlenblättrigen Felsenbirne kostete, schmeckten ihm die so gut, dass er das Wort zu Saskatoon verbrämte. Doch die überzeugten Alkohol-Abstinenzler fanden keinen so rechten Zulauf, um 1900 hatte der Ort erst 117 Siedler. Der Streit zwischen Regina und Saskatoon, wer die Schönere in der Provinz sei, währt schon lange.

Den schönsten Blick über die Stadt Saskatoon und das schlossähnliche **Delta Bessborough Hotel**, ein historisches Eisenbahnhotel von 1932, hat man vom Saskatchewan Crescent jenseits des Flusses. In den Parks am Saskatchewan River treffen sich Mountainbiker und Rollerblader, Mütter mit Kindern und Geschäftsleute in der Mittagspause. Am Fuß der **University Bridge** freuen sich die Kinder über den kleinen **Kinsmen Vergnügungspark**

Oben: Das Bessborough Hotel von 1935 im Château-Stil, in Saskatoon. Rechts: Hoher Besuch im Wanuskewin Heritage Park.

SASKATCHEWAN

(Spadina Cres/25th St), große und kleine Kids lieben Fahrten mit den **Cruise Boats** (Haltestelle z. B. beim Musikpavillion im Kiwanis Park, bei der Mendel Art Gallery). Auch die sehenswertesten Gebäude reihen sich wie Perlen entlang des Flusses, beginnend im Norden mit der sehenswerten **Mendel Art Gallery**. In angenehmer, ruhiger Atmosphäre bewahrt die Galerie hauptsächlich kanadische, aber auch europäische Kunstwerke, es gibt ein Gewächshaus und einen Souvenirshop. Unweit der Galerie widmet das ★**Ukrainian Museum** den ukrainischen Einwanderern eine Ausstellung, besonders interessant sind die alten Fotodokumente.

Jenseits des Flusses nimmt der architektonisch gefällige Komplex der **University of Saskatchewan** viel Raum ein und ist auch für Touristen besuchenswert. Auf dem Campus gibt es verschiedene Museen und Galerien, die für die Öffentlichkeit zugänglich sind: Die **St. Thomas More Art Gallery** zeigt Gemälde lokaler und regionaler Künstler. Das **Diefenbaker Canada Centre** präsentiert persönliche Gegenstände von „Dief", der von 1957-63 Premierminister war. Das **Little Stone School House** schließlich war Saskatoons erste Schule und ist zugleich das älteste Gebäude der Stadt. Außerdem kann man sich einer Führung anschließen, die am **Place Riel Campus Centre** beginnt.

Der Spaziergang auf der Flussseite der Universität führt im Süden der Stadt zum hiesigen ★**Western Development Museum**, das unter dem Titel *Boomtown 1910* jene Zeit aufleben lässt. In einer detailgetreu rekonstruierten Straße hört man Pferdehufe klappern, aus der Schmiede kommt das Geräusch von Hammer und Amboss – kanadische Museen sind weit mehr als Verwahranstalten für Exponate, sie leben!

Nur ca. 3 km trennen den ★**Wanuskewin Heritage Park** vom Stadtzentrum, aber nach wenigen Minuten in diesem spirituellen Zentrum ist der Besucher Lichtjahre vom urbanen Leben entfernt.

Foto: Reuters Photographer / REUTERS (stock.adobe.com)

Wanuskewin ist ein hauptsächlich von Indianern konzipiertes Zentrum, das sich mit der indianischen Kultur auseinandersetzt, im Museumsgebäude und vor Ort an archäologischen Fundstellen. Bevor der Besucher in diese geheimnisvolle Welt eintaucht, sollte er unbedingt den 17-minütigen Film ansehen, der sich auch der mystischen Wirkung von fünf Indianersprachen bedient. *It blows you away,* sagen die Kanadier zu etwas wirklich Großartigem – Wanuskewin hat diesen Satz verdient! Die Intensität des Films öffnet den Blick und das Herz für das, was noch folgt: ein intelligent konzipierter Museumtrakt mit moderner *Touch-Screen*-Computer-Technik, bei der der Besucher beispielsweise die Ahnen nach den Tücken der Bisonjagd befragen kann.

Wanderwege führen durch das Gelände. Hier töpfert man und brennt Gefäße in authentischer Weise, vor einem Tipi wird die Kunst des Korbflechtens vorgeführt. Der *path of the people* lenkt die Besucher entlang des malerischen Flussufers zu Standorten der ehemali-

» Karte S. 194-195, Info S. 206-207

SASKATCHEWAN

gen Dörfer oder zu Waschstellen.

Eine Palisade aus Stämmen und Ästen markiert den Platz, an dem Bisons gejagt wurden. Die Treiber jagten die Tiere auf die Sperre zu, wo die Jäger mit Pfeil und Bogen auf die Kolosse warteten. Wer hinter der Palisade steht und sich die herandonnernde Herde vorstellt, ist versucht, die Flucht zu ergreifen: Wanuskewin arbeitet mit der Vorstellungskraft, mit Emotion und Mystik, besonders beim *medicine wheel*, einem rätselhaften Steinkreis, keltischen *stone circles* vergleichbar. Ein Plan der Medizinmänner? Ein astrologischer Kalender? Keiner der Erklärungsversuche ist zu verifizieren.

Die Geschichte der Métis beschreibt der ★**Batoche National Historic Site** auf halbem Weg zwischen Prince Albert und Saskatoon. Die „Direttissima" führt über den Highway 11, eine andere Variante bedient sich der vielen kleinen Flussfähren. Die Fährunternehmer freuen sich über jeden Fahrgast, wissen Glaubhaftes und viel Unglaubliches zu fabulieren. Zudem ist das Tal des Saskatchewan River landschaftlich sehr reizvoll.

Batoche war das Zentrum der Métis-Bevölkerung im späten 19. Jh., und Louis Riel wählte den Ort während der Rebellion von 1885 als Standort für seine provisorische Regierung. Batoche steht für die Frankokanadier symbolisch für den Kampf um die eigene Kultur. Auf dem Gelände des Batoche National Historic Site sind die Kirche und das Pfarrhaus **Saint-Antoine-de-Padoue** (heute ein eindrucksvolles Museum) zu sehen und das **East Village**. *Interpretive trails* führen zum Schlachtfeld, wo einst General Middleton mit 800 Mann 100 Indianer und Métis angriff. Auch die audiovisuelle Show ist atemberaubend. Wer seinen Besuch Ende Juli plant, hat womöglich das Glück, das dreitägige Fest *Back to Batoche Days* zu erleben.

Wer anstelle des Highway 11 die Nebenstrecke 763 wählt, gelangt nahe **Watrous** nach **Little Manitou Lake**. Was den Indianern wie ein Zauber des großen Manitou vorkam, ist ein Salzsee mit demselben hohen Salzgehalt wie man ihn im Toten Meer finet. Neben See und Resort-Hotel zieht der **Manitou Springs Mineral Spa**-Komplex in Manitou Beach mit seinen drei Heilwasser-Pools jedes Jahr Tausende von Besuchern an.

Eine andere Nebenstrecke führt über die Highways 15 und 35 durch hübsches Farmland; eine Teepause sollte man in **Punnichy** im **Hart House Tea Room** bei frischgebackenem Brot und hausgemachten Suppen einlegen.

Regina und Umgebung

Reginas Stadtbild lebt vom **Wascana Centre**, einem der größten Stadtparks der Welt (9,3 km^2) mit einem künstlich angelegten See. Hier befinden sich nicht nur Regierungsgebäude, die Universität und etliche Museen, sondern auch ein Vogelschutzgebiet.

Wascana bedeutet in der Sprache der Cree „Knochenhaufen", die Bezeichnung für einen Ort am Ufer eines Flüsschens, an dem sie ihre Bisons verwerteten. So hieß die erste Siedlungsgründung an diesem matschigen Loch inmitten baumloser und trostloser Ebene auch *Pile o' Bones*. Das hochfliegende Ziel war es, daraus eine florierende Stadt zu machen, denn die Routenführung der Eisenbahn ließ die alte Hauptstadt der Northwest Territories, Battleford, weit im Norden liegen. Mit dem Eintreffen der Eisenbahn 1882 ging die Besiedlung tatsächlich schnell vonstatten; die Regierung zog nun in die Stadt, die die Frau des Generalgouverneurs zu Ehren der britischen Queen Victoria in Regina (lateinisch: „Königin") umtaufte. Und noch jemand verlegte sein Hauptquartier hierher: die Polizeitruppe der North West Mounted Police. Sie ist ein „Wahrzeichen" Kanadas. Die *Mounties*,

---

Rechts: Mountie-Parade in der Nähe des RCMP Heritage Centre.

SASKATCHEWAN

die seit 1920 als Bundespolizisten zur Royal Canadian Mounted Police (RCMP) mit Sitz in Ottawa gehören, hatten bis zu jenem Jahr ihren Hauptsitz in Regina. Gegründet wurde die paramilitärisch organisierte Einheit, um Recht und Gesetz in den Wilden Westen zu bringen. Den letzten Ausschlag gab 1873 ein Massaker in den Cypress Hills, bei dem 20 Indianer von amerikanischen Whisky-Händlern getötet wurden. Die Truppe verlegte 1878 ihr Hauptquartier ins Fort Walsh bei Cypress Hills und zog vier Jahre später an die Bahngleise.

Die Geschichte der *Mounties* dokumentiert das umfangreiche ★**RCMP Heritage Centre** mit Waffen, Ausrüstungsgegenständen, Fotos und Erinnerungsstücken – mal informativ, mal in heroischem Timbre; selbst der Original-Tabaksbeutel von Sitting Bull ist hier ausgestellt. Die *Mounties* mit ihren charakteristischen roten Jacken (*scarlets*) inspirierten Filmemacher, Maler und Literaten gleichermaßen, waren sie doch auch *guide, philosopher, nurse and friend*.

Von Montag bis Freitag um 12.45 Uhr kann man die *Mountie*-Rekruten auf dem **Parade Square** nahe dem **RCMP Academy Depot** beim Paradieren bewundern. Regina ist nach wie vor Ausbildungszentrum der RCMP. 1876 wurde in Regina die erste RCMP-Parade *Musical Ride* veranstaltet.

Downtown Regina – ein kleines Quartier begrenzt durch Saskatchewan Drive im Norden, Albert Street im Westen und Broad Steet im Osten – gibt sich als eher geruhsames Stadtzentrum, die sehenswerten Gebäude reihen sich entlang dem Wascana Centre, angefangen mit dem **Royal Saskatchewan Museum**. Mehr als 100 Schaukästen, die den visuellen Eindruck mit Geräuscheffekten auch akustisch verstärken, vermitteln einen abwechslungsreichen und anschaulichen Unterricht zur Flora und Fauna. *Megamuch*, der Roboter-Saurier, leitet über zur Erdgeschichte und steht beispielhaft für die Anschaulichkeit des Museums, das immer wieder auf interaktive Spiele setzt und zugleich archäologische, geologische Themen zur

» Karte S. 194-195, Info S. 206-207

SASKATCHEWAN

Menschheitsgeschichte schildert. Ebenfalls am Nordufer des Sees schafft es das **Science Center** (mit **Kramer Imax Theatre**), selbst Physik-Muffeln Phänomene dieser Wissenschaft klarzumachen: Aha-Effekte und Stoßseufzer bei vielen, wie anders der eigene Schulunterricht hätte ablaufen können.

Auf der gegenüberliegenden Seite des Sees prangt das ★**Legislative Building**, ein 1912 fertig gestellter Neo-Renaissancebau inmitten schöner Gärten. Sitzungssaal und Bibliothek sowie Kunstausstellungen können auf Führungen besichtigt werden. Südlich davon ist die **MacKenzie Art Gallery** ein lohnendes Ziel, eine der besten Kunstgalerien Westkanadas mit einem Querschnitt nationaler und internationaler Kunst – und einem hervorragenden Café-Restaurant. Ende Mai bis Anfang September setzen ab **Willow Island Overlook** Fähren auf ein Picknick-Inselchen im See über.

Oben: Das Legislative Building in Regina. Rechts: Pronghorn (Gabelbock) im Grasslands-Nationalpark

Viele Wege führen nach **Fort Qu'Appelle** – einsame Sandstraßen von Westen oder der Highway 10 ab Yellowhead Highway. Der Ort markiert die Keimzelle der Besiedlung in einem lieblichen Tal, dem seenreichen **Qu'Appelle River Valley**. Einer Legende zufolge machte sich einst ein junger Abenteurer in seinem Kanu auf und hörte, Meilen von der Heimat entfernt, seine Braut nach ihm rufen. Er soll daraufhin ausgerufen haben: „Qu'Appelle?" (Wer ruft mich?), soll umgekehrt sein und seine Braut tot aufgefunden haben. Seitdem sei sein klagender Ruf im Tal zu hören.

Im Ort gibt es Galerien und Handwerksläden, die sich bemühen, echtes indianisches Kunsthandwerk zu offerieren. Es lohnt sich, im Tal zu verweilen und dem **Motherwell Homestead**, einem schön restaurierten Gutshaus, einen Besuch abzustatten. Ebenso empfehlenswert sind Ausflüge in die Regina bzw. Fort Qu'Appelle umgebenden Parks **Buffalo Pound**, **Katepwa Point**, **Crooked Lake** und ★**Echo Valley**, um die Natur und die Strände zu genießen.

Entlang der amerikanischen Grenze

Größer könnte der Kontrast kaum sein: erst das liebliche Tal Qu'Appelle und dann im Süden die **Big Muddy Badlands**: erodierte Sandstein-Berge, steile Klippen, eine Mondlandschaft von beklemmender Schönheit. Gut kann man sich vorstellen, wie sich hier einst Butch Cassidys Gesetzlose auf dem Weg von Kanada nach Mexiko verkrochen. Touristen können die Höhlen der Pferdediebe entdecken, den **Outlaw Trail** erwandern und die Verstecke der Kutschenräuber besuchen.

Der Abstecher nach Süden beginnt in **Moose Jaw**, dessen **Western Development Museum** die Geschichte des Transports in der Prärie veranschaulicht: mit herrlichen alten Autos, Flugzeugen, Dampfschiffen und Eisenbahnwagen. Eine Schmalspureisenbahn schaukelt hinter dem Museum los, und im muse-

>> Karte S. 194–195, Info S. 206–207

SASKATCHEWAN

umseigenen Kino laufen Filme über die tollkühnen Kunstflieger von Moose Jaw, die berühmten *Snowbirds*.

Der Highway 2 führt durch gefälliges, hügeliges Ranchland nach Süden. Ab **Mossbank** sind wieder mehr Getreidefelder zu sehen, und 24 km südlich freuen sich Kinder über die **Bunnyview Pet Farm**, eine Mischung aus Streichelzoo, Museum und Picknickplatz. Der spektakulärste Abschnitt der Fahrt ist der Highway 358 South durch eine völlig einsame Landschaft windgepeitschter Grashügel: Bilder wie aus Westernfilmen tun sich auf. Der Highway 358 wird dann als Highway 705 zur Sandstraße – wer derartige Abenteuer mag, fährt über **Scout Lake** und **Willow Bunch** in die Big Muddy Badlands hinein.

Wer es mehr mit Asphaltstraßen hält, hat auf dem Highway 18 von **Wood Mountain** (jährlich im Juli Stampede) nach **Fir Mountain** Herausforderung genug in Form einer Achterbahnstraße in stetem Auf und Ab. Hier sind die einzigen Zeichen der Zivilisation ärmliche Häuser, wie das des gar nicht so königlichen Royal Hotel in **Glentworth**.

Südlich des Orts **Wood Mountain** erläutert der **Historic Park** die Geschichte der *Mounties*, erzählt von den schwierigen Verhandlungen mit den Sioux – hier, inmitten grandioser Landschaft, berührt die Geschichte die Gegenwart.

Wood Mountain gehört bereits zum ★**Grasslands National Park**, und idealer Ausgangspunkt zu dieser Landschaftsrarität mit ihren goldenen Hügeln ist **Val Marie**. Im Infozentrum an der Hauptstraße erhält man ein Faltblatt für eine *self guided tour* (per Auto auf Sandstraßen) durch diesen jungen Nationalpark, der die einzige authentisch erhaltene Prärie in Kanada darstellt. Der 1988 gegründete Nationalpark bemüht sich, Ranchland aufzukaufen, das noch innerhalb der Grenzen des Parks liegt. Es stellt die Botaniker vor Probleme, die ursprüngliche Vegetation wiederherzustellen – so sehr hat die Landwirtschaft die ehemaligen Prärien vernichtet.

Was die Fauna betrifft, so existiert Kanadas einzige Population an *prairie dogs* (Präriehunden) in dieser extrem

SASKATCHEWAN

trockenen Gegend. Sie recyceln ihre eigene Körperflüssigkeit und brauchen kein Wasser zusätzlich. Die quirligen Tiere leben in Erdhöhlen und bewegen ungefähr 1 Tonne Erde pro 1000 m²! Im Schutzgebiet **Prairie Dog Town**, südlich von Val Marie, leben Tausende der Präriehunde überaus sozial zusammen. Im Park fühlt sich auch das *mule deer* wohl, eine Antilopen-Art, die weltweit keine näheren Verwandten hat und – evolutionär angepasst an das Prärieleben – über 5 km weit sehen kann!

Die Grasslands bilden eine Wasserscheide zwischen den Flüssen, die in die Hudson Bay münden, und jenen, die in den Golf von Mexiko fließen. Der große Tafelberg im Westen ist der **70 Mile Butte**. Er diente den *Mounties* als Orientierung auf dem Weg von Fort Walsh nach Wood Mountain und markierte den einzigen Flussübergang.

★★Cypress Hills Interprovincial Park

Von Grasslands kommend passiert man in **Sand Lake** eine **Hutterer-Siedlung**. Hutterer sind eine religiöse Gemeinschaft, die wie die Mennoniten im 19. Jh. aus Osteuropa nach Kanada auswanderten. Sie lehnen Kriegsdienst ab und pflegen ihre traditionelle Lebensweise mit Gütergemeinschaft in „Bruderhöfen", haben heute aber auch modernste Agrartechnik und exportieren ihre Produkte auch in andere Provinzen. Die Kinder erhalten von einer kanadischen Lehrerin den Pflichtunterricht, müssen aber auf Fernsehen oder Video verzichten. Die versprengten Gemeinden treffen sich zu Festen, damit sich dort junge Paare finden können.

Wer über den Highway 1 kommt, erreicht mit **Maple Creek**, am Rande der Cypress Hills, ein hübsches und freundliches Städtchen, das direkt einem Film über die Pionierzeit entstiegen zu sein scheint. Im **Jasper Cultural and Historical Centre** (311 Jasper Street) sowie im **Old Timers' Museum** geht es um diese bewegte Zeit, illustriert durch Fotos, Schriftstücke und Schaukästen.

Der von den Gletschern der letzten Eiszeit verschont gebliebene ★★**Cypress Hills Interprovincial Park** erhebt sich wie eine grüne Fata Morgana aus der flachen Prärie: Bis zu 1468 m hohe Berge sowie Banks-Kiefern, die die Métis auf kanadisch-französisch „cyprès" nannten. Der grenzüberschreitende Park erstreckt sich von Saskatchewan nach Alberta und besteht aus zwei Abschnitten, *Blocks* genannt.

Der *Centre Block* ist der kleinere Teil, mit einem schönen Bungalow-Hotel, einem Badesee, Camping- und Golfplatz. Eine Broschüre, die man am Eingang Parkranger Office bekommt, beschreibt einen *self guided drive*, eine Autorundfahrt, deren Höhepunkt der **Look Out** (Aussichtspunkt) und der noch etwas höher gelegene **Bald Butte** sind. Dieser mit 1281 m höchste Punkt im *Centre Block* ermöglicht es, an klaren Tagen bis zu 80 km nordwärts zu schauen – die Cypress Hills sind die höchste Erhebung zwischen den Rockies und Labrador.

Der *Centre Block* ist mit dem *West Block* durch die **Gap Road** verbunden. The Gap, die Lücke durch eine einsame Talsohle, sollte man aber nur bei trockener Witterung befahren! Stimmen die Wetterverhältnisse, führt diese ungeteerte Straße durch Wälder und durch ein überaus pittoreskes Tal, vorbei an Rinderherden, zum *West Block*. Eine Variante wäre der Sandweg nach Maple Creek durch goldgelbes Ranchland.

Im *West Block* klettert die Straße in Serpentinen nach oben; seine Attraktion ist ★★**Fort Walsh** mit dem gleichnamigen Park. Es ist die Rekonstruktion des 1875 errichteten Forts der *North West Mounted Police*, welche 1873 gegründet worden war, um den illegalen Whiskyhandel zu bekämpfen, die dann hier 1878–82 ihr Hauptquartier hatte. Der geschichtsträchtigste Teil ist **Farewell's Trading Post** (der in einem

---

Rechts: Elchbulle im Cypress Hills Park.

SASKATCHEWAN

2,5 km langen Spaziergang vom Fort aus oder per Bustransfer erreichbar ist). Vor dem Bau des Forts nahmen dort Händler den Indianern für billigen Whisky und andere wertlose Tauschobjekte teure Felle ab. Trotz allem lief der Handel relativ zivilisiert ab, bis amerikanische Glücksritter über die Grenze kamen und mit übelstem Whisky-Verschnitt die Indianer vergifteten. Während eines wüsten Gelages verschwand ein Pferd, und die amerikanischen Wolfsjäger beschuldigten einen Indianer des Diebstahls. Was unter *Cypress Hills Massacre* 1873 in die Geschichte einging, war der sinnlose Tod von 20 Assiniboine-Indianern und einem Kanadier.

Bis 1883 wurde das Dorf beim Fort von bis zu 1000 Leuten bewohnt, je nachdem, wie viele Händler anwesend waren, doch mit dem Abzug der *Mounties* erlosch das geschäftige Leben. Von 1942 bis 1968 nutzte die RCMP das Fort nur noch zur Pferdezucht und als Trainingslager für den traditionellen *Musical Ride* (siehe Fort MacLeod). Heute können Besucher im Fort Pionier-Küche kosten oder nach traditioneller Methode Wäsche waschen. Übrigens ist das Fort während der Jagdsaison auch Zuflucht einiger Tiere: Denn in Fort Walsh als „National Historic Site" ist im Gegensatz zum „Provincial Park" Cypress Hills die Jagd verboten.

Szenen aus Jurassic Park

Östlich von Cypress Hills ist die Stadt **Eastend** Zentrum der „Dino-Mania". Etwa 65 Mio. Jahre hat *Scotty* bereits auf dem Buckel, ein Tyrannosaurus Rex, dessen nahezu vollständiges Skelett hier ausgegraben wurde. Die zahlreichen Funde sind im spannenden **T.rex Discovery Center** ausgestellt. Von dem modernen Gebäude ist nur die vordere Fassade zu sehen. Der restliche Teil ist in einen Hang hineingebaut. Eine zweistündige Tour ab Eastend führt per Bus und zu Fuß durch spektakuläre Landschaft zum Ausgrabungsort, wo man die detektivische Arbeit der Paläontologen bestaunen kann. Im Hochsommer können Besucher an einem halbtägigen

» **Karte S. 194-195, Info S. 206-207**

SASKATCHEWAN

day dig-Programm teilnehmen und bei den Ausgrabungen mitmachen.

Für Abenteurer und Leute mit Geländewagen eröffnen die Sandstraßen 633 und 738 (nur bei gutem Wetter) beeindruckende Landschaftserlebnisse, besonders im Bereich der großen „Sandwüste" **Great Sand Hills**. Diese Wanderdünen, die majestätisch (und bedrohlich) 16 km² bedecken, sind über die Straßen 37 und 32 ebenfalls zu erreichen. Ein Aussichtspunkt befindet sich 1,5 km westlich von **Sceptre**.

Oben: T-Rex im Discovery Center in Eastend.

SASKATCHEWAN (☎ 306)

Tourism Saskatchewan, 1922 Park St, Regina, Tel. 787-9600, www.sasktourism.com. **Grasslands National Park**, Informationsbüro Mitte Mai bis Anfang Sept. 8-17 Uhr, sonst Park Office 8-12, 13-16.30 Uhr, Karten und Tipps, Val Marie, Tel. 298-2257.
Camping im Park ist nur mit Zelten erlaubt, Anmeldung beim Park Office obligatorisch.
Cypress Hills Interprovincial Park, Park Office und Nature Centre, Juni bis Labour Day 8-20 Uhr, sonst nur bis 17 Uhr, Tel. 662-5411, www.cypresshills.com.

PRINCE ALBERT NATIONAL PARK: Waskesiu Lake, Tel. 663-5410. **Mehrtägige Wanderungen** mit *Backcountry Camping* muss man beim Informationszentrum des Parks anmelden. **Bagwa Kanu-Route**, eine der schönsten Routen im Norden, über vier Seen (Broschüre beim Infozentrum). **Fahrradverleih** neben der Esso-Tankstelle am Lakeview Drive, Fahrradtouren im Infozentrum erfragen. **Kanus**, **Boote** gibt es über Jacobson Bay Outfitters, Tel. 982-4478.

Saskatoon

Tourism Saskatoon, 101-202 Fourth Ave North, Tel. 242-1206, www.tourismsaskatoon.com.

East Side Mario's, italienisches Restaurant einer großen Kette mit großer Auswahl mediterraner und amerikanischer Gerichte, 2335 8th Street E., Tel. 665-5550, www.eastsidemarios.com.
The Granary, tolle Steaks, Seafood, Salate, 2806 8th St, Tel. 373-6655.
Butler's Restaurant, schmackhafte Gerichte zu angemessenen Preisen, Ramada Hotel, 806 Idylwyld Dr N., Tel. 665-6500.

Western Development Museum, ganzjährig Di-So 9-15 Uhr, Mo geschl., 2610 Lorne Ave S., Tel. 931-1910. **Ukrainian Museum of Canada**, tgl. 9-17 Uhr, 910 Spadina Cres. E., Tel. 244-3800. **Mendel Art Gallery**, tgl. 9-21 Uhr, 950 Spadina Cres. E., Tel. 975-7610. **Wanuskewin Heritage Park**, Mai-Aug. 9-18 Uhr, sonst 11-18 Uhr, 4 Penner Rd, Tel. 931-6767.

SASKATCHEWAN

Shearwater MV Saskatoon Princess, einstündige Fahrten auf dem South Saskatchewan River ab Mendel Art Gallery Wharf, Tel. 1-888-747-7572. Rundfahrten mit dem **Fahrrad**: **Borealis Outdoor Adventure**, 8B-305, 3120 8th St E., Tel. 343-6399, www.borealisoutdoor.com.

Regina

Tourism Regina, 1925 Rose St, Tel. 789-5099, www.tourismregina.com.

Open Tap Brewing Co., deftige Küche, 4245 Rochdale Blvd., Tel. 761-2777, www.thetap.ca.
Golf's Steak House, 1945 Victoria Ave, Tel. 525-5808.
Alfredo's, exzellente Pasta, Pizza und Grill, 1801 Scarth St, Tel. 522-3366.
The Diplomat Steakhouse, große Auswahl an saftigen Steaks, aus Bilderrahmen an den Wänden schauen Politiker den Gästen beim Essen zu, 2032 Broad St, Tel. 359-3366.

RCMP Heritage Centre, Mo-Fr 10-17, Sa/So 12-17 Uhr, 5907 Dewdney Ave W., Tel. 522-7333, www.rcmpheritagecentre.com. **Legislative Building**, im Sommer 8-21 Uhr, sonst 8-17 Uhr, in der Hochsaison alle halbe Stunde Führungen, Legislative Dr, Tel. 787-5358. **MacKenzie Art Gallery**, Mo-Do 10-17.30, Fr 10-21, Sa, So 12-17 Uhr, 3475 Albert St S, Tel. 584-4250. **Science Centre**, Öffnungszeiten je nach Programm, Winnipeg St/Wascana Dr, Tel. 522-4629, www.sasksciencecentre.com, **Kramer IMAX Theatre**, tgl. 12-21 Uhr, Tel. 522-4629. **Regina Plains Museum**, zeigt in einem alten Postgebäude Exponate zu Indianern, Métis und Pionieren, Mo 13-16, Di-Fr 10-16 Uhr, 1835 Scarth St, Tel. 780-9435. **Royal Saskatchewan Museum**, spannendes Naturkundemuseum, tgl. 9-17.30 Uhr, 2445 Albert St, Tel. 787-2815, www.royalsaskmuseum.ca.

Heritage Regina Tours, historische Touren, Tel. 585-4214, www.tourismregina.com. **Kulturevents** im **Centre of Arts**, es werden Konzerte, Ballett und Oper geboten, das Regina Symphony Orchestra spielt hier, Lakeshore Drive im Wascana Centre, Programm und Karten unter Tel. 525-9999, www.conexusartscentre.ca.
Der **Downtown Regina Farmer's Market** (1900 Block Scarth St) findet zwischen April und November jeweils am Mi und Sa statt und bringt frische Bauernprodukte in die Stadt.

Maple Creek / Cypress Hills

Fort Walsh National Historic Site, geöffnet Ende Mai bis Anfang Sept. tgl. 9-17.30 Uhr, Tel. 662-3590 (im Fort) oder 662-2645 (in Maple Creek).

Eastend

T.rex Discovery Centre, tgl. 9-17 Uhr Nov./Dez. geschl., 650 T-Rex Dr, Tel. 295-4009, www.trexcentre.ca.

Yorkton

Yorkton Chamber of Commerce, PO Box 1051, Yorkton Tel. 783-4368.

Greenwater Lake

Fisherman's Cove Store, Shop, Snacks, Steaks, Fisch und Salate, Tel. 278-2992.

Prince Albert

Prince Albert & District Tourism, 3700 2nd Ave W., Tel. 953-4385 oder 1-877-868-7470, www.patourism.ca.

Rosewood Grille, gutes Frühstück, 3551 2nd Ave, Tel. 764-6441.

Prince Albert Historical Museum, geöffnet Mitte Mai-Ende Aug. tgl. 9-17 Uhr, im Winter nach Vereinbarung, 10 River St, Tel. 764-2992.
Rotary Museum of Police, Mitte März-Aug. tgl. 10-18 Uhr, 3700 2nd Ave, Tel. 922-3313.

Wood Mountain

Wood Mountain Post Provincial Park, geöffnet Juni-Sept., 10-12 Uhr und 13-16 Uhr, 8 km südlich auf Hwy 18, Tel. 662-5411, www.saskparks.net.

ZENTRAL-ALBERTA

ZENTRAL-ALBERTA

Drumheller

Zentral-Alberta ist eine der faszinierendsten Regionen West-Kanadas. Von den Great Sand Hills geht es über den Ort **Leader** zum Highway 9, der nach Drumheller führt. Der **Dinosaur Trail** (Hwy 838) verläuft als 50 km-Rundtour durch das bis zu 120 m tief in die Prärie eingeschnittene Tal des **Red Deer River**, in dem 75 Mio. Jahre alte Saurierskelette freigelegt wurden. Der **Red Deer River** hat eine Mondlandschaft geformt; durch die Launen der Erosion entstanden **Hoodoos**, pilzförmige Erdpyramiden. Sie sind entlang des 60 km langen Hoodoo Drive (Hwy 10, Richtung Osten) zu besichtigen. 17 km nordwestlich von Drumheller gibt es am **Horsethief Canyon** einen Aussichtspunkt, von dem aus man ins Flusstal hinuntersteigen kann.

Oben: Raubsaurierskelette im Royal Tyrell Museum.
Rechts: Badlands im Dinosaur Provincial Park.

Drumheller ist ein unspektakuläres Städtchen mit Golfplatz, Antiquitätenläden und Skilift. Dinosaurierfreunde mit Jurassic-Park-Fieber fühlen sich hier jedoch wie im Paradies. Hier steht auch der 26 m hohe und weltweit größte begehbare Dinosaurier: Während sein Maul als Aussichtsplattform (im Sommer tgl. 9-21 Uhr) fungiert, beherbergen die Füße die Tourist Information.

6 km nordwestlich von Drumheller liegt das ★★**Royal Tyrell Museum of Paleontology**, das weltweit einen hervorragenden Ruf genießt, auch wegen seiner Museumskonzeption. Bereits die erste Halle, die **Science Hall**, ist ein Vergnügen: Man kann selber Versuche machen und Knöpfe drücken. Die **Hall of the Fossils** erläutert geologische Zusammenhänge; ein rundes Display, von oben per Diashow zum Leben erweckt, erläutert die Kontinentaldrift. Höhepunkt der Ausstellung ist die **Dinosaurierhalle**, die in schummeriges Licht getaucht Skelette und Rekonstruktionen aller erdenklicher Saurier darstellt – lebensgroß! Der Fleisch fressende

ZENTRAL-ALBERTA

Saurier heißt Albertosaurus Rex. Auf einem Computerschirm im Museum kann man, das Spiel nennt sich *Build your own Dinosaur*, aus Kopf, Hals, Rumpf, Schwanz, Armen und Beinen einen eigenen Dinosaurier zusammenbauen – der Computer beurteilt anschließend dessen Überlebensfähigkeit.

Wer noch nicht genug hat, kann in Drumheller das **Valley Interpretive Centre** mit Mineralien und prähistorischen Funden besuchen, im **Jurassic Store Fossil World** für die eigene Sammlung einkaufen oder dem mit 26 m größten Saurier der Welt ins offene Maul steigen, in dem ein Dutzend Personen Platz finden.

★★Dinosaur Provincial Park

163 km südöstlich von Drumheller, am **Red Deer River**, lockt der ★★**Dinosaur Provincial Park**, eine der bedeutendsten paläontologischen Fundstätten und „Dinosaurierfriedhöfe" der Welt (UNESCO-Welterbe). Hier konnten über hundert komplette, 75 Mio. Jahre alte **Dinosaurier-Skelette** freigelegt werden. Ranger führen durch Teile des Parks, u. a. zu einer Fundstätte mit einem komplett erhaltenen Dino-Skelett. Besonders schön ist eine Wanderung durch die fotogen erodierten, landschaftlich großartigen ★**Badlands** morgens oder spät nachmittags. Das Tyrell Museum unterhält im Park eine Forschungsstation, in der Funde ausgestellt sind und Besucher den Forschern bei der Arbeit zusehen können.

Von Drumheller nach Edmonton

Der Hwy 56 führt schnurgerade nordwärts nach **Stettler**, und hier lohnt es sich, das Auto abzustellen. Von Stettler aus dampft und schnauft die historische **Alberta Prairie Railway** in vier- bis achtstündigen Touren durch die Prärielandschaft. Eher skurril ist das Museum in **Donalda**: Im **Donalda and District Museum** sind unter anderem 900 verschiedene Öllampen und 360 Paar Salz- und Pfefferstreuer zu sehen! Im nördlicher gelegenen **Camrose** star-

ZENTRAL-ALBERTA

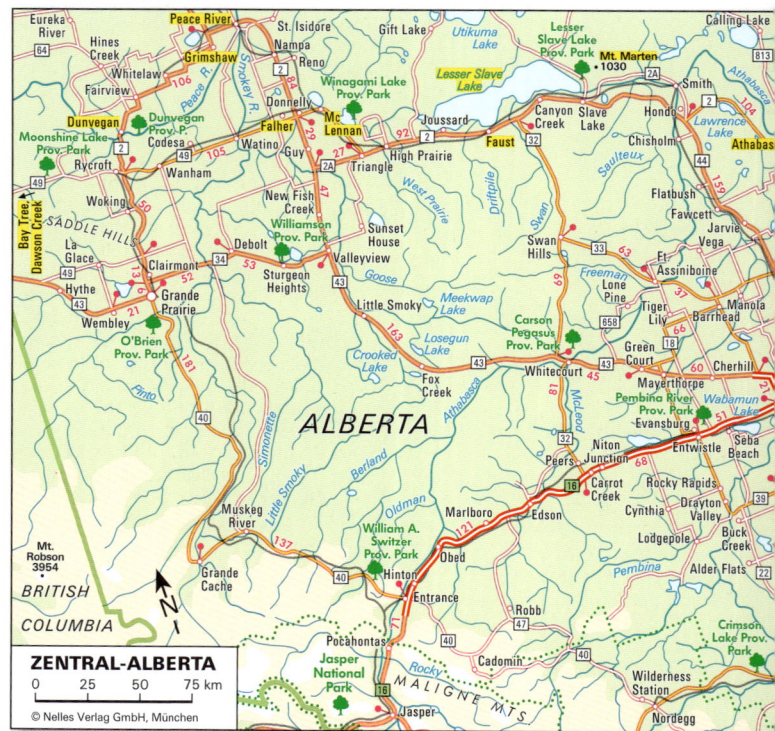

ten auf **Albertas Littlest Airport** Modellflugzeuge auf Miniatur-Start- und Landebahnen.

Im benachbarten **Wetaskiwin** beschäftigt sich das **Reynolds Alberta Museum** mit Transportmitteln. Es geht dabei anschauliche Wege: audiovisuelle Shows und lebensgroße Ausstellungsstücke, von Flugzeugen bis hin zu einer Prärietankstelle. Im **Alberta Central Railway Museum**, 15 km südöstlich, kommen Eisenbahnfans auf ihre Kosten und können eine Rundfahrt buchen.

Über den Highway 834 erreicht man das **Ukrainian Cultural Heritage Village**. Dieses Freiluftmuseum ist etwas für Leute mit Fantasie. Die kostümierten Mitarbeiter der Dorfes, ob an der Bahnstation, im *General Store*, bei der Polizei oder in den kleinen Siedlerhäuschen, leben „ihre" Zeit (1892-1930): Der Bahnbeamte berichtet über gestohlene Seesäcke und sein neues Gewehr, das Mädchen im Lehmhaus fragt, wie denn die lange Schiffsreise aus Europa gewesen sei. Ein anderer will wissen, ob man denn auch auf der Suche nach Land sei. Wer als Tourist hier mitspielt, glaubt am Ende fast selber, irgendwo zwischen 1892 und 1930 gelandet zu sein!

Der **Elk Island National Park** ist ein kleiner Park und Naherholungsgebiet für Edmonton: Wanderwege, Seen, Picknickplätze; mit Glück sieht man die Hauptattraktion: Präriebisons, aber nur mit viel Glück die seltenen Waldbisons.

ZENTRAL-ALBERTA

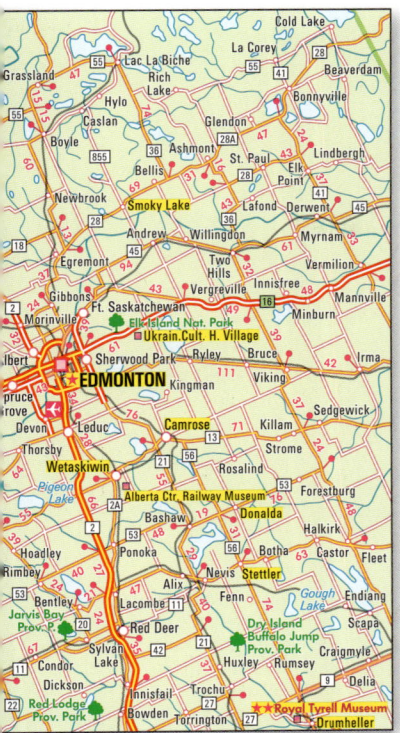

★Edmonton

Kommt man aus der üppigen Natur des Parks, sieht man im krassen Kontrast rechts und links des Yellowhead Highway die Ölpumpen Edmontons arbeiten. Im Osten der Stadt konzentrieren sich die Raffinerien im Bereich 50th Street und Highway 16a und 14. Das Benzin an den Tankstellen in und um ★**Edmonton** wird deutlich billiger, gerade so, als ob eine Ölquelle direkt unter der Zapfsäule sprudeln würde. 1947 wurde in Leduc Öl entdeckt, und heute gibt es über 2000 Öl- und Erdgasbohrungen im 160 km Radius um die Stadt. Seit dieser Reichtum zu versiegen droht, blicken die Ölfirmen hoffnungsvoll Richtung Norden, wo riesige Vorkommen von Ölsanden auszubeuten sind. In den 1980er-Jahren hatte die Ölindustrie mit Schwierigkeiten zu kämpfen, 15 % Arbeitslosenrate schuf soziale Probleme, die Menschen zogen weg, Wohnungen standen plötzlich leer. Mittlerweile hat die Stadt auf Diversifikation gesetzt, sich zum Hauptumschlagplatz für Güter aus dem Norden und in den Norden entwickelt und zählt heute ca. 785 000 Einwohner.

1796 errichteten die North West Company und das Konkurrenzunternehmen Hudson's Bay Company Handelsposten für die Cree- und Blackfoot-Indianer am Saskatchewan River: Fort Augustus und Fort Edmonton. Um 1870 kamen die ersten Siedler, und bald entstand eine kleine Ortschaft. 1897 war Edmonton die letzte zivilisierte Station für die Abenteurer im Klondike-Goldfieber – die *Klondike Days* im Juli erinnern daran mit origineller Folklore. 1942, als der Bau des Alaska Highway begann, war Edmonton das Tor zum wilden Norden.

Die Goldsucher jedenfalls kamen beladen mit *nuggets* oder aber total abgerissen in die Stadt. Einige blieben, dazu siedelten sich Farmer aus der Ukraine, Skandinavien, Deutschland, Frankreich, Polen und Ungarn an – die Väter all derer, die auch heute das Bild einer multikulturellen Gemeinschaft prägen.

Edmonton, das sich zu beiden Seiten des North Saskatchewan River erstreckt, ist eine großzügige, gefällige und grüne Stadt, die sich im Jahr 2007 mit den Lorbeeren der kanadischen Kulturhauptstadt schmücken durfte. Einen Stadtspaziergang beginnt man am besten am **Legislature Building**, das inmitten einer großzügigen Parkanlage zwischen 107th St und 97th Ave steht. In dem 1912 eröffneten Sandsteingebäude mit der imposanten Kuppel finden täglich Führungen statt. Der **Heritage Trail** (ausgeschildert) führt ins Zentrum, und wer beim **Hotel Crowne Plaza** (Bellamy Hill) angelangt ist, verschafft sich dort einen guten Überblick

ZENTRAL-ALBERTA

über Edmonton: im Drehrestaurant La Ronde, mit sehr guter Küche. Viele Hochhäuser wie der **Bell Tower** und der 2011 fertiggestellte **Epcor Tower** (149 m) prägen das Stadtbild.

2010 eröffnete die ★**Art Gallery of Alberta** ein neues Ausstellungsgebäude, das mittlerweile zu den architektonischen Highlights der Stadt zählt. Randall Stout konzipierte einen futuristischen Komplex, der an die spektakulären Entwürfe von Frank Gehry erinnert. Neben klassischen und zeitgenössischen Werken ist auch das Oeuvre bekannter indianischer Künstler zu sehen.

Schräg gegenüber prangt die **City Hall**, eine kühne Glaspyramide, die Designpreise gewonnen hat. Die City Hall ist ein guter Ausgangspunkt, um in das unterirdische Netz von Fußgängerwegen einzutauchen. Edmontons Winter können eisig werden, und bei Minustemperaturen von 30 bis 40 °C ist nur noch Underground-Shopping möglich.

Oben: Vielgepriesene Architektur – das Muttart Conservatory.

Unweit der City Hall steht mit dem ★**Royal Alberta Museum** das bedeutendste Museum der Stadt. Es präsentiert die Natur- und Kulturgeschichte der Region – vom Saurierskelett bis zur Trapperausrüstung.

In der Nähe findet man **Chinatown**: Zwischen der 102 Ave (am Eingang das reich verzierte **Chinagate**) und der 108 Ave reihen sich entlang der 97th St chinesische Geschäfte und Restaurants. Die 107th Ave, im Bereich zwischen der 95th St und der 116th St, wird auch **Avenue of Nations** genannt, wegen der Geschäfte, Imbisse und Restaurants aus aller Herren Länder.

Das sympathischste Viertel der Stadt ist **Old Strathcona** südlich des Saskatchewan Rivers mit seinem Schwerpunkt entlang der 105th St zwischen Whyte Ave und 86th Ave. Herrliche alte Häuser, Straßencafés, Buchläden, Plattengeschäfte und Theater geben eine charmante Mischung ab. Kein Wunder, dass sich die Gegend zum coolsten Ausgeh- und Amüsierviertel entwickelt hat.

Nicht zuletzt wegen der strengen

ZENTRAL-ALBERTA

Winter ist die **★West Edmonton Mall** im Westen der Stadt entstanden. Das Mammutprojekt trieb seine Bauingenieure und Statiker fast in den Wahnsinn, weil die Architekten noch während des Baus immer wieder neue Ideen hatten. Der Komplex erstreckt sich über mehrere Häuserblocks, was Europäer staunen und selbst Shopping-Centre-gewohnte Amerikaner bewundernd durch die Zähne pfeifen lässt. Der größte Einkaufs- und Vergnügungskomplex Nordamerikas umfasst ca. 800 Geschäfte; eine Eislaufbahn; das Erlebnisbad **World Water Park** mit Rutschen, „Surfstrand" und künstlichen Wildwasser-Strudeln; einen **Vergnügungspark** mit Achterbahn; Indoor-Minigolfanlagen, Aquarium und das **Deep Sea Adventure** mit Unterseebooten und Delfinen. Food-Boulevards und die Restaurants in der nachgebauten „Bourbon Street" sorgen für das leibliche Wohl.

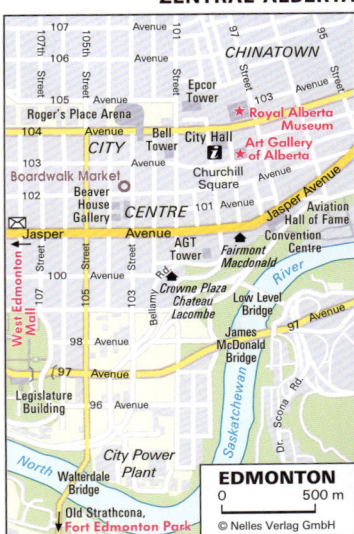

Am Südufer des North Saskatchewan River ist der **★Fort Edmonton Park** zweite Top-Attraktion der Stadt. Das weitläufige Areal des Freilichtmuseums bietet einen „Spaziergang durch die Geschichte" – oder eine Fahrt mit der Dampfeisenbahn, einer Postkutsche oder einer alten Straßenbahn. Der Eingangsbereich ist zugleich Bahnstation, und seine Umgebung macht die Besucher mit der Stadt um 1920 bekannt. Im nächsten Abschnitt stehen Häuser aus der Ära von 1892 bis 1914, eine Zeit des Umbruchs, die Zeit der neuen Provinzhauptstadt. Am Ende des Parks steht das wiederaufgebaute Fort, das die rauen Zeiten der Hudson's Bay Company wachruft. Auf dem Gelände finden den ganzen Tag Vorführungen statt.

Wer das Fort erkundet hat (mindestens einen halben Tag einplanen!) kann nebenan das schöne **John Janzen Nature Centre** besuchen: Gärten, Reptilien- und Insektenschau und 3,5 km *Nature Trails*. Im Osten der Stadt beherbergen die eindrucksvollen Glaspyramiden-Gewächshäuser des **Muttart Conservatory** Pflanzengattungen der Tropen, subtropischer Wüsten und gemäßigter Klimate.

In der 142nd Street NW, Nr. 11211, wartet das Weltraum- und Wissenschaftsmuseum **TELUS World of Science** mit der größten Planetariumskuppel Nordamerikas, unter der interessante Shows stattfinden. Im Komplex gibt es außerdem ein IMAX-Kino, ein Café und viele interessante naturwissenschaftliche Ausstellungen wie etwa eine Reise durch den menschlichen Körper. In der Mystery Avenue können Amateurdetektive Indizien eines Verbrechens sammeln und sie in einem Labor selbst untersuchen.

Zu einem populären Ziel hat sich der **Valley Zoo** entwickelt. Er beschäftigt sich hauptsächlich mit den heimischen Tierarten und bietet für die kleinen Besucher einen Streichelzoo, eine Mini-Bahn und Kamelritte.

Außerhalb der Stadt schuf die Regierung im Jahr 1906 mit dem **Elk Island National Park** das erste kanadische Tierreservat, in dem heute ca. 1000 Bisons auf einer Fläche von 194 km²

» Stadtplan S. 213, Info S. 217

ZENTRAL-ALBERTA

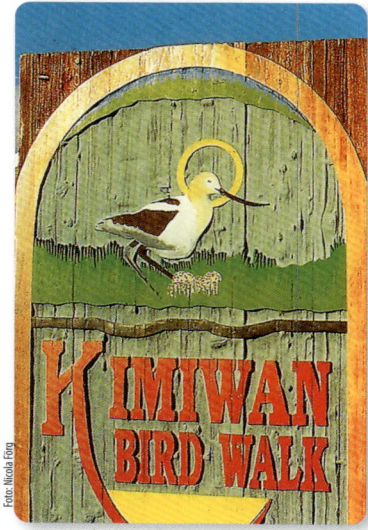

zusammen mit Elchen, Hirschen und vielen Vogelarten zu Hause sind. Besuchern stehen über 90 km Wanderpfade, Campingplätze, Golfanlagen und Seen zum Kanufahren zur Verfügung.

Unter den zahlreichen Festen (im Juli Capital EX, im August das Edmonton International Fringe Festival und das Folk Music Festival), die in Edmonton gefeiert werden, sind die **Klondike Days** das bunteste. Seit 1962 jedes Jahr Ende Juli veranstaltet, mauserte sich dieser zehntägige Event über die Jahre zur größten Verkleidungsfete der Stadt, weil sich viele Einwohner in Erinnerung an die großen Zeiten des Goldrausches im Stil des ausgehenden 19. Jh. kleiden.

Gateways in den Hohen Norden

Über den Highway 28, durch endlose Vororte, geht es nach **Smoky Lake**. Der **Victoria Settlement Provincial Historic Site** versetzt seine Besucher in die Pionierzeit um 1890; kostümierte Mitarbeiter erzählen im Gelände von Missionaren, Indianern und der frühen Landwirtschaft. Folgt man der kleinen Straße 855 nordwärts, ist nach einigen Kilometern ein Zeichen **Inn at the Ranch** angebracht. Es führt zu einer Villa; hier betreiben Enthusiasten eine **Bison- und Wapiti-Farm**, züchten Zwergesel und Lamas. Das magere Bisonfleisch findet in Zeiten von *low-cholesterol* immer mehr Abnehmer.

Die Straße 855 führt weiter nach Norden durch ein schönes Mischwaldgebiet, das Métis-Reservat ist. Touristisches Zentrum des *Midnight Twilight Country* ist **Athabasca**. Das Städtchen liegt am malerischen **Athabasca River**, sein Touristenbüro in einem alten Eisenbahnwagen verteilt Broschüren über einen historischen Spaziergang.

Athabasca ist umgeben von herrlichen Seen. Der **Lawrence Lake** (Highway 55 nach Nordwesten) hat ein schönes Picknick- und Badeareal, das direkt vom Highway her zugänglich ist. Die Fahrt Richtung Slave Lake führt durch Mischwälder, die Landschaft erinnert bereits an nordische Waldtundra.

Der **Lesser Slave Lake** ist eher eine Enttäuschung und ruft Beklemmung hervor. Die ihn umgebenden Indianerreservate und Orte strahlen Hoffnungslosigkeit aus, erzählen von Selbstaufgabe und Frustration. **Faust** am Südufer ist so eine Gemeinde: Einzige Infrastruktur ist eine Tankstelle, das Versammlungszentrum ist eine Wellblechbaracke. Anziehender wirkt der **Lesser Slave Lake Provincial Park** mit seinem schönen Campingplatz und der Aussicht vom 1030 m hohen **Marten Mountain** über den riesigen See.

Im hübschen Ort **McLennan** ist der **Kimiwan Birdwalk** einen Besuch wert: ein Feuchtgebiet, das von Pfaden durchzogen ist, mit Erklärungstafeln versehen wurde und ein *Interpretive Centre* besitzt. Vögel zu beobachten bedarf der Geduld, und die *Interpreter* des

Oben: Von Vogelliebhabern geschätzt – der Kimiwan Bird Walk. Rechts: Ein restaurierter Getreidespeicher in Dawson Creek dient heute als Galerie.

ZENTRAL-ALBERTA

Zentrums schaffen es, auch ungeduldige Laien für die Ornithologie zu begeistern. Die Attraktion von **Falher** besteht aus einer überdimensionalen **Bienen-Figur**, weil sich der Ort als *Honey Capital of Canada* rühmt.

Nun fährt man entweder weiter westwärts Richtung British Columbia, oder man hält sich nordwärts. Erstere Variante streift den **Moonshine Lake Provincial Park**, der wegen des Forellenreichtums im See vor allem bei Anglern beliebt ist. Man überquert dann bei **Bay Tree** die Grenze. Übrigens ist es sinnvoll, in Bay Tree nochmals zu tanken, denn das Benzin wird in B.C. teurer.

Die Nordroute führt nach **Peace River**, wo sich am Zusammenfluss des **Peace River**, **Smoky River** und **Heart River** atemberaubende Ausblicke auftun (**Sagitawa Lookout** oder **Judah Hill**). Sehenswert ist das **Centennial Museum and Archives**, das mit der Geschichte des *Mighty Peace Country* bekannt macht: In dieser „Region des großen Friedens" erhellt im Sommer auch um 23.30 Uhr noch milchiges Licht die Nacht. Weiter westlich in **Grimshaw** befindet sich der *Milepost 0* des **Mackenzie Highway**.

Wen es wie die frühen Entdecker westwärts treibt, der folgt mit dem **Upper Peace Valley** einer historischen Flussroute. Kanadas weiße Entdeckungsgeschichte fand immer im Kanu statt, mit dem man den Flussläufen folgte. Der Ort **Dunvegan** bekam seinen Namen von seinem schottischen Gründer, dessen Vorfahren ein Schloss gleichen Namens besaßen, und so brachte Archibald Norman McLeod 1805 einen Hauch seiner Heimat in diesen Posten der North West Company. **Historic Dunvegan** wurde restauriert und ist zu besichtigen. Einen kurzen Spaziergang stromaufwärts überragt der **Cathedral Rock** den Fluss, ein Fels, der aussieht wie ein Riesenpilz. Ein schöner Haltepunkt ist der **Dunvegan Provincial Park**, vor allem lockt der **Tea Room** (in einem kurzen Waldspaziergang zu erreichen), der in einem Gewächshaus Hausgemachtes nach alten Rezepten offeriert.

» **Karte S. 210-211, Info S. 217**

ZENTRAL-ALBERTA

Dawson Creek heißt das Zauberwort für viele, die nach Norden wollen. Der Ort erscheint den meisten Touristen als letzter Außenposten der Zivilisation vor den nordischen Tundren. Allerdings ist die Alaska-Route eine der befahrensten Urlaubsstraßen: Die Kanadier kommentieren das Phänomen ironisch mit: *The Americans flock into Alaska, Alaska is loaded with tourists.* 2430 km (1523 Meilen) bis Fairbanks, 2430 km Naturwunder und auf den 2285 km zwischen Dawson Creek und Delta Junction 38 Tafeln über historische Ereignisse und Tücken beim Bau des 1942 im Rekordtempo aus Angst vor einer japanischen Invasion im Nordwesten angelegten ★**Alaska Highway** (s. S. 227).

Dawson Creek ist die **Mile „0"**, und das Monument, das die Stelle markiert, ist das meistfotografierte Motiv im Zentrum. Im Ort herrscht noch immer Grenzatmosphäre: Rucksacktouristen sitzen da und warten auf eine Mitfahrgelegenheit, Amerikaner aus Reisebussen und Wohnmobilkonvois stehen vor dem **Station Museum**. Nur ein kurzes Foto von außen, Aufbruch liegt in der Luft. Dabei lohnt sich der Besuch des im stillgelegten Bahnhof untergebrachten Museums, denn es deckt alles ab, was das Leben im Norden ausmacht: Ein Wintermodenkatalog von 1950, das erste Snowmobil der Gegend, das die Brüder Erikson konstruiert hatten, ein Pionierzeitheim als Puppenküche und Erläuterungen zu *canola*, einer speziellen, cholesterinarmen Rapszüchtung.

Der umgebaute historische **Getreidespeicher** nebenan beherbergt die **Dawson Creek Art Gallery**. 60 Prozent der Kunstwerke stammen von lokalen Künstlern, 40 Prozent sind internationale Kunst.

Auch Dawson Creek hat sein **Pioneer Village**, das der weisen Voraussicht eines Walter Wright zu verdanken ist: Er versetzte alte Gebäude der Region hierher, u. a. eine Schmiede, ein Schulhaus und ein Trapperblockhaus.

Oben: Gateway in den Hohen Norden – der Alaska Highway.

» Karte S. 210-211, Info S. 217

ZENTRAL-ALBERTA

ZENTRAL-ALBERTA (☎ 403)

Kanada-Info-Hotline, PF 200247, D-63477 Maintal, Tel. 01805-526232, Fax 06181-497558, www1.travelalberta.com. **Athabasca Stadtverwaltung**, Tel. 780-675-2063, www.athabasca.ca.

DINOSAUR PROVINCIAL PARK: P.O. Box 60, Patricia, Tel. 378-4342, www.albertaparks.ca/dinosaur.

Drumheller

Drumheller & District Chamber of Commerce, First Ave W., Tel. 823-8100, www.worldslargestdinosaur.com.

Athens, griechisch, 71 Bridge St, Tel. 823-3225. **Sizzling House**, chines./ thail. Küche, 160 Centre St, Tel. 823-8098.

Royal Tyrrell Museum, Mitte Mai-Aug. 9-21, Sept.-Mai 10-17 Uhr, Tel. 823-7707. **Drumheller Valley Interpretive Centre**, 335 1st St E, Tel. 823-2593.

Jurassic Store Fossil World, prähistorische Souvenirs, 105 1 St.

Edmonton (☎ 780)

Gateway Park Visitor Centre, 2404 Gateway Blvd., Tel. 496-8400, www.edmonton.com.

La Ronde, sonntags Brunch, Drehrestaurant im Crown Plaza, Tel. 428-6611. **Von's Steakhouse**, Farmerküche, 10309 81st Ave, Tel. 439-0041. **Keegan's**, rund um die Uhr geöffnet, 109 St, Tel. 439-8034. **Moonlight Cafe & Deli**, So 11-15 Uhr Büffett, 10709 Jasper Ave, Tel. 424-5257. **Cook County Saloon**, Countrymusik, 8010 Gateway Blvd NW, Tel. 432-2665.

Legislature Bldg, 10800 97th Ave, Tel. 427-2826, www.assembly.ab.ca. **Fort Edmonton Park**, Mitte Mai-Juni Mo-Fr 10-16, Sa/So bis 18; Juli-Sept. tägl. 10-18, Nov./Dez. Sa/So 11-16 Uhr, Tel. 496-8787. **Art Gallery**, Di-Fr 11-19, Sa/So 11-17 Uhr, 2 Sir Winston Churchill Sq., Tel. 422-6223, www.youraga.ca. **TELUS World of Science**, tgl. 10-17, Observatorium Fr 7-22, Sa 13-19 u. 19-22 Uhr, 11211-142 Street NW, Tel. 451-3344, www.edmontonscience.com. **Valley Zoo**, tgl. 9.30 Uhr bis Dämmerung, Buena Vista Rd & 134th St, Tel. 496-8787, www.valleyzoo.ca.

West Edmonton Mall, Shopping- und Freizeitkomplex, Tel. 444-5200, 1-800-661-8890. **Old Strathcona Farmer's Market**, jeden Sa 8-15 Uhr, 83 Ave.

Stadtteilspaziergänge, Old Strathcona Foundation, 7730 106 St, Tel. 433-5866.

Dawson Creek (B.C.)

Dawson Creek Visitor Centre, 900 Alaska Ave, Tel. 250-782-9595, www.tourismdawsoncreek.com.

George Dawson Inn, gute Küche in Lilly's Dining Room, 11705-8th St, Tel. 250-782-9151.

Art Gallery, Juni-Aug. tägl. 9-17, Sept.-Mai Di-Fr 10-17, Sa 12-16 Uhr, 101, 816 Alaska Ave, Tel. 250-782-2601.

Donalda

Donalda & District Museum, 15. Mai-15. Okt. Mo-Fr 9-17, Sa/So 11-17, sonst Mo-Fr 9-17 Uhr, 5001 Main St, Tel. 883-2100, www.donaldamuseum.com.

Wetaskiwin

Reynolds-Alberta Museum, Di-So 10-17 Uhr, 2 km westl. Wetaskiwin, Tel. 780-361-1351, www.historyalberta.ca/reynolds. **Fort Saskatchewan Museum**, tgl. 10-16 Uhr, Tel. 780-998-1750.

Elk Island National Park

Ukrainian Cultural Heritage Village, Mitte Mai-Labour Day 10-17 Uhr, 8820 112 St NW, Tel. 662-3640.

Dunvegan

Fort George, Mitte Mai-Labour Day 10-17 Uhr, Tel. 724-2611.

Das Skidoo ist aus den endlosen Tundren nicht mehr wegzudenken

YUKON UND DIE NORTHWEST TERRITORIES

YUKON UND DIE NORTHWEST TERRITORIES

YUKON UND DIE NORTHWEST TERRITORIES

MACKENZIE HIGHWAY
ALASKA HIGHWAY
STEWART-CASSIAR HIGHWAY
CHILKOOT TRAIL / KLONDIKE
DEMPSTER HIGHWAY

Der extreme Norden Kanadas ist ein ödes Land: Die Tundra im **Yukon** (bis 2002: Yukon Territory) und den **Northwest Territories** erstreckt sich endlos, bis hinein in die Arktis. Permafrost und Schneestürme, Polarnacht und eisige Winde machen den Ureinwohnern und den wenigen Weißen das Leben schwer. Der Reiz dieser Gebiete, die zusammen mit 3,8 Mio km² 2,5mal so groß wie Alaska sind, erschließt sich nur langsam: Es ist die stille Weite und Erhabenheit der Landschaft, die unberührte Wildnis, die hier so übermächtig wirkt, dass menschliches Streben zum Scheitern verurteilt scheint. Doch wer heute dieses fast leere Land – bei rund 86 000 Einwohnern hat theoretisch jeder Einzelne 45 km² zur Verfügung – besucht, erlebt beide Regionen im Umbruch. Erdöl- und Erdgasförderung – zunehmend mit der umstrittenen Fracking-Methode –, Holzwirtschaft und Erzabbau drängen die Natur immer weiter zurück.

Nur vor der Arktis macht der Mensch noch Halt – doch Kanada, Dänemark und Russland, im Hintergrund auch die USA und Norwegen, streiten bereits um die unter dem Eismeer vermuteten, künftig wegen der Erderwärmung leichter zu fördernden Bodenschätze Öl, Gas, Nickel, Zink und Diamanten.

Links: Auch im Sommer erfordert die Tundra Spezialgefährte.

MACKENZIE HIGHWAY

Die Fahrt auf dem **Mackenzie Highway** nach Norden ist eine Reise von den endlosen Weizenfeldern Albertas durch dichte Nadelwälder in die karge Tundra der Northwest Territories – eine Fahrt von der Zivilisation in die Wildnis. Das kleine Städtchen **Grimshaw** ist der offizielle Beginn der Route, die hier noch durch agrarisch geprägte, von Menschenhand geschaffene Kulturlandschaft führt. Zu beiden Seiten der Straße erheben sich die typischen, knallig bunt angestrichenen Getreidesilos Albertas.

Bereits in **Manning** und **High Level** arbeiten die Menschen nicht mehr auf Farmen. Der Blick, den die Ölarbeiter, Holzfäller, Jäger oder Fischer dem Fremden von *outside* zuwerfen, ist skeptisch. Von „draußen" kommt in ihren Augen jeder, der nicht in den Northwest Territories lebt und arbeitet. Nur wer es ein Jahr nördlich des 60. Breitengrades, der Grenze zwischen Alberta und den Territories bzw. British Columbia und Yukon ausgehalten hat, wird hier respektiert, heißt es. *Sourdoughs* heißen die Nordländer scherzhaft, mit dem ursprünglichen Begriff „Sauerteig" hat das Wort heute nichts mehr zu tun: Im 19. Jh. nannte man alle so, die mit selbstgebackenem, ungesäuertem Brot, dem *Bannock*, in der Wildnis überlebten.

» Karte S. 222–223, Info S. 237–239

YUKON UND DIE NORTHWEST TERRITORIES

YUKON UND DIE NORTHWEST TERRITORIES

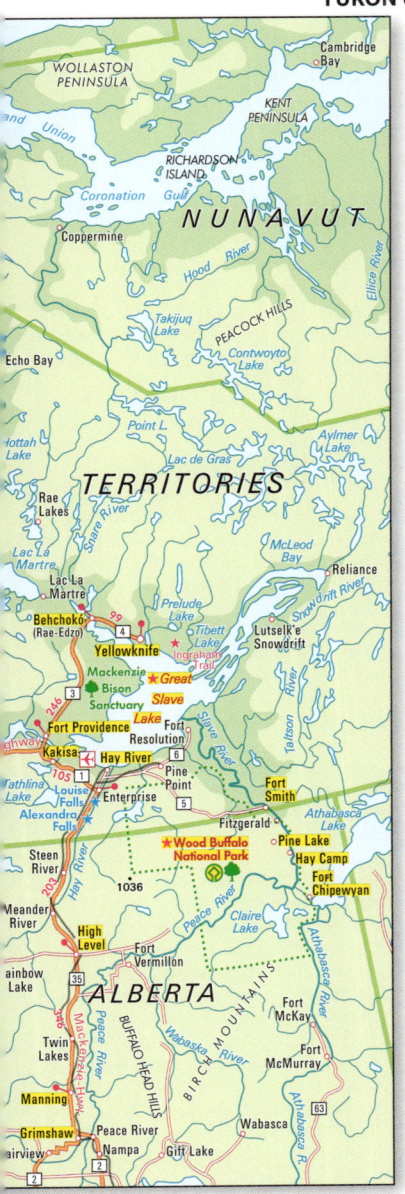

Am Mackenzie Highway, der erst 1949 entstand, lädt das **Government Visitor Information Centre** genau an der Provinzgrenze zu einem Halt ein; wer bisher noch über kein Kartenmaterial verfügt, sollte sich spätestens hier eindecken.

In Nord-Alberta weichen die Getreidefarmen einer bewaldeten Taigalandschaft, einer Übergangszone zur erst nördlich des Polarkreises anzutreffenden baumlosen Tundra; hin und wieder fallen kleine Birkenwälder und Seen auf. Weite Strecken des Highways führen auch durch dunkle, schweigende Nadelwälder. Auf der Fahrt entlang dem eiskalten **Hay River** wirkt die Region leblos, selbst Tiere kann man vom Auto aus nur selten beobachten. Dabei ist dies ein einzigartiger Lebensraum, ein hochentwickeltes und empfindliches Ökosystem, das leider auch in den Northwest Territories durch Ölförderung und Holzeinschlag teilweise aus dem Gleichgewicht geraten ist.

Auf dem Weg Richtung Norden lohnt ein Stopp an den **Alexandra Falls**, wo der Hay River einen Höhenunterschied von 33 m überwindet und in die Tiefe stürzt. Etwas weiter flussaufwärts liegen die **Louise Falls**, in deren Nähe man auch campen und wandern kann.

Über den Hwy 5, kurz vor dem Städtchen Hay River Richtung Südosten, geht es zum 1922 eingerichteten ★**Wood Buffalo Nationalpark** (UNESCO-Weltnaturerbe), dem größten Nationalpark Kanadas und einem der weiträumigsten Naturschutzgebiete der Welt. Er ist mit einer Ausdehnung von 44 802 km² größer als Dänemark! Die hiesigen Indianerstämme, die Chipewyan und Cree, leben heute wie einst von dem Fischen und vom Wild im Nationalpark. Der Nationalpark ist berühmt wegen seiner Waldbisonherde, der letzten großen Kanadas, die hier Schutz gefunden hat. Andere Bisonarten, die hierher gebracht worden waren, sind mittlerweile Seuchen zum Opfer gefallen; jetzt werden neue Herden heimisch gemacht. Neben

» **Karte S. 222–223, Info S. 237–239**

YUKON UND DIE NORTHWEST TERRITORIES

den etwa 6000 Bisons sind es vor allem Wasservögel, die in den unzugänglichen Wasserläufen, welche den Park mäanderartig durchziehen, Schutz finden. Dazu gehören die Schreikraniche, die letzten ihrer Art auf der Welt, verschiedene Käuzchenarten, Seeschwalben und die seltenen Nashornpelikane.

Am Ende des Hwy 5 liegt **Fort Smith** am **Slave River**. Dieser alte Handelsposten der Hudson's Bay Company ist das Eingangstor zum Park. Der Slave River, ansonsten ein sehr ruhiger Fluss, zeigt sich bei Fort Smith plötzlich von seiner wilden Seite: Bezeichnenderweise heißen die hiesigen Stromschnellen wegen der früher hier Ertrunkenen *Rapids of the Drowned*. Vor allem zwischen Juni und Mitte September, wenn die Temperaturen sogar hier bis auf 25 °C ansteigen können, lohnen die Entdeckungsreisen auf den Wasserwegen des Parks. Zwar ist die Moskitoplage dann schier unerträglich, doch wer mit Netzhut und Insektenspray ausgerüstet ist, wird auch diesen stechenden Plagegeistern widerstehen. Ohne kundigen Scout sollte man sich allerdings nicht auf längere Flusstouren wagen.

Gute Einsetzstellen für Kanus und Boote finden sich in Fort Smith, **Hay Camp**, **Pine Lake** und schließlich **Fort Chipewyan**, der ältesten europäischen Siedlung (1788) Albertas am Ende des Highways 5 (in Fort Smith unbedingt Informationen zum Straßenzustand einholen!). Das Indianerdorf schmiegt sich zwischen **Claire Lake** im Westen und **Athabasca Lake** im Osten. Besonders empfehlenswert sind Kanutrips auf dem **Athabasca River** und dem **Peace River**. Wildes Campen ist im Nationalpark überall erlaubt, zumal es nur wenige ausgewiesene Zeltplätze in **Fort Smith**, in **Pine Lake** und am **Dore Lake** gibt. Dabei ist das Zelten in der freien Natur hier nichts für ängstliche *Tot-Inas*, weiße Touristen, wie sie hier genannt werden: Denn in der Dämmerung erwacht die Flusslandschaft zum Leben, und in das unablässigen Surren der Mücken mischen sich die Schreie der Wasservögel.

Wer die Wanderstiefel dem Kanu vorzieht, sollte sich auf einen der *hiking trails* wagen. Nur hier hat man die Chance, einzelne Tiere der Bisonherde zu entdecken, vielleicht auch Karibus, Elchen, Grizzlys oder gar Wölfen zu begegnen. Bei der Orientierung in der Landschaft können nicht nur Landkarten, sondern vereinzelt auch die neun **Feuerwachtürme** helfen, die vor allem den westlichen Teil des Parks überragen.

Im Winter eignet sich der Nationalpark hervorragend zum Langlauf.

Der ★Great Slave Lake

Auf dem Highway 5 geht die Fahrt wieder zurück in Richtung Nordwesten, über Hay River zunächst auf die Westseite des ★**Great Slave Lake** und dann zum Endpunkt in Yellowknife an der nördlichen Uferseite.

In der Siedlung **Hay River**, einer ehemaligen Niederlassung der Hudson's Bay Company aus dem Jahr 1868, leben heute vor allem Indianer. Auf einer kleinen Insel vor der Stadt liegt das *Dene*-Reservat, das von 250 Indianern bewohnt wird. Durch Enterprise geht es auf dem Mackenzie Highway nach **Kakisa**, wo man in der Nähe des gleichnamigen Sees und einer kleinen Indianersiedlung campen kann. Nach **Fort Providence** setzt eine kostenlose Fähre über den **Mackenzie River**, den längsten Fluss Kanadas. Der Hwy 3 verläuft nun parallel zum **Mackenzie Bison Sanctuary**, wo man mit Glück – und in sicherem Abstand – Bisons sehen kann.

Nördlich des Sees ändert sich die Landschaft merklich. Jetzt führt die Straße durch Felsverwerfungen, Moore und Birkenwäldchen. Südlich des Sees hat die Eiszeit dagegen weite, eintönige Sandflächen wie im Wood Buffalo Nationalpark hinterlassen.

Rechts: Am Athabasca River. Flussläufe und markante Felsgipfel dominieren im Norden.

YUKON UND DIE NORTHWEST TERRITORIES

Abstecher nach Yellowknife

Auf dem Weg nach Yellowknife liegt nur noch **Behchokò** (bis 2005 Rae-Edzo genannt), mit rund 2000 Einwohnern die größte Siedlung der *Dene*-Indianer in Kanada.

Yellowknife ist mit ca. 19 200 Einwohnern (zwei Drittel der Gesamtbevölkerung) die Hauptstadt der Northwest Territories. Die Territories sind – ebenso wie das Yukon Territory – direkt der Regierung in Ottawa unterstellt. Zwar verfügt das Riesengebiet mit dem 1975 eingerichteten Territorial Council über mehr Autonomie als früher, doch keine andere Region Kanadas ist so stark von Bundeshilfen abhängig. Der Kampf um die Autonomie hat in Orten wie Yellowknife oder Inuvik auch eine kulturhistorische Dimension – die Rechte der Ureinwohner. *Dene*-Indianer und *Inuit* haben jahrzehntelang um das Recht auf Selbstbestimmung gekämpft und haben es nun endlich bekommen: Im April 1999 wurden mehr als zwei Drittel der Northwest Territories politisch autark und stehen heute als **Nunavut** („Unser Land") unter der Verwaltung der Inuit. Sie managen damit seither auch die Schürfrechte sowie Gewinnbeteiligungen an Bodenschätzen selbst. Neben Englisch soll auch *Inuktitut* Amtssprache werden.

Die Politiker von Nunavut und den restlichen Northwest Territoies stehen jedoch vor einer gewaltigen Aufgabe. In Orten wie Yellowknife fällt auf, wie sehr manche Ureinwohner unter Alkoholismus und Arbeitslosigkeit, am stärksten aber vielleicht unter dem Verlust kultureller Identität leiden. Von den heute 22 000 Nachfahren der *Inuit* leben zwei Drittel in den Küstengebieten der Territories und blicken auf eine lange Geschichte zurück: Nach den *Dene*-Indianern, die möglicherweise schon seit 40 000 Jahren in der Subarktis leben, waren die *Inuit* vor 4000 bis 8000 Jahren das zweite große Nomadenvolk, das die Region am Polarkreis als Lebensraum wählte. Davon ist heute wenig geblieben. Die meisten *Inuit* sind sesshaft geworden. Statt Karibus und Seehunde zu

» Karte S. 222-223, Info S. 237-239

YUKON UND DIE NORTHWEST TERRITORIES

jagen, arbeiten viele von ihnen heute in Geschäften oder für die Regierung.

Yellowknife selbst ist eine junge Stadt, die erst ab 1935 entstand, obgleich zuvor schon jahrtausendelang *Slavey*-Indianer hier gesiedelt hatten, deren Kupfermesser dem Ort seinen Namen gaben. Yellowknife verdankt seine Entstehung dem Gold, das hier erst in den 1930er-Jahren entdeckt worden ist. An den Goldrausch erinnern heute einige armselige Holzhütten in der **Old Town**. Die Stadt erlebte indessen vor einigen Jahren einen plötzlichen Aufschwung, als etwas weiter nördlich reiche Diamantenvorkommen entdeckt wurden.

Sehenswert in der funktional-nüchternen Stadt, in der das Trinkwasser teilweise noch immer im Tankwagen angeliefert wird, ist das ★**Prince of Wales Northern Heritage Centre**, hinter dessen royalem Namen sich ein hervorragendes Naturkundemuseum verbirgt: Wer bislang Pech hatte und weder Eisbären noch Weißkopfseeadler gesehen hat, kann die Tiere hier – in ausgestopfter Form – bewundern. Daneben sind alle Indianerkulturen der Region mit ihrem Kunsthandwerk vertreten (www.pwhc.ca).

Yellowknife ist eine Siedlung im weiten Nichts, hinter dem Stadtrand wartet die unerbittliche Wildnis. Um sich – ohne wirkliches Risiko – mit dem Auto hineinzuwagen, sollte man auf dem 65 km langen **Ingraham Trail** (von der 48th St aus in Richtung Osten, Highway 4) bis zum **Tibbett Lake** vorstoßen. Entlang der Schotterpiste, die parallel zum **Cameron River** verläuft, kann man in verschiedenen Seen nicht nur angeln und Boot fahren, sondern im Hochsommer sogar schwimmen. Für Kanuten interessant sind vor allem der **Reid Lake** und der **Pensive Lake**. Campingmöglichkeiten gibt es am **Prelude Lake** und dem Reid Lake; ein reizvoller, rund 3 km langer Wanderweg führt um den **Madeline Lake**.

Oben: Die Inuit gehören zu den „First People", den Ureinwohnern. Rechts: Eisbären sind keine Schmusetiere!

YUKON UND DIE NORTHWEST TERRITORIES

Auf dem Mackenzie Highway weiter nach Nordwesten

Der Highway 3 führt zurück zum Mackenzie Highway, der weitere 600 km in Richtung Nordwesten vorstößt und dem Lauf des **Mackenzie River** folgt. Die letzten 220 km auf nicht asphaltierter *Gravel Road* bis Wrigley sind allerdings eher eintönig. Der Fluss ist mit 1800 km der längste in Kanada. Die Indianer nennen den breiten Strom passenderweise *Deh Cho*, was soviel heißt wie „großer Fluss". Der gegenwärtige Name erinnert an den legendären Alexander MacKenzie, der 1789 den Fluss erforschte. Er war einer von vielen Weißen, die seit dem frühen 17. Jh, auf der Suche nach der Nordwest-Passage und Bodenschätzen, in die Ungestörtheit der Polargebiete einbrachen.

Fort Simpson ist Ausgangspunkt für *Flightseeing*-Flüge zum nicht durch Straßen erschlossenen ★★**Nahanni National Park**, dessen Höhepunkt die gewaltigen, 90 m hohen **Virginia Falls** darstellen. Den **South Nahanni River**, der hier in die Tiefe donnert, können Wildwasserkanuten auf einer Länge von 200 km von **Nahanni Butte** aus erkunden (Anfahrt über den **Liard Highway**). Über **Fort Liard**, wo ebenfalls Nahanni-Flüge angeboten werden, gelangt man nach Süden zum Alaska Highway.

★ALASKA HIGHWAY

Dawson Creek (s. S. 216) ist stolz auf die Nullmeile des 2430 km langen Alaska Highway. **Fort St. John** bezeichnet die *Mile 47* der berühmten Fernstraße. Es ist keine attraktive Stadt, ein kompaktes Zentrum oder gefällige Bausubstanz sucht man vergeblich. Trotzdem sollte der Besucher dem **North Peace Museum** und der **Peace Gallery North** seine Aufmerksamkeit schenken. Das Museum zeigt prähistorische Funde – unter anderem die Replik eines 10 500 Jahre alten Bärenskeletts – und typische Lebensformen aus der Pionierzeit: *trapper's cabin* und *one room hospital*. Wer seine Hochzeit ganz anders feiern will, könnte in der winzigen Kapelle auf

YUKON UND DIE NORTHWEST TERRITORIES

dem Museumsgelände heiraten. Für das Rahmenprogramm sorgt die Bühne *Doin's at the Derricks*, ebenfalls auf dem Gelände. Die sympathische Kunstgalerie beschäftigt sich mit lokalen Künstlern und veranstaltet auch interessante Vorträge zum Reisen in dieser Region.

Fort Nelson ist eine alte Handelsstation der Hudson's Bay Company, in die sich heute nur einige Holzfäller und Arbeiter der Ölbohrfirmen verirren. So landschaftlich reizvoll der Alaska Highway zwischen Fort St. John und Fort St. Nelson auch ist – die Höhepunkte dieser Route beginnen erst in den Provincial Parks **Stone Mountain** und **Muncho Lake**. Der Highway führt hier durch die Bergwelt der Rocky Mountains; in den Stone Mountains erreicht die Straße bei 1295 m ihren höchsten Punkt. In dieser Höhe kann man selbst im Sommer durch plötzlichen Schneefall überrascht werden; den Tieren dieser Hochgebirgsregion – Dickhornschafe und Grizzlybären – macht das allerdings wenig aus. Bei schönem Wetter lohnt sich eine Wanderung rund um den **Summit Lake**. Die Aussicht auf die Täler im Norden ist beeindruckend, das schmale Band des Alaska Highways verschwindet im Nirgendwo der Wildnis.

Der 12 km lange und bis zu 220 m tiefe ★**Muncho Lake** mit seinem strahlend türkisfarbenen Wasser ist zum Baden leider zu kalt. Zwei Campingplätze und mehrere (leicht zu bewältigende) Wanderwege laden zum Verweilen ein. Außerdem ist die Stille am See, der von 2000 m hohen Bergen umgeben ist, einfach überwältigend. Trotz der Kälte im Norden muss man auch hier nicht auf ein Bad im Freien verzichten: Bei **Liard River** kann man in bis zu 60° Celsius heiße Schwefelquellen springen.

Der Ort **Contact Creek** ist allenfalls für Geschichtsinteressierte interessant: Hier trafen sich 1942 die kanadischen und amerikanischen Baukolonnen, die den Alaska Highway von Norden und Süden her durch die Wildnis getrieben hatten. Kurz hinter **Lower Post** erreicht man dann das Yukon-Gebiet.

Der ★**Alaska Highway**, zwischen Dawson Creek und Fairbanks insgesamt 2647 km lang, diente bei seinem Bau ursprünglich militärischen Zwecken, da die US-Armee japanische Angriffe auf Alaska fürchtete. Die staubige Schotterpiste hat das Leben im Norden Kanadas seitdem vielleicht gravierender verändert als seinerzeit der Goldrausch: Denn ohne den Alaska Highway hätte die Eroberung von Yukon und Northwest Territories durch Öl- und Gaskonzerne, Holzschlagfirmen und moderne Goldsucher viel länger gedauert.

Der Alaska Highway ist heute das Tor nach Norden und für die *sourdoughs* die Verbindung zur Außenwelt. Doch wenn der Highway im Winter manchmal unpassierbar wird, freuen sich gerade ältere Nordlichter darüber, weil sie das vertraute Gefühl der völligen Abgeschiedenheit genießen.

Wie einsam und verlassen sich die Bauarbeiter damals gefühlt haben müssen, kann man noch heute an den legendären ★**Watson Lake Signposts**, am nördlichen Ende der Stadt **Watson Lake**, nachempfinden: Ein heimwehgeplagter Soldat namens Carl L. Lindley aus Illinois brachte an dieser Stelle einen Wegweiser für seinen Heimatort Danville an. Seitdem sind über 25 000 Menschen – zumeist Touristen – seinem Beispiel gefolgt und nagelten ihr blechernes Heimatschild an die Holzpfosten. Watson Lake selbst ist heute zwar Verkehrsknotenpunkt, bietet aber nichts Sehenswertes. Auch die Fahrt auf dem Alaska Highway, der sich hier westwärts durch das Grenzgebiet zwischen Yukon und British Columbia schlängelt, bleibt eintönig.

Kurz bevor der Alaska Highway bei **Jakes Corner** in Richtung Norden weiterführt, sollte man über die **Atlin Road** (Highway 7) einen Abstecher in die Naturschönheiten des ★**Atlin Provincial**

Rechts: 25 000-mal Heimat – Blechschilder der Watson Lake Signposts.

YUKON UND DIE NORTHWEST TERRITORIES

Park unternehmen: Die Landschaft am Südufer des gleichnamigen Sees wurde durch die letzte Eiszeit geprägt. Zurück blieb eine raue, aber bezaubernde Bergwelt mit Gletschern und alpiner Vegetation. Das malerische Goldgräberstädtchen **Atlin** entstand im Jahr 1898 und war – trotz seiner nördlichen Lage – einmal Erholungsort. Einen Besuch ist hier das liebevoll eingerichtete **Heimatmuseum** wert und der Raddampfer *S.S. Tarahne*. Der Rückweg auf der relativ gut ausgebauten Atlin Road und weiter auf dem Alaska Highway nach Whitehorse ist in rund zwei Stunden zu schaffen.

Whitehorse

Wo einst eine Siedlung aus Zelten und Blockhütten als Umschlagplatz auf dem Weg ins Klondike-Gebiet diente, hat sich die nun 27 000 Einwohner zählende Gemeinde trotz ihrer Größe einen Hauch an Pioniergeist und Vorläufigkeit bewahrt. **Whitehorse**, Provinzhauptstadt des Yukon Territory, ist aber auch eine nüchterne Stadt, die auf ewig dazu verdammt scheint, Durchgangsstation zu bleiben: Früher für Goldsucher, heute für Wanderer, die es wegen der schönen Umgebung hierher verschlägt, und für Kanuten oder Floßfahrer, die den Yukon hinunterfahren. Und die kurze, erneute Blüte der Stadt während des Baus des Alaska Highway währte auch nicht lange.

Von der großen Vergangenheit der Stadt erzählt die am Yukon angetäute ★**S.S. Klondike** (an der S Access Rd), der größte und letzte Raddampfer, der bis 1950 auf dem Fluss zwischen Whitehorse und Dawson City verkehrte. Die wilde Zeit des Goldrausches wird auch im **MacBride Museum** lebendig. Die Ausstellungsstücke im **Old Log Church Museum** erzählen indessen von den missglückten Missionierungsversuchen an Indianern wie Goldgräbern. Die weit zurückreichende Geschichte von Alaska und der vor 20 000 Jahren existierenden Landbrücke zwischen Asien und Nordamerika in der Bering-Straße veranschaulicht das interessante ★**Yukon**

YUKON UND DIE NORTHWEST TERRITORIES

Beringia Interpretive Centre (www.beringia.com).

Zwar war Whitehorse wegen seiner Stromschnellen berüchtigt, doch war dies die erste schiffbare Stelle am Yukon River. Angesichts der träge dahinfließenden Wassermassen des Yukon am Staudamm des **Schwatka Lake**, einige Kilometer südwestlich der Stadt, sind die tödlichen Gefahren von einst kaum vorstellbar. Der Staudamm wurde Ende der 1950er-Jahre gebaut und zähmte die Whitehorse Rapids; über einen Wanderweg am Ostufer des Yukon kann man den Staudamm mit seinen Fischleitern für Lachse bequem erreichen. Oberhalb des aufgestauten, künstlichen Sees hat sich der Yukon einen Weg durch den ★**Miles Canyon** gebahnt. An dieser Stelle fanden viele Abenteurer den Tod. Heute ist ein Kanu- oder Bootstrip von Whitehorse aus in Richtung Norden gefahrlos: Zahlreiche Geschäfte in der Stadt verkaufen oder verleihen die nötige Ausrüstung, mit der man fünf oder sechs Tage lang ein Stück auf dem Yukon, mit insgesamt 3185 km einer der längsten Flüsse Nordamerikas, flussabwärts paddeln kann.

★★Kluane National Park

Weiter auf dem Alaska Highway westwärts lohnt in **Haines Junction** ein Abstecher in den ★★**Kluane National Park**, ein Naturerlebnis aus Felsmassiven, Gletschern und Bergseen. Kluane (sprich *klu-ah-nee*) ist übrigens ein altes Tutchone-Wort für „Ort der vielen Fische". Noch immer gilt die östliche Region der ★**St. Elias Mountains**, des höchsten Gebirgsmassivs Kanadas, als Geheimtipp für hartgesottene Globetrotter: Denn der erst 1976 eingerichtete Nationalpark ist touristisch noch immer kaum erschlossen. Kluane muss jeder auf eigene Faust für sich erobern – ohne die Annehmlichkeiten von Zeltplätzen, Asphaltstraßen und ausgeschilderten Wanderwegen.

Die Mühe wird durch atemberaubenden Ausblicke auf die höchsten Berge Kanadas, ★★**Mt. Logan** (5959 m) und **Mt. St. Elias** (5489 m), belohnt. Die letzte Eiszeit hinterließ auch hier ihre Spuren – der Kluane National Park ist mit bis zu 100 km langen Talgletschern das weltweit größte Gletschergebiet außerhalb der Polarregionen.

Die Rangerstationen in **Haines Junction** oder **Sheep Mountain** haben Kartenmaterial, erteilen *permits* und nützliche Tipps. Von hier aus lassen sich einige Wanderwege in Angriff nehmen, etwa der nur vier km lange **Dezadeash River Loop Trail** oder der 19 km lange **Auriol Trail**, bei dem man eine Übernachtung in der Wildnis einplanen sollte.

Bei entsprechender Ausrüstung und körperlicher Kondition empfiehlt sich die fünftägige Wanderung auf dem 85 km langen **Cottonwood Trail**, der vom einzigen ausgebauten Campingplatz im Park am **Kathleen Lake** bis hinauf zur **Dezadeash Lodge** führt. Auf dem Weg liegen nur ein paar primitive Zeltplätze – einige Tage lang ist man auf sich selbst gestellt. Landschaftlich am reizvollsten ist der **Slims River Trail**, der an verlassenen Goldminen vorbei bis dicht an den **Kaskawulsh Glacier**, den einzigen erreichbaren Gletscher im Park, heranführt. Und auch auf dieser 25 km langen Strecke darf man keine Angst vor nassen Füßen haben, wenn es gilt, den einen oder anderen Bach zu durchwaten.

★STEWART-CASSIAR HIGHWAY

Der 733 km lange ★**Stewart-Cassiar Highway 37** zwischen **New Hazelton** und der Kreuzung mit dem Alaska Highway westlich von Watson Lake ist ein landschaftlich sehr reizvoller Reiseweg in den Norden. Abgesehen von Holztransportern ist diese Straße wenig befahren und nicht durchgehend asphal-

---

Rechts: Der Bear Glacier ist einer der charakteristischen, kilometerlangen Talgletscher des Nordwestens.

YUKON UND DIE NORTHWEST TERRITORIES

tiert. Wer Angst um den Lack an seinem Wagen hat, sollte diese Route meiden.

Von **New Hazelton** (Anschluss an die auf S. 153 beschriebene Route) geht es zum **Meziadin Lake**. Von hier aus lohnt ein Abstecher in Richtung Alaska. Der gut ausgebaute Hwy 37A führt an eisblauen Gletschermassen vorbei bis zum spektakulären **Bear Glacier**, der in einen Bergsee drängt, wo immer wieder – besonders im Sommer – Eisbrocken krachend in die Fluten stürzen. Die beiden öden Siedlungen **Stewart** und **Hyder** (schon in Alaska) sind nur für eine Übernachtung zu empfehlen, wenn man nicht den ganzen Weg zum Cassiar Highway am selben Tag zurückfahren möchte.

Der Highway windet sich weiter nördlich am **Kinaskan Lake** entlang durch den **Mt. Edziza Provincial Park** im Westen und den **Spatsizi Plateau Wilderness Park** im Osten. Beide Schutzgebiete sind nur für erfahrene Bergsteiger und Wanderer interessant, da sie mit dem Auto kaum zugänglich sind. Rund um den **Mt. Edziza** (2787 m) haben die Vulkanausbrüche längst vergangener Zeiten fantastische Lavafelder zurückgelassen. Nach der Fahrt am **Dease Lake** und **Boya Lake** vorbei erreicht man bei Watson Lake den Alaska Highway.

CHILKOOT TRAIL UND KLONDIKE HIGHWAY

Heutzutage machen drei große Highways die Fahrt in den westkanadischen Norden recht bequem; doch die Goldgräber des ausgehenden 19. Jh. mussten einen anderen Weg nehmen, an dessen Anfang die Schiffsroute durch die **Nördliche Inside Passage** stand. Heute ist dies eine 36 Stunden-Schifffahrt von **Prince Rupert** aus durch den *Panhandle* genannten Ausläufer des amerikanischen Bundesstaats Alaska bis nach Haines und Skagway, vorbei an Eisbergen und Klippen, durch eine faszinierende Welt, die nur für wenige Sommerwochen aufblüht und aus der Winterstarre erwacht. *Stopovers* sind mehrmals möglich, man kann die Au-

» Karte S. 222-223, Info S. 237-239

YUKON UND DIE NORTHWEST TERRITORIES

tofähre verlassen und am nächsten Tag wieder an Bord gehen.

In **Haines** (USA) bereiteten sich die Goldsucher, die auf dem Dalton Trail die Goldfelder des Klondike erreichen wollten, auf den langen Marsch vor. Von der alten Goldgräbersiedlung Dyea bei Skagway ist nichts mehr zu sehen, doch die kleine 860-Seelen-Gemeinde ★**Skagway** scheint geradewegs aus dem Jahr 1898 zu stammen: Zum Höhepunkt des Klondike-Goldrausches 1897-1900 tummelten sich hier fast 30 000 Menschen. Aus der kleinen Zeltstadt wurde schnell eine richtige Siedlung, in der vor allem die Saloons und Ausrüstungsgeschäfte gut besucht waren. Vom alten Eisenbahndepot aus, dem ★**Whitepass and Yukon Railroad Depot** am südlichen Stadtrand, kann man entlang der **Broadway Street** noch viele Häuser aus jener Zeit besichtigen. Dazu gehören der **Red Onion Saloon**, eine alte Bordellbar, oder auch die architektonisch beeindruckende **Arctic Brotherhood Hall** von 1899, hinter deren Fassade aus Treibholzstämmen die erste Bruderschaft von Goldsuchern geheimnisvolle Treffen abhielt.

Die Geschichte dieser und anderer Abenteurer wird anschaulich im **Skagway Museum & Archives** erzählt. Ein wahres Kleinod in der Sammlung ist die blutbefleckte Krawatte von Soapy Smith, einem Schurken, der die kleine Siedlung 1898 mit seiner Bande in Angst und Schrecken versetzte. Sheriff Frank Reid war damals mutig genug, sich einem Duell mit Soapy zu stellen, bei dem beide Männer den Tod fanden. Ironischerweise liegen die Kontrahenten von einst heute friedlich vereint auf dem **Gold Rush Cemetery** nordöstlich der Stadt: Für den Lokalhelden Frank Reid wurde ein schmucker Grabstein errichtet; Soapy Smith indes nur ein Holzkreuz zugestanden – *High Noon* à la Alaska. Soapy Smith hatte es natürlich auf die Goldnuggets anderer abgesehen; den beschwerlichen Marsch über den gefährlichen, steilen ★**Chilkoot Trail** oder den längeren, auch für Mulis gangbaren White Pass Trail scheute er wohl. Wer heute die Strapazen der Goldsucher von einst nachempfinden möchte, sollte sich – bei ausreichender Kondition und gut ausgerüstet – an diesen 53 km langen Bergpass heranwagen; die anspruchsvolle Strecke über den Chilkoot Trail gilt als eine der schönsten Trekkingtouren Alaskas und ist in drei bis fünf Tagen zu schaffen.

Der Chilkoot-Passweg beginnt bei **Dyea**, 13 km nordwestlich von Skagway, und führt zunächst durch waldreiches, feuchtes Bergland. Schwierig wird's erst danach: Mit bis zu 30-prozentiger Steigung geht es bergan auf bis zu 1140 m Höhe, wo das sonnige Wetter selbst im Sommer schnell in Eis- und Schneestürme umschlagen kann. Der Wegesrand ist übersät von zurückgelassenen Ausrüstungsgegenständen, Abfall, Pferdeknochen und Wagenrädern, die von dem brutalen Überlebenskampf der oft schlecht ausgerüsteten Goldgräber zeugen – heutzutage gibt es immerhin Schutzhütten am Weg. Der erste Aufstieg zum Chilkoot Pass war als *The Golden Stair* bekannt, weil die Männer Stufen in das Eis geschlagen hatten. Achtung: Auf dem Pass verläuft die Grenze USA/Kanada! Sie müssen sich vor der Wanderung unbedingt in der Park-Info in Skagway melden. Die Kanadier limitieren auch die Zahl der täglich erlaubten Wanderer, unangemeldet kann es Ihnen passieren, dass Sie wieder zurück müssen! Von **Bennett**, dem Trailende, geht es per Schiff auf dem Bennett Lake nach **Carcross**, das man auch per Bus über den Klondike Highway erreichen kann. Der Ort lag früher inmitten einer Wanderungsstrecke von Karibus – die Herden sind verschwunden, geblieben ist dem kleinen Ort eine skurrile Touristenattraktion (2 km nördlich der Stadt): **Carcross Desert**. Doch diese angeblich kleinste Wüste der Welt

---

Rechts: Ehemals der Weg der Goldsucher, heute eine Wanderroute – der Chilkoot Trail.

YUKON UND DIE NORTHWEST TERRITORIES

ist nichts anderes als der sandige Grund eines eiszeitlichen Gletschersees.

Der 1979 eröffnete ★**Klondike Highway** folgt von Skagway (Alaska) auf den 716 km über Whitehorse (Yukon, siehe S. 231) bis Dawson City (Yukon) in etwa dem Weg zu den Goldfeldern am Klondike River, den im Goldrauschjahr 1898 über 30 000 Abenteurer einschlugen – allerdings per Boot auf dem Yukon River, was wegen der Stromschnellen gefährlich war und viele Todesopfer forderte.

★Dawson City – der Traum vom Gold

Die einstmals kleine und unscheinbare Siedlung am Zusammenfluss von Klondike und Yukon River bestand aus wenigen armseligen Holzhütten, bevor hier 1897-1899 mehrere Tausend Abenteurer dem Klondike-Goldrausch folgten, denn die angeblich reichsten Goldfelder lagen südöstlich der Stadt. Trotz seiner unwirtlichen Lage – ★**Dawson City** liegt nur 240 km südlich vom Polarkreis – boomte die Stadt nicht nur, sondern handelte sich gar den Ruf eines Sündenbabels im hohen Norden ein. Denn die meisten Goldsucher waren Lohnarbeiter größerer Unternehmer oder anderer findiger Glücksritter, die einfach schneller gewesen waren. Ihren bescheidenen Lohn konnten sie in Saloons und Spielhöllen verprassen. Kein Wunder, dass hier so illustre wie hartgesottene Burschen mit Namen wie *Skokum Jim, Swiftwater Bill* oder *The Evaporated Kid* aufkreuzten und die Gegend unsicher machten.

Das Ende des Goldrausches bescherte Dawson City den Rückfall in einen Winterschlaf, der bis heute anhält. Mit knapp 1400 Einwohnern ist der Ort über ein Jahrhundert nach seiner Gründung wieder dort angelangt, wo er begonnen hat: Nur in den Sommermonaten kommen Fremde, ausgerüstet mit Goldpfannen und Kameras. Doch im Gegensatz zu anderen Goldgräberstädten hat sich Dawson City seinen urigen Charakter bewahrt – heute gibt es in Kanada kaum eine zweite Siedlung, die so authentisch die Goldrauschzeit vermittelt.

YUKON UND DIE NORTHWEST TERRITORIES

Wer auf Goldsuche gehen möchte, kann sich etwa an **Gold City Tours** (Front St) wenden. Oder man fährt zum **Bonanza Creek** zum **Goldwaschen** am Claim 6; eine Sehenswürdigkeit erblickt man dabei 18 km südöstlich von Dawson an der Bonanza Creek Road: **Dredge No. 4** ist der größte aus Holz erbaute Goldbagger der Welt, der bis 1959 in Betrieb war. Allein rund um Dawson City werden noch heute jährlich etliche Millionen Dollar verdient, sodass herumstreifende Touristen nicht gerne auf den Goldfeldern gesehen werden. Das Edelmetall ist – genauso wie Blei, Kupfer und Silber – Fluch und Segen zugleich für das arme Yukon Territory: Die wirtschaftliche Abhängigkeit von wenigen Rohmetallen schwächt das Territory; sobald die Weltmarktpreise für die Metalle sinken, verlieren die Menschen am Yukon viel Geld. Während der großen Rezession Anfang der 1980er-Jahre hatten fast alle Bergwerke im Yukon-Gebiet, die fast 40 Prozent aller kanadischen Metallerze fördern, schließen müssen, die Arbeitslosenquote verdoppelte sich für einige Jahre auf 18 Prozent.

Der Besuch des kleinen **Dawson City Museum** (595 Fifth Ave) gibt einen guten Einblick in das Leben der Goldgräber: Neben einer nachgebauten Hütte, Trapper-Utensilien und Hundeschlitten thematisiert das Museum auch die Geschichte der Athabasken-Stämme.

In dieser Gegend, den Straßenblöcken zwischen 2nd und 3rd Avenue, hatte sich vor hundert Jahren das horizontale Gewerbe etabliert. Raubeinige Abenteurer unserer Tage müssen sich mit einem Besuch im ★**Palace Grand Theater** (3rd Ave und King St) begnügen. In dem plüschig-kitschigen Theater wird bis heute die schon legendäre Show der *Gaslight Follies* gegeben – eine Folge ausgelassener Varieté- und Tanznummern sowie einem billigen, aber unterhaltsamen Theaterstückchen, die geradewegs aus der Zeit des

Oben: Auf den Spuren des Gold Rush – Goldwäscher bei Dawson (Bonanza Creek). Rechts: Auf den Spuren des Lasters – Show in Gertie's Gambling House.

Goldrausches stammen könnten – die Unterhaltung hier ist grell, laut und inzwischen familienfreundlich. Das Theater sieht zwar historisch aus, ist aber ein originalgetreuer Nachbau des 1899 eröffneten Etablissements.

In den 1960ern ließ *Canada Parks* die gesamte Innenstadt von Dawson City restaurieren. In der ★**Diamond Tooth Gertie's Gambling House** (4th Ave und Queen St) kann man sich noch heute, in der einzigen legalen Spielhölle Nordkanadas, an Roulette, Blackjack und Poker versuchen und sich an Cancan-Shows erfreuen.

Wer früher nicht auf *Win or loose* setzte, konnte sein geschürftes Gold zum Postamt tragen (3rd Ave und King St): **The Old Post Office** sieht noch genauso aus wie vor hundert Jahren, wenngleich der berühmte Schalterbeamte fehlt: Robert W. Service, der hier die *nuggets* zählte und abends dichtete. Seine Blockhütte liegt heute am südöstlichen Stadtrand (Hanson St / 8th Ave). Während Service den eigentlichen Goldrausch nur durch Geschichten kannte – er kam erst 1909 in Dawson City an – hatte ein berühmter Kollege den wilden Norden noch selbst erlebt: Immerhin ein Jahr lang hielt es Jack London 1898 in der Nähe von Dawson City aus. In seiner (umgesetzten) Blockhütte an der 8th Ave (südlich der Fifth St) wird täglich aus seinen Werken gelesen. Nebenan befindet sich mit dem **Jack London Interpretive Centre** ein kleines Museum.

★DEMPSTER HIGHWAY

Die karge, aber majestätische Landschaft liegt in ihrer endlosen Weite genauso still und unbezwingbar vor dem Reisenden wie zu Zeiten Jack Londons. Die insgesamt 780 km lange Fahrt auf dem ★**Dempster Highway** von Dawson City nach Norden, der einzigen öffentlichen Fernstraße auf dem nordamerikanischen Kontinent, die den Polarkreis überquert, führt durch wilde und unbewohnte Regionen der subarktischen Tundra bis nach Inuvik im Flussdelta des Mackenzie River. Vor der Fahrt

YUKON UND DIE NORTHWEST TERRITORIES

sollte man sich unbedingt über die Wetterverhältnisse informieren und in **Dempster Corner**, wo der gleichnamige Highway offiziell beginnt (40 km östlich von Dawson City), den Tank randvoll füllen; am besten auch noch gefüllte Reservekanister einpacken. Denn erst 364 km nach Dempster Corner kommt am Eagle Plains Hotel die nächste Tankstelle (mit Werkstatt) in Sicht.

Der Dempster Highway hat den Lebensraum von Mensch und Tier gleichermaßen zerschnitten: Die Straße verläuft durch die alten Siedlungsgebiete und die Weidegründe der *Gwich'in* und *Inuit*. Die Route führt zunächst durch die weite Ebene vor den Ogilvie Mountains, eine eintönige Fahrt durch moosbewachsene Tundra mit Seen und dunklen Nadelwäldern. Mit etwas Glück sieht man Moorschneehühner oder Bergschafe. Wegen der schönen Aussicht lohnt ein Stopp am **North Fork Pass** (1290 m) in den Ogilvie Mountains, bevor man in den **Eagle Plains** am gleichnamigen **Hotel** Rast macht. Nach dem Überqueren der **Richardson Mountains** müssen die Uhren eine Stunde vorgestellt werden: Die *Mountain Time*-Zeitzone der Northwest Territories ist erreicht. Kurz vor Fort McPherson setzt man mit einer kostenlosen Fähre über den Peel River. In **Fort McPherson**, einem kleinen alten Pelzhandelsposten mit Tankstelle und Café, leben heute vor allem Locheux-Indianer, die hier Kunsthandwerk anbieten.

Etwa 70 km nach Fort McPherson setzt man, wiederum mit einer gebührenfreien Fähre, nahe der kleinen Indianersiedlung **Arctic Red River** über den **Mackenzie River** und erreicht nach weiteren ca. 110 km die 3500-Seelen-Gemeinde **Inuvik**. Der Ortsname („Platz des Menschen") ist zwar indianischen Ursprungs, doch die Siedlung wurde erst in den 1950er-Jahren auf dem Reißbrett geplant. Zwischen den flachen Zweckbauten, die neun Monate lang dem Winter trotzen müssen, gibt

---

Oben: Typischer „Pingo"-Hügel mit Eiskern in der Permafrost-Zone im Delta des Mackenzie River.

YUKON UND DIE NORTHWEST TERRITORIES

es wenig Sehenswertes – außer der mit einem Kuppeldach versehenen katholischen **Igloo Church**, die eine Leidensweg-Jesu-Darstellung der Inuit-Malerin Mona Trasher aufweist. Häuser und Rohre sind wegen des Dauerfrostbodens auf Stelzen gebaut. Dieser auch Permafrost genannte Boden stellt eine bis in über 300 m Tiefe gefrorene Erdschicht dar, die nur bei sommerlichen Temperaturen für wenige Wochen antaut, wodurch Morast entsteht.

Erst der Polarsommer, die Zeit der Mitternachtssonne zwischen dem 24. Mai und dem 24. Juli, erweckt die Siedlung zum Leben. Dann feiert die hauptsächlich indianische Bevölkerung, Inuit und Dene, all das, was sie in neunmonatiger Dunkelheit versäumt hat; der Auftakt ist die **Midnight Madness** zur Zeit der Sommersonnenwende. Im Juli findet ein großes Sportfest statt, die **Northern Games**; Ethnokunst heißt das Thema des **Great Northern Art Festival** im selben Monat. Das **Delta Daze** Fest leitet über in die lichtarme Winterzeit; vom 6. Dezember bis 6. Januar herrscht hier auf 68° nördlicher Breite die Polarnacht.

Der Sommer ist auch die beste Jahreszeit, um von Inuvik aus die Tierwelt des **Mackenzie-Flussdeltas** zu erkunden; zahlreiche Anbieter organisieren Boots-, Kanu- und Flugausflüge in die Umgebung. Faszinierend sind im Juli und August die Walschulen der Belugas und Grönlandwale besonders in der **Kugmallit Bay** rund um **Tuktoyaktuk**, 140 km nordöstlich von Inuvik. Im Frühjahr und Herbst sammeln sich vor allem Zugvögel, bevor sie in ihre arktischen Brutgebiete zurückkehren oder gen Süden aufbrechen.

Ein Flug nach **Aklavik** oder **Herschel Island** zeigt die ganze unberührte Pracht des Flussdeltas von oben. Doch in der **Beaufort Sea** liegen gewaltige Erdöl- und Erdgasreserven, die bislang allein wegen der hohen Förder- und Transportkosten nur zögerlich erschlossen werden.

YUKON UND DIE NORTHWEST TERRITORIES (☎ 867)

Department of Tourism & Culture, Government of Yukon, PO Box 2703, Whitehorse, Yukon Y1A 2C6, Tel. 1-800-661-0494, www.travelyukon.com.
Northwest Territories Tourism, Box 610, Yellowknife NT X1A 2N5, Tel. 873-7200, www.spectacularnwt.com.
Hay River Visitor Information Centre, 73 Woodland Dr, Hay River, Tel. 874-6522, www.hayriver.com. In Dawson Creek oder Fort St. John ist die Broschüre *Alaska Highway – A Mile by Mile Guide* erhältlich, die Sehenswertes auflistet.

Wer über den **Chilkoot** oder den **White Pass Trail** nach Kanada einreist, muss sich am Trailbeginn registrieren und einen Pass mitführen. Vor einer Fahrt auf einem der nördlichen Highways sollte man sich über Straßenzustand, Wetterlage, Tankstellen und Unterkünfte informieren. Reservekanister, Werkzeug, Notproviant und warme Kleidung mitnehmen!

FÄHREN NACH ALASKA: **Alaska Marine Highway**, 7559 North Tongass Hwy, Ketehikan/Alaska, Tel. 1-800-642-0066, www.dot.state.ak.us/amhs, verkehren ab Prince Rupert April bis Ende Sept. mehrmals die Woche.

Atlin
Indian River Ranch, Bootsausflüge auf dem Atlin Lake, PO Box 128, Tel. 250-847-5148, www.irrhunting.com.
Summit Air, Ausflüge zu Gletschern, Wildbeobachtung, 5th St, Atlin, Tel. 250-651-7600, www.summitair.net.

Dawson City
Northwest Territories Reception Centre, Juni-Aug. 9-21 Uhr, Front St, Dawson City, Tel. 993-6167.
Klondike Visitors Assn., 1102 Front St, Dawson City, Yukon, Y0B 1G0, Tel. 993-5575, kva@dawson.net, www.dawsoncity.org.

Jack London Grill, Downtown Motel, 1025 2nd Ave, Tel. 993-5346.

>> Karte S. 222-223, Info S. 237-239

YUKON UND DIE NORTHWEST TERRITORIES

Dawson City Museum, tgl. 10-18 Uhr, 595 5th Ave, Tel. 993-5291.
Jack London Interpretive Centre, Lesungen tgl. Mai-Sept., 8th Ave, Tel. 993-5575 (Klondike Visitor Association).
Diamond Tooth Gerties Gambling Hall, 4th St/Queen St, Tel. 993-5525 (Klondike Visitor Association) und **Palace Grand Theatre**, King St, Tel. 993-7200, Shows nur Mai-Sept.

Gold City Tours, geführte Goldwäscher-Trips, Front St (gegenüber der *S.S. Keno*), Tel. 993-5175.
Klondike Spirit, Bootstouren auf dem Yukon, Box 587, Tel. 1-800-764-3555, www.klondike-spirit.com.
Kostenlose **Stadtführungen**, an der **Commissioner's Residence** an der südl. 1st Ave beginnend. **Dredge No. 4**, riesiger Goldbagger, Bonanza Creek Rd, Tel. 993-7200.

Fort St. John
Buster's, gute Steaks, 9720 100th Street, Tel. 250-785-0770.

North Peace Museum, Mo-Sa 9-17 Uhr, Tel. 250-787-0430, www.fsjmuseum.com.

Fort Simpson
Fort Simpson Tourism & Visitor, das Besucherzentrum bietet ca. 1,5-stündige Touren zu Fuß durch den Ort an, Main St, Tel. 695-3182, www.fortsimpson.com.
Nahanni Nationalpark, Box 348, Fort Simpson, NT, X0E 0N0, Tel. 695-3151, www.pc.gc.ca/nahanni.

FLÜGE ZUM NAHANNI N. P.: **Simpson Air**, Flüge in den Nahanni Park und die Deh Cho-Region, PO Box 260, Fort Simpson, Tel. 695-2505, info@simpsonair.ca, www.simpson-air.ca. **Wolverine Air**, mehrstündige Rundflüge über dem Nationalpark, PO Box 671, Fort Simpson, NT, X0E 0N0, Tel. 1-888-695-2263, www.wolverineair.com.

Fort Smith
Fort Smith Visitor Information Centre, 56 Portage Ave, Tel. 872-7960.
Wood Buffalo Nationalpark, Box 750, Fort Smith, NT, X0E 0P0, Tel. 872-7900 und 872-7960, www.pc.gc.ca/pn-np/nt/woodbuffalo.

Haines
Haines Convention and Visitors Bureau, P.O. Box 530, 122 Second Ave, Haines AK 99827, Tel. 907-766-2234, www.haines.ak.us.

Bamboo Room, sehr gutes Frühstück, 11 2nd Ave, Tel. 907-766-2800. **The Commander's Room**, Alaskalachs, Krabben sowie Geflügel- und Fleischgerichte werden in einem eleganten Interieur serviert, im Hotel Hälsingland, Tel. 907-766-2000.

Haines Junction
Haines Junction Visitor Centre, PO Box 5339, Haines Junction, Tel. 634-7100, www.hainesjunctionyukon.com.
Kluane National Park Reserve, Box 5495, Haines Junction, Tel. 634-7250, www.pc.gc.ca/kluane.

Inuvik
Peppermill Restaurant, Fisch und Karibusteaks, 288 Mackenzie Rd, Tel. 777-2999.
Green Briar Dining Room, 185 Mackenzie Rd, Tel. 777-2414.
Blue Moon Bistro, 175 Mackenzie Rd, Tel. 777-2020.

Daazraii North-Wright Airways Charter, Tel. 777-2220. **Arctic Nature Tours**, PO Box 1190, Tel. 777-3300, www.arcticnaturetours.com.
Midnight Express Tours, Bootstouren durch das Mackenzie-Flussdelta, PO Box 2720, Tel. 777-4829.

Skagway
Klondike Gold Rush National Historical Park Visitor Center, 2nd St/Broadway, Skagway, Tel. 907-983-9223.
Skagway C&V Bureau, Arctic Brotherhood Gebäude, Skagway, Tel. 907-983-2854, www.skagway.com.

Stowaway Café, Meeresfrüchte, 205 Congress Way, Tel 907-983-3463. **Corner Café**, 4th & State Stamp, Tel. 907-983-2155. **Olivia's

YUKON UND DIE NORTHWEST TERRITORIES

at The Shagway Inn, 7th & Broadway, Tel. 907-983-3287. **Alaska Wild Restaurant**, 3rd Ave & Broadway, Tel. 907-983-2780.

SKAGWAY-TOUREN: **Frontier Excursions**, Wandertouren durch die Umgebung, Tel. 907-983-2512. **Alaska Excursions**, organisierte Wandertouren im Hinterland, PO Box 440, Skagway, Tel. 907-983-4444, service@alaskaexcursions.com, www.alaskaexcursions.com.
White Pass & Yukon Railway fährt als nostalgischer Zug 45 km weit von Skagway nach Fraser. Tel. 800-478-7373.

Teslin
George Johnson Museum, Mitte Mai-Sept. tgl. 9-17 Uhr, Tel. 390-2550.

Whitehorse
Whitehorse City Information Centre, 302 Steele St/3rd Ave, Whitehorse, Tel. 667-6401, www.visitwhitehorse.com.

Panda's, feines Restaurant (mit entsprechenden Preisen), mit Klondike-Memorabilien, 212 Main St, Tel. 667-2632.
Cellar Dining Room, nicht allzu vornehmes Restaurant mit guten Fischgerichten, Edgewater Hotel, 101 Main St, Tel. 667-2572.

MacBride Museum, interaktives Museum, Mitte Mai bis Labour Day tgl. 9.30-17.30, sonst Di-Sa 12-16 Uhr, 1124 First Ave, Tel. 667-2709.
Old Log Church Museum, Mitte Mai-Labour Day 10-18 Uhr, Elliott St/Third Ave, Tel. 668-2555. **S.S. Klondike**, Mai-Sept. tgl. 9-18.30 Uhr, South Access Rd/2nd Ave, Tel. 667-4511.
The Yukon Beringia Interpretive Centre, Geschichte Alaskas und des Yukon anschaulich dargestellt, Ende Mai-Mitte Okt. tgl. 9-18 Uhr, Alaska Highway, Tel. 667-8855, www.beringia.com.
Yukon Transportation Museum, histor. Flugzeuge und Lokomotiven, tgl. 10-18 Uhr, Airport Whitehorse/Alaska Hwy, Tel. 668-4792, www.goytm.ca.

TOUREN RUND UM WHITEHORSE: **Wolf Adventure Tours**, deutsch-finnisches Ehepaar bietet spannende Abenteuertouren per Kanu von unterschiedlicher Länge an, PO Box 2140, Tel. 660-4723, www.wolf-adventure-tours.de.
Tookalook Adventures, Bootsfahrten auf dem Yukon, POBox 31737, Tel. 668-6788, www.tookhalook.com. **Muktuk Adventures**, Rookie Ranch am Takhini River, Wildnistouren mit Hundeschlitten, ca. 20 km von Whitehorse, PO Box 20716, Tel. 668-3647.
Guided Nature Walks, kostenlose geführte Wandertouren mit Vorträgen zur Geschichte, Geologie, Flora und Fauna (im Sommer), Tel: 668-5678. **Yukon River Cruises**, bietet Bootsfahrten in den Miles Canyon, Tel. 668-4716.
Takhini Hot Springs, 10 Hot Springs Rd (29 km nordwestl. von Whitehorse gelegen), Tel. 633-2706.

Yellowknife
Yellowknife Northern Frontier Regional Visitor Centre, 4807 49th St, Tel. 873-4262, www.northernfrontier.com.

Our Place, Karibu-Spezialitäten, 50th Ave/50th St. Tel. 920-2265.
Wildcat Café, Blockhütten-Restaurant, Goldrausch-Atmosphäre, 3904 Wiley Rd, Tel. 873-8850. **Monkey Tree Family Restaurant**, solide Küche, 483 Range Lake Rd, Tel. 669-9623.

TOUREN IM BEREICH VON YELLOWKNIFE: **Northern Images**, Kunsthandwerk von Indianern und Inuit, 4801 Franklin Ave, Tel. 873-5944.
Prince of Wales Northern Heritage Centre, Geschichte und Anekdoten um die Erschließung des hohen Nordens, am Frame Lake, Tel. 873-7551.
Overlander Sports, Verleih von Campingausrüstung, 5103 51st St, Yellowknife, Tel. 873-2474.
Peterson's Point Lake Lodge, bietet einen Bootsverleih an, 32 km östlich von Yellowknife, am Ingraham Trail, Tel. 920-4654.
Raven Tours, Stadtrundfahrten und betreute Tagestouren ins Umland, PO Box 2435, im Yellowknife Inn, Franklin Ave, Tel. 873-4776.
Sail North, Verleih von Segel- und Hausbooten, PO Box 2497, Tel. 873-8019.
Bathurst Arctic Services, Wildnis- u. Arktiktouren mit geschultem Personal, P.O. Box 820, Tel. 873-2595, www.bathurstarctic.com.

REISE-INFORMATIONEN

REISEVORBEREITUNGEN

Klima / Beste Reisezeit

In Kanada sind die Sommer trocken und – nach europäischen Begriffen – mehr warm als heiß (durchschnittlich liegen die Temperaturen im Juli und August zwischen 25 °C und 30 °C). Sehr kalt mit bis zu -40 °C sind die Winter im Norden (1989/90 wurden sogar -50 °C gemessen). Sie dauern umso länger, je näher man dem Polarkreis kommt.

Bedingt durch die Lage der Gebirge in Nord-Süd-Richtung gibt es natürlich Ausnahmen: Arktische Kaltluft strömt bis in die Vereinigten Staaten hinein, tropisch heiße Luft aus dem Golf von Mexiko sorgt in Zentralkanada schon einmal für Hitzetage. Öfter im Jahr fegen Hurrikane über das Land, die tagelangen Regen mit sich bringen. Überschwemmungen sind die Folge. Wirbelstürme gibt es dagegen seltener. Eine Besonderheit in Alberta ist der *Chinook*, ein Wind, der die Temperaturen innerhalb einer Stunde um bis zu 20 °C ansteigen lässt.

Das ausgeglichenste Klima hat die B.C.-Küste mit milden Wintern und nicht allzu brütenden Sommern, Regenfälle sind hier allerdings häufig. Die Prärieprovinzen sind durch Klimaschwankungen gekennzeichnet: Wintertemperaturen unter -40 °C sind keine Seltenheit und Sommertemperaturen über 30 °C auch nicht. April bis Anfang Mai ist keine gute Reisezeit. Es liegt teilweise noch Schnee, nichts blüht und touristische Attraktionen sind noch nicht geöffnet. Mitte Mai bis Ende Juni erwacht das touristische Jahr. In den Rockies bleibt der Schnee teilweise bis Ende Juni liegen, höhergelegene Attraktionen sind dann kaum zu erreichen. Lake Louise ist der winterlichste Punkt der Rockies, hier ist Ende Mai noch Winter, rund um Jasper wird es zur gleichen Zeit bereits frühlingshaft.

Juli/August ist Hochsaison, die zentralen Attraktionen sind dann mit Touristen überschwemmt. Schön sind September und Oktober mit dem *indian summer*, der hier jedoch nicht so farbenprächtig ist wie im Osten. Ende Oktober setzt der Winter ein, ungemütliches Reisewetter. Hochwinter in Kanada ist ein Erlebnis auch für Nicht-Skifahrer. Temperaturen um -30°C sind erträglich, weil die Kälte sehr trocken ist.

Noch ein Wort zu **Moskitos**: Am schlimmsten stechen sie von Juni bis Mitte August, das Mückenschutzmittel *Johnson's Off* ist der einzige Ausweg.

Kleidung

Kanadier geben sich leger, und für den Urlaub ist Freizeitkleidung sinnvoll. Wichtig sind in einem Outdoor-orientierten Land, wo viel Zeit im Freien verbracht wird, eine warme, wasser- und winddichte Jacke und festes Schuhwerk. In feineren Restaurants wird Wert auf angemessene Garderobe gelegt.

Krankenversicherung

Vor Antritt der Reise sollte man eine **Auslandskrankenversicherung** für die Dauer des Aufenthalts abschließen. Heben Sie alle Arztrechnungen und Rezepte auf, und lassen Sie sich einen detaillierten Behandlungsbericht ausstellen, damit später die Rückerstattung der Kosten problemlos verläuft.

Geld

Der **Kanadische Dollar** (C$) ist folgendermaßen eingeteilt: Münzen: 1c (*penny*; Prägung 2012 eingestellt), 5c (*nickel*), 10c (*dime*), 25c (*quarter*), 50c, 1 C$ (*loonie*), 2 C$ (*toonie*). Geldscheine: 5, 10, 20, 50 und 100 C$.

Kanada ist ein Land der **Kreditkarten**, Visa und Euro/MasterCard werden fast überall, auch für kleinere Beträge, akzeptiert; American Express bei Hotels, Autovermietern und Airlines. Bei Verlust der Karte: American Express: 1-800-668-2639; Visa: 1-800-847-2911; MasterCard:

REISE-INFORMATIONEN

1-800-307-7309. Auch mit der **Maestro-EC-Karte** kann man Geld an ATM abheben.

Reiseschecks sind keine willkommenen Zahlungsmittel mehr.

Anreise

Das beste Streckennetz bedient die **Air Canada**, die im Verbund mit der Lufthansa (www.lufthansa.com) ab Frankfurt täglich nach Toronto fliegt. Ab dort ist Umsteigen nach Winnipeg, Saskatoon und Regina möglich. Vancouver und Calgary werden ab Frankfurt von der Air Canada direkt angeflogen. Toronto, Calgary und Vancouver sind mit dieser Airline auch ab Düsseldorf und Berlin anzufliegen.

Air Canada (AC), Hahnstr. 70, 60528 Frankfurt, Tel. 069-27115-111, www.aircanada.com. **Lufthansa**: allgemeine Reservierung: Tel. 0800-100-9499 und (0) 1805-805805.

Wer aus den USA kommt, kann auch mit der **Bahn** anreisen, beispielsweise von Seattle nach Vancouver. Detaillierte Informationen unter 1-800-872-7245, www.amtrak.com oder in Deutschland unter www.crd.de/bahn.

Einreise

Für die Einreise nötig ist ein gültiger **Reisepass**, genug Geld und ein Rückflugticket. Touristen ohne Visum dürfen bis zu 6 Monate im Land bleiben. Man muss jedoch zuvor eine **elektronische Einreisegenehmigung (eTA)** einholen, um auf dem Luftweg nach Kanada einreisen zu können. Für Einreisen auf dem Landweg ist eTA nicht nötig. Antrag für die elektronische Einreisegenehmigung: nur online über www.cic.gc.ca/english/visit/eta.asp. Formulare nur in englisch und französisch; deutsche Ausfüllhilfe: www.cic.gc.ca/english/pdf/eta/german.pdf. Die eTA-Gebühr beträgt 7 CAD.

REISEN IN KANADA

Mit dem Flugzeug

Air Canada bedient die Mittel- und Langstrecken, kleine Gesellschaften fliegen Kurzstrecken, auf Inseln, in die Gebiete abgelegener Seenplatten im Norden. **Vacances Air Canada**, 1440 rue Ste-Catherine Ouest, Montréal, QC H3G 1R8, Tel. 514-876-3993, www.vacancesaircanada.com.

Mit dem Zug

VIA Rail heißt die kanadische Eisenbahngesellschaft. Bahnfahren in Kanada ist attraktiv, am bestem mit dem *Canrailpass*, mit dem man innerhalb 30 Tage an 12 frei wählbaren Tagen beliebig vielen Fahrten in der 2. Klasse unternehmen kann. In Deutschland beim kanadischen Eisenbahnspezialisten: **CRD Canada Reisedienst**, Fleethof, Stadthausbrücke 1-3, 20355 Hamburg, Tel. 040/30061670, www.crd.de/viarail. Der **Sightseeing-Zug** *Canadian* verkehrt das ganze Jahr über von Toronto nach Vancouver. (Fahrtzeit 86 Std., Abfahrt Di, Do und Sa ab Toronto, Di, Fr und So ab Vancouver). Rechtzeitig reservieren! Auskunft über CRD Canada Reisedienst in Deutschland. Weitere **Sightseeing-Züge** sind in den Infoboxen der jeweiligen Kapitel verzeichnet, z. B. von Winnipeg nach Churchill oder durch die Rockies z. B. mit dem berühmten „Rocky Mountaineer".

Mit dem Bus

Greyhound und eine Reihe kleinerer Gesellschaften bedienen auch entlegene Orte. Auf der Greyhound-Webpage findet man zahlreiche Varianten preisreduzierter Reiseangebote. Info: **Greyhound Lines Canada**, SW 877 Greyhound Way, Calgary, Tel. in Kanada 1-800-661-8747, www.greyhound.ca. **Red Arrow**, 205 9th Ave SE, Calgary, Tel. 403/531-0350 oder 1-800-232-1958,

REISE-INFORMATIONEN

www.redarrow.ca. Die Linienbusse fahren jedoch nur wenige der Nationalparks an. Ausflugsfahrten zu den Attraktionen arrangiert **Brewster's**, Infotelefon in Calgary: 403/221-8242 oder 1-800-661-1152.

Mit dem Auto

Angaben erfolgen im metrischen System. Die **Höchstgeschwindigkeit** auf Autobahnen beträgt 100 km/h, auf vierspurigen, geteilten Highways (*divided highway*) darf teilweise auch 110 gefahren werden. Auf zweispurigen Highways gelten 90 oder 80 km/h, auf kleineren (*secondary highways*) gelten 80 km/h, in Orten 40 km/h.

Es herrscht **Gurtpflicht**. **Abbiegen an roten Ampeln nach rechts** ist bei freier Fahrbahn erlaubt. Auch tagsüber muss das Licht angeschaltet bleiben.

An **blinkenden Schulbussen** darf man nicht vorbeifahren, auch nicht aus der Gegenrichtung.

Kanada ist ein Paradies für Autofahrer. Staus sind ein Fremdwort – wenn man nicht zur *rush hour* in Greater Vancouver, Calgary oder mancherorts auf Vancouver Island unterwegs ist. Der **Straßenzustand** ist meist gut, kleinere Straßen (*secondary highways*) sind manchmal in etwas schlechterem Zustand. Einige Straßen sind nicht asphaltiert (*dirt road, gravel road*), man kann sie meist trotzdem mit allen Autos befahren. Erkundigen Sie sich an einer Tankstelle oder Touristeninformation über den Straßenzustand und rechnen Sie bei Regenwetter damit, dass Ihr Auto anschließend eine Waschstraße benötigt.

Die Pflichtversicherung, die bei Leihwagen in Kanada in der Gebühr enthalten ist, deckt oft keine Schäden, die auf diesen Straßen entstehen. Fahren Sie deshalb vorsichtig und halten Sie lieber am rechten Straßenrand an, wenn Ihnen ein Truck entgegenkommt; aufwirbelnden Steinen ist schon so manche Windschutzscheibe zum Opfer gefallen. Bei einigen Leihwagenfirmen (fast immer bei geliehenen Wohnmobilen) ist das Befahren unbefestigter Straßen grundsätzlich verboten. Lesen Sie den Vertrag vor der Routenplanung genau durch! Außerdem verschätzen sich Europäer oft beim Reisetempo, Pisten erfordern mehr Zeit.

Die **Straßenbeschilderung** ist überall gut, wichtig ist eine Straßenkarte mit nummerierten Highways. Alle Kreuzungen werden circa 500 Meter vorher angekündigt: *Junction (JCT)* und dann die Nummern der jeweiligen Highways.

Tankstellen an Haupt-Highways haben bis 24 Uhr geöffnet, in Städten meist bis 21/22 Uhr, in kleineren Orten oft nur bis 19 Uhr. Fast alle Tankstellen nehmen Kreditkarten. Es ist sinnvoll, so viel Bargeld dabei zu haben, dass es für eine Tankfüllung notfalls reicht.

Bei einer **Panne** hilft der CAA Mitgliedern eines Automobilclubs, Tel. 1-800-222-4357. (Auskünfte allgemein: CAA, 4700 17 Ave SW, Calgary T3E 0E3, Tel. 403-240-5350, www.ama.ab. ca).

Mietwagen: Ein Tipp: Mieten Sie Ihren Wagen in Alberta, dort gibt es keine Provincial-Tax, das spart 7 %. Viele Urlauber buchen einen Mietwagen schon von Deutschland aus; die Preise sind reell, man wird gut beraten, und man spart Zeit, da der Wagen bei der Ankunft schon vor Ort bereitsteht. Gebührenfreie Rufnummern für die Buchung in Deutschland: **Sixt**: Tel. 0180/5252525, www.sixt.de. **Avis**: Tel. 01805/5217702, www.avis.de. **Hertz**: Tel. 0180/5333535, www.hertz.de. Über Reiseveranstalter bekommt man sie aber häufig wesentlich günstiger, fragen Sie in Ihrem Reisebüro nach! Außerdem sind hier meist zusätzliche Versicherungsleistungen eingeschlossen.

Die Frage ist jedoch, welches Modell wählen – Camper oder PKW. Wenn Sie Ihren Leihwagen erst in Kanada mieten, ist folgendes zu beachten: *PKW-Rentals* sind an allen Flughafen vertreten, die Preise variieren je nach Typ und Agentur zwischen 30 C$ und 100 C$ am Tag.

REISE-INFORMATIONEN

Bei kleineren Agenturen mit Dumpingpreisen sollte man auf die Kilometerpauschale achten, denn liegt sie sehr niedrig, ist die Miete am Ende oft höher als bei einer teureren Agentur. Viel teurer sind *one-way rentals*, und hier liegt das große Problem für eine Kanadafahrt von Ost nach West. Reiserouten sollte man besser als Rundtour anlegen, außer bei Campertouren zwischen Calgary und Vancouver.

Ein Urlaub, der einen kleinen PKW mit Motels und B&Bs kombiniert, kommt billiger als die Miete eines **Campers** oder **Wohnmobils**. Bei einem 2-Personen Camper (Pick-Up mit Aufbau) spart man zwar die Übernachtung, aber auch die Benzinkosten schlagen zu Buche. Diese „Schluckspechte" brauchen 20-25 l auf 100 km. Ein Miet-Camper sollte nicht älter als ein/maximal zwei Jahre sein, diese Fahrzeuge verschleißen schnell. Außerdem sollte man eine Vollkaskoversicherung abschließen und genau darauf achten, was diese Versicherung abdeckt. Eine Agentur mit sehr gepflegten Campern ist Cruise Canada, in gut erreichbarer Lage von den Flughäfen Vancouver, Calgary und dem Fährterminal: **Cruise Canada**, 7731 Vantage Way, Delta BC V4G 1A6, Tel. 604-946-5775. Die Camper können in Vancouver gemietet und in Calgary zurückgeben werden und umgekehrt. Den gleichen Service bietet **Westcoast Mountain Campers**, 3640 26 St Ne 2, Calgary, AB, T1Y 4T7, Tel. 403-291-2774; und 150-11800 Voyageur Way, Richmond, British Columbia, V6X 3G9, Tel. 604-279-0550, www.wcmcampers.com.

Motorräder vermietet **Cycle BC Rentals**, 10-73 East 6th Ave, Vancouver, Tel. 1-866-380-2453; in Victoria, 685 Humboldt St, Tel. 250-380-2453, www.cyclebc.ca.

Fahrtzeiten von Calgary aus:
nach Banff 1,5 Stunden
nach Lake Louise 2 Stunden
nach Canmore 1,25 Stunden
nach Jasper 5 Stunden
nach Edmonton 3 Stunden
nach Red Deer 1,5 Stunden
nach Waterton 3 Stunden
nach Lethbridge 2,5 Stunden
nach Drumheller 1,5 Stunden
nach Panorama 3,5 Stunden
nach Vancouver 12 Stunden
nach Regina 8,5 Stunden
nach Winnipeg 15 Stunden

PRAKTISCHE TIPPS

Ärztliche Versorgung

Bei einem Arztbesuch sollte man eine Kreditkarte oder einen Nachweis über ausreichende Geldmittel dabeihaben (Auslandskrankenversicherung ist sinnvoll!). Bei einem Notfall kontaktiert man das *Emergency Department* des nächsten Krankenhauses, in den Nationalparks helfen freundliche *Warden*. Medikamente bekommt man in der *Pharmacy*-Abteilung von Drugstores oder Supermärkten. Wer auf bestimmte verschreibungspflichtige Medikamente angewiesen ist, sollte sie am besten von zu Hause mitnehmen. Bei der Einreise müssen diese Arzneien u. U. deklariert werden. Am besten befinden sie sich dazu in der Originalverpackung mit Angaben zu Anwendungsgebieten und der Art der Verschreibung. In Zweifelsfällen ist eine Kopie des Rezeptes oder ein Brief des Arztes hilfreich.

Banken

Die kanadischen Banken akzeptieren alle gängigen Reiseschecks, meist auch Euro/Mastercard und VISA. Bei Banktransaktionen sollte man den Reisepass dabeihaben. Öffnungszeiten der Banken: Mo-Fr 10-16 Uhr, gelegentlich bis 16.30 Uhr.

Behinderte

In Kanada ist die Infrastruktur für Behinderte viel besser als in Europa. Sowohl in Hotels, Restaurants, in Städten

REISE-INFORMATIONEN

generell als auch in den Nationalparks ist man bestens auf *disabled people* oder *physically challenged* eingestellt. Viele der Sehenswürdigkeiten in den Nationalparks sind *wheelchair accessible*, mit dem Rollstuhl zugänglich.

Informationen erteilt **The Canadian Paraplegic Association**, 211-825 Sherbrook St, Winnipeg, R3A 1M5, Tel. 204-786-4753, www.cpamanitoba. ca, oder 780 S.W. Marine Dr, Vancouver, V6P 5Y7, Tel. 604-324-3611, www.bcpara.org.

Taubstumme erhalten Informationen bei: **Western Institute for the Deaf**, 2125 W. 7th Ave, Vancouver, V6K 1X9, Tel. 604-736-7391, www.widhh.com.

Discount

Es gibt in Kanada häufig Discounts für Senioren über 65 Jahren. Rabatte werden oftmals bei Jugendlichen zwischen 13 und 21 Jahren gewährt und auf den internationalen Studentenausweis gegeben. Kinder unter 12 Jahren schlafen im Zimmer der Eltern fast immer gratis. Es lohnt sich im freundlichen Kanada auf jeden Fall, nach einem Rabatt zu fragen.

Elektrizität

Kanada besitzt ein Wechselstromnetz von 110 Volt/60 Hertz. Achten Sie darauf, dass Ihre Elektrogeräte von 220 V auf 110 V umschaltbar sind. Die europäischen Stecker passen hier nicht in die Steckdosen – besorgen Sie sich deshalb vor der Reise im Elektroladen oder Kaufhaus einen Adapter („Amerika-Stecker").

Essen und Trinken

Viele Reisende glauben, dass das Essen in Kanada aus dem üblichen amerikanischen „Fast-Food-Snack" besteht. Natürlich hat jede Stadt seine **Fast Food**-Restaurants, aber das ist lange nicht das ganze gastronomische Angebot.

Hervorragende **Restaurant-Ketten** sind *Earls* (architektonisch witzig, engagiertes Personal, Salate, Pasta, Steaks, gute Weine), *The Keg* (Salate, Spareribs und Steaks), *Smitty's* oder *The White Spot* (familienorientiert, breites Angebot). Berühmt ist *Alberta Beef* für hervorragende Steaks. In den Großstädten entwickelt sich eine regelrechte Kaffeekultur. Beliebte *coffee shops* mit ausgezeichneter Qualität, die aber ihren Preis hat, sind die Starbucks Filialen.

Die ethnische Vielfalt im Land bringt auch in Kleinstädten gute **Ethnic Restaurants** hervor. Nähert man sich der Pazifikküste, bestimmen viel **Seafood** und die **Westcoast-Küche** die Karte: würzig, mexikanisch angehaucht, mit asiatischen Elementen, viel Salat und Fisch.

In einem edlen Restaurant muss man mit 50-100 C$ inkl. Getränke für zwei Personen rechnen, in ethnischen Restaurants oder **Family Restaurants** kann man für 40-50 C$ zu zweit reichlich essen und trinken. In Restaurants sucht man sich nicht selber einen Tisch aus – man wartet, bis man einen Platz gewiesen bekommt.

Für den kleinen Hunger bieten sich **Delis** an, kleine Feinkostläden, die Sandwiches, Hamburger, Desserts und Kuchen verkaufen. Wer kein Weißbrotfan ist, kann auf Vollkorn-Bagels ausweichen.

Alkohol wird in BC, Saskatchewan, Northwest Territories, Yukon ab 19, in Manitoba und Alberta ab 18 Jahren verkauft – nur im *Liquor Store*, nicht im Supermarkt! Nur Restaurants, die *licensed* sind, schenken Alkohol aus. Alokoholkonsum in der Öffentlichkeit ist untersagt.

Feiertage und Feste

New Year's day (Neujahr, 1. Januar).
Good Friday (Karfreitag).
Easter Monday (Ostermontag).
Victoria Day (Montag vor dem 25. Mai, Beginn der Hauptsaison).

Canada Day (1. Juli, mit Festen, Paraden, Kulturangeboten).
Provincial Holiday (1. Montag im August).
Labour Day (1. Montag im September, Ende der Hochsaison).
Thanksgiving (2. Montag im Oktober).
Remembrance Day (11. November).
Christmas Day (25. Dezember).
Boxing Day (26. Dezember).

Weitere Feiertage (die teils nur in einzelnen Provinzen gelten) unter https://en.wikipedia.org/wiki/Public_holidays_in_Canada

Einen Überblick über die vielen regionalen und lokalen **Feste** gibt die Seite https://en.wikipedia.org/wiki/List_of_festivals_in_Canada

Nationalparks

In den **National Parks Canada** muss man an den Parktoren eine Eintrittsgebühr zahlen (7-10 C$/Tag/Person). Der Jahrespass **National Parks of Canada** für alle Parks kostet 67,70 C$, NP und Historic Sites 54 C$. Am Eingang steht meist ein Besucherzentrum (*Visitor Centre*), wo man sich mit kostenlosem Karten- und Infomaterial eindecken kann. Die *Park Warden* stehen gern mit Tipps zur Verfügung.

Von den insgesamt 43 kanadischen Nationalparks sind der 2003 geschaffene Gulf-Islands-Nationalpark in British Columbia und der im selben Jahr entstandene Ukkusiksalik-Nationalpark in Nunavut die jüngsten.

Ein sehr gutes Buch ist der Führer *Parks-Guide to National and Historic Sites in Western and Northern Canada*, zu beziehen über die einzelnen Parks. Informationen im Internet bieten der Canadian Parks Service unter www.pc.gc.ca und der National Park Service Alaska unter www.nps.gov.

Der Eintritt in die **Provincial Parks** ist gratis (nicht das Übernachten!). Hier sind Aktivitäten erlaubt, die in National Parks verboten sind, z. B. das Fahren auf Motorbikes, Trikes, Snowmobilen und Motorbooten. Sowohl Nationalparks als auch Provinzparks eignen sich besonders gut zum Campen und Wandern, aber: So fotogen **Bären** auch sein mögen, es sind keine Streicheltiere – unbedingt Abstand halten! Wer im Nationalpark oder wild campt, sollte immer alle Lebensmittel im Auto und niemals im oder am Zelt aufbewahren; bei Kanu- und Wandertouren Lebensmittel, Kosmetika und Abfälle, geruchsdicht verschlossen, möglichst 4 m hoch zwischen zwei Bäumen befestigen oder die manchmal vorhandenen Gestelle zum Aufbewahren benutzen. Ist beides unmöglich, lagern Sie alles auf der dem Wind abgewandten Seite des Zeltes möglichst weit entfernt und immer gut verschlossen. Wer seinen Speiseplan durch frisch gefangenen Fisch ergänzt, muss seinen Fang am Wasser säubern und die Abfälle sofort zurück ins Wasser werfen! Kochen Sie möglichst weit entfernt vom Zelt. Erkundigen Sie sich beim *Park Warden*, was sonst noch alles zu beachten ist.

Notruf

Rufnummer für Notfälle aller Art (*emergency call*) ist 911. Ist die Nummer belegt, rufen Sie den Operator – „0" – an und lassen sich weiterverbinden.

Sport

Angeln: „Non-resident permits" für Besucher sind in Angler- und Sportgeschäften vor Ort erhältlich. Für Nationalparks ist eine Sondergenehmigung erforderlich.

Gerät zum Lachsfischen: Rute: schwere, etwa 3 m lange Spinnrute, Wurfgewicht 40-80 g, Rolle: große Rolle, mindestens 200 m Schnurfassung, 0,35er bis 0,50er Schnur. *Gerät für Forellen und Saiblinge:* Rute: Mittlere Spinrute, 2,4 bis 2,7 m lang, Wurfgewicht 20-40 Gramm; Rolle: Mittlere Stationärrolle, mindestens 150 m Schnurfassung, 0,22er bis 0,30er Schnur. **Spartipp**: Falls Sie kein

REISE-INFORMATIONEN

eigenes Angelgerät besitzen, sollten Sie dieses in Kanada kaufen, denn dort sind die Preise etwa 30 % niedriger als in Deutschland.

Golf: Verzeichnisse über die Golfplätze der jeweiligen Provinzen findet man im *BC Outdoor & Adventure Vacations*, am Ende des *Alberta Accomodation & Visitor's Guide*, im *Manitoba Explorer's Guide* und im *Saskatchewan Vacation Book* und im Internet unter der Adresse www.golflink.com, wo über 200 öffentliche und private Golfplätze in Saskatchewan gelistet sind.

Kanus, Wildwasserfahrten *(Whitewater Rafting)*: In den Infoboxen der Kapitel sind jeweils die Agenturen angegeben. Das Tourism Office von B. C. gibt die Broschüre *Outdoor and Adventure Vacations* (www.bctravel.com/adventure) mit einer Adressliste heraus.

Wandern: Kanada ist ein Paradies für Wanderer mit guter Kondition und einer ausgezeichneten Ausrüstung. Es gibt die längeren *Hiking Trails*, die meist durch Nationalparks oder Provinzparks führen, und die leichteren, kürzeren *Nature Trails* (Naturlehrpfade).

Rucksackwanderer, die mehrtägige Wanderungen in einem Park planen, müssen sich vorher beim Park Warden im Besucherzentrum anmelden und eine kostenlose Genehmigung (*Permit*) beantragen.

Stadtpläne, Straßenverzeichnisse

Die in den meisten Orten rechtwinklig aufeinander treffenden Straßen haben manchmal keine Namen, nur Nummern. Es ist wichtig, sich bei Ortsbeschreibungen einzuprägen, ob die Straße eine *Street (St)*, *Road (Rd)* oder *Avenue (Ave)* ist. *Blvd* steht für *Boulevard*, *Dr* für *Drive*. Außerdem ist auf die Bestandteile *S (Süd)*, *SW (Südwest)*, *SE (Südost)*, *N (Nord)*, *NW (Nordwest)*, *NE (Nordost)* zu achten. Sonst verläuft man sich heillos, denn zwischen einer 3rd St SE und einer 3rd St NW können Meilen liegen!

Steuern

Ausländer können sich in manchen Provinzen die GST (*Goods and Service Tax*) zurückerstatten lassen, ein Formular hält das Customs Office am Flughafen bereit. Informationen im Internet unter www.cra-arc.gc.ca.

Telefon/Internet

Tri- oder Quad-Band-Handys aus Europa sind im GSM- und LTE-Netz Westkanadas (850 und 1900 MHz) verwendbar, aber dieses ist nicht flächendeckend und in erster Linie in Städten und entlang von Interstate-Highways vorhanden. Es wird zudem je nach Region von unterschiedlichen Unternehmen betrieben. Internationales Roaming ist teuer. Es kann sich lohnen, eine Sim-Karte des größten kanadischen GSM-Netzanbieters *Rogers Wireless* (oder dessen Discount-Tochter *Fido*) zu erwerben; vor allem, wenn man LTE nutzen will.

Internet: Internetzugang über das Mobilfunknetz ist relativ teuer.

W-Lan-Internet bieten Cafés, Bibliotheken und manche Restaurants; gratis ist es u. a. in Blenz Coffee Houses, McDonalds, Second Cup, Tim Horton's, Starbucks, Hostels und Campingplätzen; oft auch in Tankstellen, Supermärkten, Geschäften und Einkaufszentren, Flughäfen und Bahnhöfen.

Eine unvollständige Übersicht über freie W-Lan-Zugangsspots: http://www.wififreespot.com/can.php

Günstiger ist auch für **Festnetz-Anrufe** von der Zelle oder vom Hotel der Kauf einer Prepaid Phone Card, vor Ort erhältlich in Tankstellen und Läden. Telefonieren mit Telefonkarten funktioniert jedoch manchmal nur mit einer Karte der jeweiligen regionalen Gesellschaft; es gibt unterschiedliche Systeme bei den Telefonkarten, mit einigen kann man von jedem Telefon aus telefonieren. Kanada ist auch im hintersten Winkel mit Festnetztelefonen ausgestattet,

REISE-INFORMATIONEN

aber das System der verschiedenen Telefongesellschaften macht Telefonieren zur Geduldsprobe. Einfach sind *local calls* innerhalb eines Ortes, dort reichen 25 Cent-Münzen aus. *Long distance calls* – und das sind auch schon Gespräche in den Nachbarort – sind mit Münzen schlecht zu bestreiten, weil man mit dem Einwerfen kaum nachkommt. Lässt man das Gespräch über den *Operator* laufen (erreichbar über „0"), bekommt man gesagt, was das Gespräch für die erste Minute kostet. Übrigens bedeutet derselbe *area code* nicht, dass es sich um ein Ortsgespräch handelt, auch wenn sie z. B. von Prince George mit der Vorwahl 250 nach Quesnel (ebenfalls Vorwahl 250) telefonieren, ist das ein Ferngespräch, der *area code* muss also mitgewählt werden, obwohl er gleich ist. *Collect calls* (R-Gespräche, der Angerufene zahlt) nach Übersee lässt man am besten über die deutschsprachige Vermittlung 1-800/465-0049 laufen. Wer in einem Privathaushalt telefoniert, kann den *Operator* bitten, nach Beendigung des Gesprächs zurückzurufen und den Preis für die verbrauchten Einheiten anzugeben.

Die Auskunft erreicht man aus allen Teilen Kanadas unter 1-800/555-1212.

Vorwahlen:
Alberta . . . . 403 / 587 / 780
British Columbia . . . . .250 / 778
dort aber 604 für den Großraum Vancouver
Manitoba 204
Northwest Territories 867
(Yellowknife)
Sakatchewan 306
Yukon (Whitehorse) 867

Auslandsvorwahl von Deutschland nach Kanada: 001; von Kanada nach Deutschland: 01149.

1-800, 1-866 und 1-877 Nummern sind *Toll Free Numbers*, die gratis sind, jedoch nicht von Deutschland, Österreich und der Schweiz wählbar. Die im Buch angegebenen Nummern gliedern sich in: Vorwahl der Provinz (*area code*, drei Ziffern), und die eigentliche Nummer (sieben Ziffern).

Travel Alert

Das ist ein Reiseruf, der über das Radio ausgestrahlt wird, im Travel Info Centre angeschlagen ist oder in Zeitungen publiziert wird. Wer seinen Namen hört oder liest, sollte sofort die nächste Polizeidienststelle der RCMP anrufen.

Touristeninformation

In den einzelnen Provinzen verfügt fast jeder kleine Ort über eine *Tourist Information*, ein *Travel Info* oder *Visitor's Centre*. Diese sind in den Infoboxen am Ende der jeweiligen Kapitel aufgelistet.

Alberta: Travel Alberta, PO Box 2500, Edmonton, Alberta T5J 4G8, Tel. 780-427-4321, www.travelalberta.com

British Columbia: Tourism British Columbia, Box 9830, Parliament Buildings, Victoria, BC V8W 9W5, Tel. 1-800-822-7899 oder 250-356-6363, www.tourismbc.com

Manitoba: Travel Manitoba, 155 Carlton St, Winnipeg, Manitoba R3C 3H8, Tel. 204-927-7800 oder 1-800-665-0040, www.travelmanitoba.com

North West Territories: NW Territories Canada, PO Box 610, Yellowknife, NW Territories X1A 2N5, Tel. 1-800-661-0788 oder 1-867-873-7200, www.spectacularnwt.com

Saskatchewan: Tourism Saskatchewan, 189-1621 Albert St, Regina, Saskatchewan S4P 225, Tel. 306-787-9600 od. 1-877-237-2273, www.sasktourism.com

Yukon – Canada's True North, Department of Tourism & Culture, Government of Yukon, PO Box 2703, Whitehorse, Yukon Y1A 2C6, Tel. 1-800-661-0494, www.travelyukon.com.

Außerdem hilfreich für alle wichtigen kanadischen Parks: www.pc.gc.ca.

REISE-INFORMATIONEN

Touristische Begriffe / Kanadische Tiernamen

self guided trail: Hier kann man, durch eine Broschüre geführt oder durch Tafeln geleitet, entlang des Wegs selber Wissenswertes erfahren (z.B. in Nationalparks, bei Stadtspaziergängen).
hiking trail: ein Wanderweg
interpretive program: Führungen und geführte Tierbeobachtungen
birdwatching: Vogelbeobachtung
interpreter: ein Führer in einem Park, etc.
outfitter: Anbieter, z. B. für Reittouren, Kanuprogramme, Ausrüstung etc.
parkway: Panoramastraße in Nationalparks
warden: Aufseher im Nationalpark
permit: Genehmigung
coach: Reisebus
moose: Elch
elk: Wapiti-Hirsch
caribou: Karibu, eine Rentierart
black bear: Schwarzbär
porcupine: Stachelschwein
wolverine: Vielfraß
squirrel: Eichhörnchen
ground squirrel / gopher: Erdhörnchen
marmot: Murmeltier
beaver: Biber
bald eagle: Weißkopfseeadler

Trinkgelder

Die Stundenlöhne im Dienstleistungsbereich in Kanada sind relativ niedrig; vor allem in der Gastronomie leben die Angestellten vom Trinkgeld, 15% sind angemessen. Taxifahrer erhalten 10-15 %, Zimmermädchen 2 C$ pro Tag.

Waldbrände

Der Umgang mit offenem Feuer außerhalb der Feuerstellen in den Parks ist strengstens verboten! Bei Waldbränden sollte man sofort den Operator unter „0" anrufen.

Zeit

Die Westprovinzen haben drei Zeitzonen: In Manitoba und der Osthälfte von Saskatchewan herrscht *Central Time* (7 Stunden hinter MEZ); im Rest Saskatchewans, in Alberta und im Nordosten von BC die *Mountain Time* (8 Stunden hinter MEZ); in British Columbia westlich der Rockies die *Pacific Time* (9 Stunden hinter MEZ). Die Sommerzeit dauert vom ersten Sonntag im April bis zum letzten Sonntag im Oktober.

Zoll

Die Einfuhr von Fleisch, Saatgut und Pflanzen ist verboten. 200 Zigaretten, 50 Zigarren, 1,5 Liter Wein, 1,14 Liter Spirituosen und Geschenke im Wert von maximal 60 C$ dürfen zollfrei eingeführt werden.

ADRESSEN

Information in Deutschland

Canada Tourismus Commision / Lange Touristik Dienst, Eichenheege 1-5, Postfach 200247, 63469 Maintal, Tel. 01805-526232, www.travelcanada.de

Kanadische Botschaften im Ausland

Deutschland: (für Visa zuständig ist Wien) Leipziger Platz 17, 10117 Berlin, Tel. 030/20312-0, www.kanada.de.
Schweiz: Kirchenfeldstr. 88, CH-3005 Bern, Tel. 031/3573200, www.canada-ambassade.ch
Österreich: Laurenzerberg 2, A-1010 Wien, Tel. (01) 531383-0000, www.kanada.at.

Botschaften und Konsulate in Kanada

Deutsches Generalkonsulat: Suite 704, World Trade Centre, 999 Canada Pl., Vancouver, B.C., V6C 3E1, Tel. 604/684

AUTOREN

8377; **Honorarkonsulat:** Suite 1900, 633 6th Ave S.W. Calgary, AB T2P 2Y5. Tel. (403) 265-6244.

Schweizer Konsulat: POBox 20003, Calgary Place, Edgevalley Landing NW, Calgary AB, T3A 5H5, Tel. 403-208-3296; 1408-1245 Henderson Hwy, Winnipeg, MB, R2G 1M1, Tel. 204/338-4242. **Generalkonsulat:** World Trade Center 790-999 Canada Pl, Vancouver, B.C. V6C 3E1, Tel. 604/684-2231, www.eda.admin.ch.

Österreichisches Konsulat: 1015 4th St S.W., Calgary, AB, T2R 1J4, Calgary, Tel. 403/283-6526; 600-890 Pender St, V6C 1K4, Vancouver, B.C., Tel. 778-327-5819; 2401 Saskatchewan Dr, Suite 100, Regina, SK S4P 4H9, Tel. 306/359-7777; 1001 Sherwin Rd, Winnipeg, Manitoba, R3H OT8, Tel. 204-833-0102, www.bmeia.gv.at.

Jürgen Scheunemann lebte längere Zeit in Seattle, unternahm ausgedehnte Reisen in den Nordwesten Kanadas und ist Koautor des Kapitels „Yukon und die Northwest Territories".

Michael Werner ist Redakteur bei der Angelzeitschrift *Blinker*. Er verfasste das Feature „Angeln".

Dionys Zink studierte Geografie und Germanistik und ist Mitglied der Big Mountain Aktionsgruppe zur Unterstützung nordamerikanischer Indianer. Er verfasste Artikel zum Thema Ureinwohner und Umweltschutz in Kanada und schrieb das Feature „Die Inuit".

AUTOREN

Nicola Förg, Reisejournalistin und erfolgreiche Allgäu- und Oberbayern-Krimi-Autorin, hat Germanistik und Geografie studiert. In Kanada kennt sie auch die weniger ausgetretenen Pfade, war zum Bergsteigen und Skifahren im Land unterwegs.

Sie schrieb die Kapitel „Vancouver", „Die Kanadischen Rockies", „Prärieprovinzen", „Täler des Südens" sowie die Features „Golf", „Skifahren", „Weinbau" und „Eisenbahnhotels".

Katrain Habermann, freie Journalistin, verfasste das Kapitel zur Geschichte Westkanadas.

Arno Bindl bereiste mehrmals die kanadischen Rocky Mountains und kennt durch ausgedehnte Bergwanderungen auch das *backcountry*. Er ist Co-Autor von „Die Kanadischen Rockies".

Astrid Filzek-Schwab, Journalistin, hat Kunstgeschichte, Archäologie und Geschichte studiert. Von ihr stammt das Kapitel „Vancouver Island".

REGISTER

A

Ainsworth Hot Springs 168
Alaska Highway 216, 227
Alberta 35, 37, 40, 42, 119, 208
Alert Bay 111
Amish 64
Angeln 18
Armstrong 174
Arrow Lake 168
Asessippi Village 192
Assiniboine River 183, 187
Athabasca 23, 214
Athabasca Falls 139
Athabasca Glacier 139
Athabasca Lake 224
Athabasca River 224
Atlin 229
Atlin Provincial Parks 228
Austin 189

B

Babine Lake 152
Baldy Mountain 192
Bamfield 104, 105
Banff 12, 22, 129, 130
  Mystic Ridge & Norquay 16
  Park Museum 131
  Whyte Museum 131
Banff National Park 129
Barents, Willem 48
Barkerville 149
  Theatre Royal 149
Batoche 200
Batoche National Historic Site 200
Bay Tree 215
Bear Cove 12, 156
Bear Glacier 231
Beaufort 237
Beaumont Provincial Park 152
Beauvert Lake 141
Beddies Beach 102
Behchokò 225
Big Muddy Badlands 202
Birdtail River 192
Blue River 148
Bow Falls 130
Bow Glacier 138
Bow Lake 138
Bow Pass 138
Bow River 125, 130
Bowron Lake Provincial Park 149
Bow Valley Provincial Park 129
Boya Lake 231

British Columbia 18, 22, 24, 35, 40, 41, 73, 97, 148, 163
Broken Group Islands 104
Buffalo Pound Provincial Park 202
Burgess Shale Fossil Beds 136
Burns Lake 152
Buschpiloten 57
Butchart Gardens 101

C

Calgary 125
  Botanical Garden and Prehistoric Dinosaur Park 128
  Calaway Park 128
  Calgary Tower 127
  Convention Centre 127
  Devonian Gardens 128
  Fort Calgary 128
  Glenbow Museum 127
  Lunchbox Theatre 128
  Olympic Park 128
  Olympic Plaza 127
  Prince's Island Park 128
  Stampede Park 126
  Telus World of Science 128
  Zoo 128
Cameron River 226
Campbell River 17, 108, 110
Camrose 209
Canadian Pacific Railway 42, 55, 62, 143
Candle Lake 198
Cape Scott Provincial Park 97
Carberry 190
Carcross 232
Carcross Desert 232
Cariboo Highway 149
Carmanah Valley 106
Cartier, Jacques 38
Cathedral Grove 103
Cave und Basin Centennial Centre 130
Chemainus 102
Chetwynd 150
Chilkoot-Pass 45, 57, 232
Churchill River 198
Claire Lake 224
Claresholm 124
Clearwater 148
Coal Branch 144
Coalmont 175
Coast Mountains 75
Columbia Icefield 139
Columbia Lake 164
Columbia River 163, 175

Columbia Valley 16, 22, 23, 135, 163, 166
Comox 108
Consolation Lakes 134
Cook, James 41, 52, 73, 97, 110
Courtenay 108
  Courtenay & District Museum 108
Cranberry-Inlet 102
Cranberry Junction 154
Crooked Lake Provincial Park 202
Crowsnest Highway 120, 123
Crowsnest Pass 124
  Crowsnest Museum 124
  Crowsnest Pass Ecomuseum 124
  Frank Slide Interpretive Centre 124
Cypress Hills Interprovincial Park 204

D

Dauphin 192
Dawson City 45, 233
  Museum 234
  Palace Grand Theater 234
Dawson Creek 216, 227
  Art Gallery 216
  Mile „0" 216
  Pioneer Village 216
  Station Museum 216
Dease Lake 231
Delta Beach 190
Dempster Highway 235
Dene 59
Denman Island 108
Dinosaur Provincial Park 209
Donalda 209
Dore Lake 224
Douglas Lake 176
Drumheller 208
  Royal Tyrell Museum of Paleontology 12, 208
Duck Mountains Provincial Park 192
Duncan 102
  B. C. Forest Discovery Centre 102
Dunvegan 215
Dunvegan Provincial Park 215

E

Eastend 205
Echo Valley Provincial Park 202
Edmonton 125, 211
  Art Gallery of Alberta 212
  Bell Tower 212
  City Hall 212
  Epcor Tower 212

REGISTER

Fort Edmonton Park 213
John Janzen Nature Centre 213
Muttart Conservatory 213
Royal Alberta Museum 213
West Edmonton Mall 212
Edson 144
Galloway Station Museum 144
Red Brick Arts Centre and Museum 144
Eisenbahnhotels 32
Elbow River 125
Elk Island National Park 210
Englishman River Falls Provincial Park 103

F

Fairmont Hot Springs 164
Falhers 215
Field 136
Fir Mountain 203
Fish Lake 165
Fort Chipewyan 224
Fort Fraser 152
Fort Langley National Historic Site 90
Fort La Reine 189
Fort Liard 227
Fort MacLeod 120
Fort Museum 120
Fort McPherson 236
Fort Nelson 228
Fort Providence 224
Fort Qu'Appelle 202
Fort Simpson 227
Fort Smith 224
Fort Steele 165
Fort St. James 152
Fort St. John 151, 227
North Peace Museum 227
Peace Gallery North 227
Fort Walsh 205
Farewell's Trading Post 205
François Lake 152
Franklin, John 51
Fraser Lake 152
Fraser River 90, 148
Hell's Gate 90
Fraser, Simon 52, 150, 152
Frobisher, Martin 48

G

Garibaldi Provincial Park 89
Gaultier de La Vérendrye, Pierre 42, 43, 183
Glacier National Park 167
Glentworth 203
Golden 166
Gold River 109
Golf 22
Good Spirit Lake Provincial Park 194
Gopherville 194
Gorman Lake 166
Graham Island 156
Grande Cache 144
Granisle 152
Granite City 175
Grasslands National Park 203
Great Sand Hills 206, 208
Great Slave Lake 224
Greenwater Provincial Park 196
Grimshaw 215, 221
Grizzly Lake 132
Grouse Mountain 17

H

Haines Junction 230
Haines (USA) 232
Harrison Hot Springs 90
Hay Camp 224
Hay River 223, 224
Hazelton 153
Head-Smashed-In-Buffalo Jump 12, 120, 121
Hearne, Samuel 43, 44, 53
Heart River 215
Hecla Island 189
Herschel Island 237
Hesquiat 107
High Level 221
Highwood Pass 124
Hinton 144
Alberta Forest Service Museum 144
Holberg 113
Holberg-Inlet 113
Hoodoo Drive 208
Hornby Island 108
Houston 152
Hudson Bay 51, 53
Hudson, Henry 50
Hudson's Bay Company 39, 40, 42, 43, 53, 62, 97, 152, 183, 187, 211, 228
Hudson's Hope 150
Alwin Holland Park 151
Heimatmuseum 150
St. Peter's Church 151
Hyder (Alaska) 231

I

Icefields Parkway 138
Inside Passage 113, 156
Inuit 26, 59
Inuvik 236
Invermere 164

J

Jacobson Bay 197
Jakes Corner 228
Jasper 139
Fairmont Jasper Park Lodge 33, 141
Jasper National Park 130, 139
Johnson Lake 132
Johnston Canyon 132
Juskatla 157

K

Kalamalka Lake 173
Kamloops 176
Kamloops Museum and Archives 176
Kamloops Lake 177
Kaslo 168
Museum 168
Katepwa Point Provincial Park 202
Kathleen Lake 230
Kelowna 17, 172
Art Gallery 173
Butterfly World 172
City Park 172
Guisachan Heritage Park & House 173
Lakeview 172
M. V. Fintry Queen 172
Orchard Industry Museum 172
Parrot Island 172
Veedam Park 172
Keremeos 170
Grist Mill 170
Teehaus 170
Khutzeymateen Inlet 155
Kimberley 16, 165
Kinaskan Lake 231
Kinney Lake 148
Kispiox 154
Kitimat 154
Kitwancool 154
Kitwancool Lake 154
Kitwanga 154
Gitwangak Battle Hill 154
St. Paul's Kirche 154
Klanawa Fluss 106

251

REGISTER

Klondike Highway 233
Kluane National Park 12, 230
Kootenay Lake 168
Kootenay National Park 134, 163
Kootenays 168

L

Lac La Ronge Provincial Park 198
Ladysmith 102
  Black Nugget 102
  Ladysmith Arboretum 102
Lake Agassiz 36
Lake Agnes 133
Lake Ajawaan 12, 197
Lake Annette 141
Lake Cameron 104
Lake Edith 141
Lake Lavallée 197
Lake Louise 15, 130, 132, 141
Lake Manitoba 36, 190
Lake Minnewanka 132
Lake Superior 35
Lake Windermere 164
Lake Winnipeg 36, 188
Larix Lake 132
La Ronge 198
Lawrence Lake 214
Leader 208
Lesser Slave Lake 214
Lesser Slave Lake Provincial Park 214
Lethbridge 119
  Fort Whoop-Up 119
  Henderson Lake Park 119
  Indian Battle Park 119
  Nikka Yuko Japanese Garden 119
Liard Highway 227
Liard River 228
Lillooet 90
  Lillooet Museum 90
Little Manitou Lake 200
Logan Schlucht 106
London, Jack 47, 235
Louise Falls 223
Lower Fort Garry 187
Lumby 174
Lussier Hot Springs 165
Lytton 90

M

Mabel Lake 174
MacKenzie, Alexander 41, 44, 52, 73
Mackenzie Highway 215, 221
Mackenzie River 45, 224, 227, 235, 236
MacLeod, Henry 142
MacMillan Provincial Park 104
Madeline Lake 226
Maligne Canyon 141
Maligne Lake 12, 142
Manitoba 35, 37, 43, 183
Manning 221
Manning Provincial Park 175
Maple Creek 204
  Jasper Cultural and Historical Centre 204
  Old Timers' Museum 204
Marten Mountain 214
Masset 157
McLennan 214
McLeod Lake 149
Medicine Hat 119
  Esplanade Arts and Heritage Centre 119
Medicine Lake 142
Mennoniten 64
Merritt 176
Métis 61, 184, 200, 214
Meziadin Lake 231
Miette Hot Springs 144
Miles Canyon 230
Miracle Beach Provincial Park 108
Mirror Lake 134
Moonshine Lake Provincial Park 215
Moose Jaw 203
Moose Lake 148
Moraine Lake 134
Moresby Island 156, 157
Moricetown 153
Morris 186
Mossbank 203
Mount Currie 89
Mount Douglas Park 101
Mount Edith Cavell 141
Mount Edziza 231
Mount Edziza Provincial Park 231
Mount Logan 36, 230
Mount Morro 165
Mount Oldfield 155
Mount Revelstoke 167
Mount Revelstoke National Park 167
Mount Robson 148
Mount Robson Provincial Park 148
Mount Rundle 130
Mount St. Elias 230
Mount Washington 17
Muncho Lake 228
Muncho Lake Provincial Park 228
Murtle Lake 148

N

Nahanni Butte 227
Nahanni National Park 12, 227
Naikoon Provincial Park 157
Nakusp 168
Nakusp Hot Springs 168
Nanaimo 102
  District Museum 103
  Newcastle Island 103
  Newcastle Island Provincial Marine Park 103
  Petroglyph Provincial Park 102
  The Bastion 103
Narrow Hills Provincial Park 198
Narrow Lake 198
Neepawa 191
Nelson 168
New Aiyansh 154
New Denver 168
New Hazelton 231
Nicola Valley 23, 176
  Douglas Lake Ranch 176
Ninstints 12, 157
Nisga'a Memorial Lava Bed Provincial Park 154
Nootka 107
Nootka Sound 110
Nördliche Inside Passage 231
Nordwest-Passage 48
Norgate 191
North Fork Pass 236
North West Company 42, 54, 211, 215
North West Mounted Police 42, 43, 46, 56, 62, 120, 128, 201, 205
Northwest Territories 36, 40, 44, 221
Nowaja Semlja 48

O

Oak Hammock Marsh 187
Okanagan Falls 171
Okanagan Lake 169, 171, 173
Okanagan Mountain Provincial Park 171
Okanagan Valley 17, 24, 163, 169
  Apex Alpine Village 17
  Big White 17
  Silver Star Mountain Resort 17
Ootsa Lake 152

REGISTER

Osoyoos 170
  Ecological Reserve 170
Osoyoos Lake 169, 171
Otter Lake Provincial Park 176

P

Pacific Rim National Park 105, 106
  Long Beach 106
  Wickaninnish Centre 106
Parksville 103
Peace Canyon Dam 151
Peace River 151, 215, 224
Peachland 172
Pemberton 90
Pensive Lake 226
Penticton 17, 171
  Penticton Art Gallery 171
  Penticton Museum 171
Peter Lougheed Provincial Park 124
Peyto Lake 138
Pincher Creek 121
Pine Lake 224
Pine Pass 150
Pocahontas 143
Portage la Prairie 189
Port Alberni 104, 105
  Alberni Valley Museum 104
  Markt 104
Port Clements 157
  Port Clements Museum 157
Port Edward 155
  North Pacific Historic Fishing Village 155
Port Hardy 113, 156
  Bear Cove 113
  Inside Passage 113
  Port Hardy Museum 113
Port McNeill 111
Port Renfrew 101, 105
  Botanical Beach 101
Prelude Lake 226
Premier Lake Provincial Park 165
Prince Albert 196
  Historical Museum 196
Prince Albert National Park 12, 197
Prince George 148
  Civic Centre 149
  Connaught Hill Park 149
Prince Rupert 18, 155, 231
  Gedenkpark 156
  Kwinitsa Station 155
  Museum of Northern B. C. 156
Princeton 175

Prudhomme / Diana Lake Provincial Park 154
Punnichy 200
Purcell Mountains 165
Pyramid Lake 141

Q

Quadra Island 109
Qualicum Beach 107
Qu'Appelle River Valley 202
Queen Charlotte Islands 156
Quesnel 149
Quilchena 23, 176

R

Radium Hot Springs 135, 163, 166
Red Deer River 208
Red River 183, 187
Regina 200
  Legislative Building 202
  MacKenzie Art Gallery 202
  RCMP Heritage Centre 201
  Royal Saskatchewan Museum 202
  Science Center 202
  Wascana Centre 200
Reid Lake 226
Revelstoke 167, 174
Riding Mountain 22
Riding Mountain National Park 191
  East Gate 191
  Wasagaming 191
Riel, Louis 62, 186, 200
Roblin 192
Robson Bight Provincial Park 112
Rock Isle Lake 132
Rock Lake 132
Rocky Mountains 35
Rogers Pass 167
Rosevear Ferry 144
Rossburn 192
Royal Canadian Mounted Police 56, 187, 201
Rupert River 53

S

Saanich 101
Saltspring Island 102
Samson Peak 131
Sand Lake 204
Sandon 168
Sandspit 157
Sandy Lake 192
San Josef's Bay 113

Saskatchewan 35, 37, 40, 43, 194
Saskatchewan River 62
Saskatoon 198
  Delta Bessborough Hotel 199
  Diefenbaker Canada Centre 199
  Little Stone School House 199
  Mendel Art Gallery 199
  St. Thomas More Art Gallery 199
  Ukrainian Museum 199
  University Bridge 199
  University of Saskatchewan 199
  Western Development Museum 199
Sceptre 206
Schwatka Lake 230
Seebe 125
Selkirk 187
Selkirk Mountains 167
Selkirks-Region 167
Seven Sisters Peaks 153
Sheep Mountain 230
Shuswap Lake 174
Sicamous 174
Similkameen Valley 175
Skagit River 175
Skagway 232
  Arctic Brotherhood Hall 232
  Gold Rush Cemetery 232
  Red Onion Saloon 232
  Skagway Museum & Archives 232
Skaha Lake 169
Skeena River 18, 154
Skidegate 156
Slave River 224
Slocan 168
Smithers 16, 153
Smoky Lake 214
  Inn at the Ranch 214
  Victoria Settlement Provincial Historic Site 214
Smoky River 215
Sointula 111
Sooke 100
  East Sooke Park 101
  Sombrio Beach 101
  Sooke Region Museum 100
Southbank 152
South Moresby / Gwaii Haanas National Park 157
South Nahanni River 12, 227
Spahats Creek Provincial Park 148
Spatsizi Plateau Wilderness Park 231
Spruce Woods Provincial Park 190
Squamish 89

253

REGISTER

Squamish Days 89
St. Ambroise 190
St. Andrew's 23
St. Andrew's Kirche 187
Steinbach 186
   Mennonite Heritage Village 186
St. Elias Mountains 230
Stettler 209
Stewart 231
Stewart-Cassiar Highway 230
Stone Mountain Provincial Park 228
Strathcona Provincial Park 109
Sulphur Mountain 131
Summerland 171
Summit Lake 228
Sunshine 16
Sunshine Coast 108
Sunshine Village 132
Sunwapta Falls 139
Sunwapta Pass 138
Swan Lake 173

T

Takysie Lake 152
Tchesinkut Lake 152
Telegraph Cove 111
   Whale Watching 112
Telkwa 152
Terrace 154
   Heritage Park 154
The Devils Punch Bowl 191
The Enchanted Forest 174
The Whistlers 141
Three Valley Gap 174
   Heritage Ghost Town 174
Tibbett Lake 226
Tlell 157
Tofino 106
Topley 152
Top of the World Provincial Park 165
Tsusiat-Wasserfällen 106
Tulameen 175
Tulameen Valley 175
Turner Valley 125
Tweedsmuir Provincial Park 152
Twin Lake 134
Two Jack Lake 132

U

Ucluelet 104, 106
Ukrainian Cultural Heritage Village 210
U'Mista Cultural Centre 111

Uncha Lake 152
Upper Peace Valley 215

V

Valhalla Provincial Park 168
Val Marie 203
Vancouver 17, 73
   Aquarium 82
   Bloedel Conservatory 85
   Capilano Suspension Bridge 86
   Centre in Vancouver For Performing Arts 80
   City of Vancouver Archives 84
   Cypress Provincial Park 87
   Dr. Sun Yat-Sen Garden 74, 78
   Ecology Centre 87
   Gordon MacMillan Southam Observatory 84
   Granville Island 82
   Grouse Mountain Recreational Area 87
   H. R. MacMillan Space Centre 84
   IMAX Theatre 77
   Kitsilano 84
   Kitsilano Beach 84
   Lighthouse Park 87
   Lynn Canyon Bridge 87
   Lynn Canyon Park 87
   Maritime Museum 84
   Mount Seymour Provincial Park 87
   Museum of Anthropology at UBC 84
   Museum of Vancouver 83
   Nitobe Memorial Garden 84
   Queen Elizabeth Park 85
   Roedde House Museum 81
   Sam Kee Building 78
   Science World 79
   Shaughnessy 85
   Stanley Park 81
   Steam Clock 77
   Strathcona 78
   Totem Poles 82
   Trade & Convention Centre 77
   U. B. C. Botanical Garden 84
   U. B. C. Rose Garden 84
   Vancouver Art Gallery 80
   VanDusen Botanical Gardens 85
   Vanier Park 83
Vancouver, George, Captain 41, 52, 73, 97, 156
Vancouver Island 17, 97, 156
Vanderhoof 152
   Heritage Museum 152
Vernon 17, 173
   Historic O'Keefe Ranch 173

   Polson Park 173
   Vernon Museum & Archives 173
Vesuvius Beach 102
Victoria 97
   Emily Carr House 100
   Helmcken House 99
   Hill's Native Art 100
   Royal British Columbia Museum 98
   Thunderbird Park 99
Vista Lake 134

W

Wabamun Lake 144
W. A. C. Bennett Dam 151
Walachin 177
Walker Hook 102
Wanuskewin Heritage Park 199
Waskesiu Lake 197
Waterton 123
Waterton-Glacier International Peace Park 121
Waterton Lakes National Park 121
Watson Lake 228, 230
Weine 24
Wells Gray Provincial Park 148
West Coast Trail 105
Wetaskiwin 210
Whale Watching 112
Whippletree Junction 102
Whistler 15, 89
Whitehorse 229
   MacBride Museum 229
   Old Log Church Museum 229
Whiteswan Lake Provincial Park 165
William A. Switzer Provincial Park 144
Williams Creek 149
Willmore Wilderness Park 144
Willow Island 202
Windermere 164
Winnipeg 183
   Art Gallery 185
   Dynasty Building 186
   Exchange District 185
   Legislative Building 185
   Manitoba Children's Museum 184
   Manitoba Museum 185
   St. Boniface Cathedral 186
   St. Boniface Museum 186
   The Forks 184
Winnipeg Beach Provincial Recreation Park 188
Wood Buffalo Nationalpark 223
Wood Mountain 203

REGISTER

Y

Yale 90
Yellowhead Highway 144, 148, 152, 202, 211
Yellowhead Pass 148
Yellowknife 45, 225
Yoho National Park 135
Yorkton 194
  Western Development Museum 194
Yukon 18, 35, 45, 221
Yukon River 230, 233

 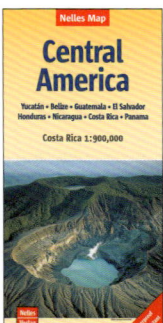  

LIEFERBARE TITEL

- EUROPE -
Madeira 1:60,000

- ASIA -
Afghanistan 1:1,500,000
Burma ⇨ Myanmar
Bangkok and Greater Bangkok
  1:15,000 / 1:75,000
Bangladesh — India North-East —
  Bhutan 1:1,500,000
Cambodia – Angkor 1:1,500,000
Central Asia 1:1,750,000
China:
  Central 1:1,750,000
  South 1:1,750,000
Hong Kong 1:22,500
Himalaya 1:1,500,000
India:
  India (Subcontinent) 1:4,500,000
  Ladakh – Zanskar 1:350,000
  North 1:1,500,000
  North-East ⇨ Bangladesh
  East 1:1,500,000
  West 1:1,500,000
  South 1:1,500,000
Indonesia:
  Indonesia 1:4,500,000
  Bali – Lombok 1:180,000
  Java – Jakarta 1:750,000 / 1:22,500
  Kalimantan ⇨ Malaysia - East
  Papua – Maluku 1:1,500,000
  Sulawesi – Nusa Tenggara —
    East Timor 1:1,500,000
Iran 1:1,750,000
Japan 1:1,500,000
Korea 1:1,500,000
Malaysia - East — Brunei —
  Indonesia – Kalimantan 1:1,500,000
Malaysia - West — Singapore
  1:1,500,000 / 1:15,000
Myanmar (Burma) 1:1,500,000
Nepal 1:480,000 / 1:1,500,000
Pakistan 1:1,500,000
Philippines – Manila
  1:1,500,000 / 1:17,500
Southeast Asia 1:4,500,000
Sri Lanka 1:500,000
Taiwan 1:400,000
Thailand 1:1,500,000
Vietnam — Laos — Cambodia
  1:1,500,000

- AFRICA -
Egypt 1:2,500,000 / 1:750,000
Kenya 1:1,100,000
Namibia 1:1,500,000
South Africa — Namibia —
  Botswana — Zimbabwe 1:2,500,000
Tanzania — Rwanda — Burundi
  1:1,500,000
Tunisia 1:750,000
Uganda 1:700,000

- AMERICAS -
Argentina:
  North — Uruguay 1:2,500,000
  South — Patagonia — Uruguay
  1:2,500,000
Bolivia — Paraguay 1:2,500,000
Brazil:
  Amazon 1:2,500,000
  Central and South 1:2,500,000
Caribbean:
  Lesser Antilles 1:2,500,000
Central America 1:1,750,000
  (Costa Rica 1:900,000)
Chile — Patagonia 1:2,500,000
Colombia — Ecuador 1:2,500,000
Cuba 1:775,000
Mexico 1:2,500,000
Peru — Ecuador 1:2,500,000
South America – The Andes
  1:4,500,000
Venezuela — Guyana — Suriname —
  French Guiana 1:2,500,000

- AUSTRALIA / PACIFIC -
Australia 1:4,500,000
Hawaiian Islands:
  Hawaiian Islands 1:330,000 /
    1:125,000
  Hawaii – The Big Island 1:330,000 /
    1:125,000
  Honolulu – Oahu 1:35,000 / 1:150,000
  Kauai 1:150,000 / 1:35,000
  Maui – Molokai – Lanai 1:150,000 /
    1:35,000
New Zealand 1:1,250,000
South Pacific Islands 1:13,000,000

Nelles Maps in europäischer Spitzenqualität!
Reliefdarstellung, Kilometrierung, Sehenswürdigkeiten.
Immer aktuell!